小川博久

遊び保育論

萌文書林

はじめに

遊びの楽しさをどうしたら幼児に届けられるか

　私は、幼児期から子ども時代を伊豆大島で過ごした。戦前から戦後にかけて食糧事情の悪い時期でひもじい思いもしたが、遊びの楽しさをいっぱい体験した。だから今も、幼児と一緒にいると、自分も遊んでいるようでとても楽しい。幼児といると思わず、笑顔になっている自分に気づく。しかし、遊びは楽しいだけではない。今、大人として生活していて、遊びを通して学んだことが大人になって役に立つこともたくさんあることに気づく。しかし昔、将来、役に立つと思って遊んだわけではない。そのころは、あまり遅くまで遊んでしまい、なぜもっと早く帰ってこないかと、小学校長の父に叱られたこともしばしばだったのである。

　今、幼児教育の研究者として、遊びの重要性を保育者になる人にわかってもらおうとこの書を書いている。しかし、とてもむずかしい。あんなに楽しかったことを、そしてまたこの遊びの大切なことを、保育者の人々に伝えることがとてもむずかしい。しかも、遊びの楽しさを同時に伝えながらわかってもらうのはとてもむずかしい。論より証拠である。遊びの楽しさを見てもらえばいいのだが、しかしそれでは十分ではない。この書を読む保育者の一人一人の方々が幼児一人一人にその遊びの楽しさを届けなければならないからだ。

　とはいえ、遊びの楽しさが大人になったとき、単にノスタルジアとして残るだけであったら、なぜそれほど苦労して遊びの楽しさや遊びを強調することがあるのだろうか。

　私は、遊びは将来の学びにとって実に重要な意味をもっていると信じている。幼児は誕生直後はまさに無力に等しい。親の庇護がなければ1日たりとも生きられない。しかし、1歳を越えると、様子が一変する。先日、電車で1歳4か月の男の子（母親に直接聞いた）が母親に抱かれて私の席の

そばに乗ってきた。そのとき幼児は母親に抱かれて心地よくじっとしている様子はまったくなかった。窓の外や車中の人々に常に関心を向け、動き出そうとする。まなざしと行動は、探索あるのみという感じである。未知の世界に歩み出し、目と触覚ですべてを知ろうとする。こうした探索行動の果てに、幼児の遊びがある。霊長類の幼児は誕生から親の行動を見てまねるという学習を始め、日本ザルやチンパンジーにいたっては、自分なりの試行錯誤で親のやらない行動までも獲得してきた。幸島のサルがイモを海水で洗ってから食べるという習性も、若いサルが発明したものだ。

　こうした試行錯誤は、親の行動にあこがれてまねる行動を出発点にしながら、自分なりのやり方でやってみるという営みによって成立したものである。いわゆる伝承遊びの中には、大人の生活習慣や行事を見てまねることで自分たちの遊びとして生み出したものも多い。かごめかごめなどはその例である。若い世代が旧世代から学ぶのは、学校という場だけではない。学校で伝えられる知識はその一部にすぎない。学校の外で、また卒業後も若者には大人たちの行動から見てまねることが山ほどある。早く大人になりたい、一人前になりたいという若い世代の旧世代への「あこがれ」こそ若者に学ぶ意識をもたせる最大のきっかけである。現在の学校教育は、若い世代に伝えなければならない情報をできるだけたくさん、しかも、効率的にと考えることにやっきになり、幼児や子どもの学ぶ意欲を育てることを二の次にしてしまっている。遊びの体験の楽しさこそ、学習意欲を育てるのである。だからこそ、遊びの楽しさを伝えるという難題を引き受けているのである。幼小関連も学ぶ意欲をどう幼から小へと伝えるかがもっとも重要な課題なのである。

　遊びは、大正期、子どもの童謡運動とともに重視されるようになった。それは子どもの文化（子どもたちがつくり出す文化）として重視されてきた。ちょうど、同じ時期に倉橋惣三によって幼児教育における遊びの重要性が指摘され、日本の幼児教育思想において、倉橋惣三の思想の系譜は津守真らによって継承され現在に至っている。この伝統は日本の幼児教育思想において大変重視すべき筋道である。しかし、最近の路上遊びの消

滅の中で、幼児教育の中でも、その影響力を弱めつつある。筆者のこの著は、そうした先輩の系譜を継承し、発展させたいための試論である。

　そこで遊びの楽しさを伝えるというむずかしさを乗り越えるために、本書ではこう考えた。私は、保育現場で多くの保育者の人々と一緒に勉強してきた。そこでは、保育者一人一人が、幼児たちと向き合って懸命に、しかも楽しく保育をするにはどうしたらよいかを考えてきた。そしてときには、私も保育に参加して、いろいろ試みてきた。その結果、保育者は、幼児たちと遊びを一緒につくり上げていくことが仕事なのだということに気づいた。それは言い換えれば保育者は幼児たちと遊びを保育室の中で一緒につくりあげる演出家のようなものだ、いや、自分もこの遊びに参加しながら、この遊びを演出しているのだということを発見した。この実感は過去30年にわたって、現場の保育とかかわってきた私の経験から生まれたものである。そして今、この私の実践は神奈川県小田原市の公立幼稚園での実践に生かされている。また、私立幼稚園では栃木県佐野市のあかみ幼稚園の実践にこの成果が表れている。

　たしかにこのことは、さほどやさしくはない。でも、芝居好きな演劇青年が演劇のプロ、つまり俳優になろうとがんばるように、この世界が好きになったら、このむずかしいけれど、魅力のある世界をのぞいて夢中になるのではないかと、今、私は、若い演劇青年のように、この子どもの遊びの世界を語ろうとしているのである。どうかこの遊びの世界への導きの書として本書を読んでほしいのである。そしてこの書を読んで、子どもとともに遊びの世界を創る一人になってほしいのである。

　本書を上梓するにあたって、出版のお勧めをいただき、推敲にあたっても大変貴重なご意見を賜った萌文書林の服部雅生氏と田中直子氏、私の共同研究に参加し、本書に多くの情報を提供していただいた研究者仲間、保育者の方々、そして本書に写真をご提供いただいた東京学芸大学附属幼稚園小金井園舎のみなさまにお礼申し上げたい。

　　2010年4月
　　　　　　　　　　　　　　　　　　　　　　　　小川　博久

もくじ

はじめに──遊びの楽しさをどうしたら幼児に届けられるか 1

第1章
遊び保育の重要性
──遊び期を失いつつある子どもたち 11

1. 保育の危機を見つめて 12
   - （1）保育の危機 12
   - （2）親と子のペースのずれ 12
   - （3）大人中心主義の社会──子ども不在 14
2. 保育という営みとは 15
3. 大人にとって「子ども」の区別を成り立たせているもの 18
   - （1）「子ども」と大人の区別 18
   - （2）大人と子どもの区別以前──共同体 19
   - （3）近代化の中での大人と子ども 21
4. 情報を伝達・教授する者としての大人とそれを受容する者としての子ども 24
   - （1）情報化社会の子ども 24
   - （2）ずれてきている子どもの「社会性」の意味 26
5. 子ども期の独自性を失いつつある子どもたち 27
   - （1）子どもは今、どう生きているか 27
   - （2）大人の「子ども」概念とは、ずれる子どもの実態 33
6. われわれ人類は遊び期を失っても大丈夫だろうか 34
   - （1）失われた子どもによる生活時間や空間 34

（2）「遊び」という学習の効用 36
　（3）遊びとは対極にある「命題の学び」＝応用のきかない記憶 39

第2章
遊び不在の時代における遊び再生への課題 45

1. 遊びの定義を考える 46
2. 伝承遊びにおける子ども集団の仕組み
　　　　　　　　　——見て、まねる、学びの主体性 48
3. 学校教育における教えるという
　　　　　　　　　　システムがもたらしたもの 50
4. 学びたいという動機を生み出すものとしての遊び 52
5. 「遊び保育論」を構成する前提について 53
6. 遊び保育における保育者のモデルとしての役割 54
7. 遊び保育論展開の場としての教育制度
　　　　　——学校教育制度の中での幼児教育 56
8. 保育者と小学校教師の教育実践に関する
　　　　　　　　　制度上の共通の規定と相違点 57
9. 幼児教育の理念と現実——義務教育制度の呪縛 59
10. 幼稚園教育要領における子ども観の問題点
　　　　　　——個と集団の関係をめぐって 63

第3章
遊び保育論の構成の基盤 ……………… 67

1．幼児教育制度の中での遊びの再生への挑戦
──人間関係づくりから ………… 68
- （1）「ノリ」でつくられる連帯性 …………………………………… 68
- （2）保育者の役割 …………………………………………………… 69
- （3）擬制としての一人一人との対面 ……………………………… 71
- （4）配慮する存在としての保育者の視線 ………………………… 72
- （5）保育者の出会いへの援助 ……………………………………… 73
- （6）集団の中での個への配慮 ……………………………………… 74
- （7）個とのプライベートなかかわり ……………………………… 75

2．保育者の存在感と幼児との関係 …………………………… 77
- （1）人間関係づくりとモデルとの関係 …………………………… 77
- （2）親近者へのあこがれづくり …………………………………… 78

3．子どもの遊びを誘発する環境
──「あこがれ」の対象となるもの ………… 79

4．つくる活動のモデルとしての保育者
──「見る⇄見られる」関係のパフォーマーとして ……… 82
- （1）保育者は表現者になる必要がある …………………………… 82
- （2）表現者とは観客に魅力的に見えるように演ずる者 ………… 83
- （3）保育者の振る舞いは必然的に劇化を含む …………………… 85
- （4）幼児の模倣行動を促進させる「あこがれ」………………… 87
- （5）幼児の遊びは基本的には他者の遊びをまねること ………… 89

5．幼児全員が遊び環境の構成員であること
──保育者と幼児たちのつくる相互パフォーマンスとして ……… 91
- （1）登園後から1時間から2時間は、
  原則として室内遊びから出発すべきである ………… 93
- （2）室内遊びを持続させる条件が用意されなければならない ………… 93

① モデルとしての保育者と製作コーナー 93
　　② 製作コーナーの保育者と幼児 96

第4章
遊び保育論の具体的展開（Ⅰ）
　　　　　　　　　——室内遊びを中心に 101

1．コーナーの意味と設定の意義 102
　（1）製作コーナーは「ベースキャンプ」... 102
　（2）保育室は幼児たちの「居場所」... 103
　（3）保育室は幼児たちの活動の場 105

2．保育室の保育環境における各コーナーの特色
　　　　　　　　　　　　　　——製作コーナーから 106
　（1）製作コーナーでの道具の配置とスペース 106
　（2）製作コーナーのスペース 109
　（3）保育室の環境図 111

3．ままごとコーナーにおける人と
　　　　モノとスペースの関係とそこで成立する遊び 112
　（1）ごっこ世界のイメージをつくり上げる要素 112
　（2）レストランごっことお店やさんごっこ 114

4．積み木コーナーにおける人とモノとスペースの関係 116
　（1）場づくりから始まるごっこのスペース 116
　（2）日常的ごっこと非日常的ごっこ 118

5．ブロックコーナーの遊び 120

6．コーナー以外の室内遊び 122
　（1）踊りのパフォーマンス 122
　（2）人形劇やペープサートなど 123

（3）浮遊する遊びグループ 125
　　（4）テラスでのごっこ遊び 128
　7．室内遊びにおける逸脱する幼児への対応 129
　　（1）徒党を組んで走りまわる幼児 129
　　（2）逸脱なのか、居場所がないのか 130
　　（3）けんかの発生 131
　8．室内遊びに対する保育者の役割 135
　　（1）遊びの再生者としての保育者 135
　　（2）遊びの演出家兼演じ手として 136
　　（3）状況に応じて自分を演じ分ける 137
　　（4）遊び空間を俯瞰するまなざしの確立 139
　　（5）遊びへの参加による援助 140
　9．室内遊びから外遊びへの媒介としてのお片づけ 143

第5章
遊び保育論の具体的展開（Ⅱ）
　　　　　　　　　　　——外遊びを中心に 151

　1．室内遊びから外遊びへ 152
　2．現代の幼児と園庭との出会い 153
　3．幼児の外遊びと取り組むために 155
　4．集団遊びとは何か——伝承遊びの構造に基づいて 157
　5．園庭の環境と幼児の遊びの展開 165
　6．集団遊びの環境構成と遊び方略 167
　　（1）個々の集団遊びにおける幼児の自発性と保育者の援助 167
　　　■事例1——円形ドッジボール 168

- ■ 事例2──ドッジボール *169*
- ■ 事例3──サッカー遊び *170*
- ■ 事例4──エンドレスリレー *172*
- ■ 事例5──巧技台を使った遊び *174*
- ■ 事例6──縄とび *175*
- ■ 事例7──鬼遊び *177*
- ■ 事例8──ドロケイ *179*
- ■ 事例9──砂遊び *180*
- （2）園庭における保育者の役割 *181*
- （3）外遊びの意義──異年齢交流の重要性 *186*

第6章
遊び保育における教育課程の考え方とつくり方
──生活の流れに基づいたカリキュラムの構成 *191*

1．生活の流れに基づいたカリキュラム構成 *192*
- （1）螺旋カリキュラム──遊びの歳時記 *192*
- （2）年間の生活暦の節目──園行事 *193*

2．本来の行事を節目とする年間指導計画 *194*
- （1）遊び保育を中心にする園生活を構築する原則 *194*
- （2）長期指導計画の作成と展開の基本的精神 *195*
- （3）長期指導計画をどのように組み立てるか *199*

3．短期の指導計画をどうつくるか
──遊び保育を展開する手だてとして *202*

4．遊び保育の展開に必要な週案・日案の条件は何か *205*

5．指導案における「ねらい」のとらえ方 *208*
- （1）「臨床目標」とは *208*
- （2）臨床目標による幼児の実態の診断 *210*

第7章
遊び保育に取り組む保育者の役割
──「見る⇌見られる」関係の中で 219

1．大人と子どもとの共生感の危機 220
（1）子どもがわからない大人の増加 220
（2）共生感「ノリ」の喪失 221

2．共生感のルーツはどこにあるか 223
（1）生物体に共有される「いのちの波」 223
（2）養育者と乳幼児のリズム（ノリ）の共有 226

3．文明の発達と共生感の喪失 228
（1）共生感の喪失を生み出す「文明」 228
（2）親の生活ペースと幼児のペースのずれ 229
　● 幼児の「生活」の必要条件としてのカップリング 229
　● 文明社会の影響──親のニーズの多様化 230
　● 養育者と幼児の生活リズムの相違の拡大 232
　● 育児の保育施設への委託化 233
（3）「喪失の時代」が保育者に求めるもの 236

4．遊びに共感しつつ、遊びを演出し、構成する能力の形成 237
（1）当事者的直観とは何か 238
（2）当事者的直観が保育界を支配してきた背景 247

5．共感する感性と反省する知性 249

6．幼児理解について 251
（1）点の理解をつないで線の理解へ 251
（2）評価であり、援助でもある幼児理解 254

さくいん 258

第1章 遊び保育の重要性

遊び期を失いつつある子どもたち

1. 保育の危機を見つめて

（1）保育の危機

　筆者はこの書を世に送るにあたって、保育の危機というテーマから始めたい。2002年、保育学会の共同研究委員会のメンバーとして「今日の乳幼児の危機と保育の課題」という論文を書いた。この中で「エンゼルプラン」をはじめとして、さまざまな子育て支援策が打ち出されているけれども、少子化への歯止めにはならないだろうという予言をした。その理由は、この少子化対策が保育事業の民営化を促進し、保育の市場を活性化することで父母のニーズに応えようという対策であり、子どもを育てたいという親の心情を育み、子育ての安定と幼児の健やかな育成を保障する対策になり得ていないからだという主旨のことを述べた。この中で、とくに、女性が職場に進出するにあたっての職業上の不平等が専業主婦への転身を余儀なくさせ、専業主婦になったあとも、出産を契機に行動の自由、時間の自由、経済的自由の制約から専業主婦で子育てのみに拘束される自らの立場に不満をもち、女性のライフ・コースにおける専業主婦としての経済的、社会的な不平等感が家事や育児の省力化、消費文化への傾斜をますます増大化させていることを指摘した[1]。

（2）親と子のペースのずれ

　さらに、2009年の保育学会60周年記念出版『戦後の子どもの生活と保育』[2]の中で、「親のニーズの多様化」というスローガンに応えようとする子育て支援対策の多様な試みの中で、少子化対策があまり効果をもたらさない理由として、親と子が共に暮らす生活のペース（これを筆者はカップ

リングとよんだ）と、親が大人の立場でより豊かな生活を求めようとする大人の生活のペースとのずれがますます大きくなっていることを指摘した。たとえば親が乳幼児のためにミルクを与えるのに必要とする時間とそのペース配分と、親が自分たち夫婦のために必要とする時間とそのペース配分を比べると、前者はゆっくりとしているペースで行われ、後者は新幹線が「こだま」から「ひかり」へ、やがて「のぞみ」へと加速化されるのと同様に人々の生活の仕方も省力化によりハイテンポになっている。大人自身の生活と幼児との生活リズムの亀裂の調整にますますストレスを感じているのである。幼児を連れて歩いている親が事あるごとに、「なにぐずぐずしてるのよ」とか、「ほら、早くしなさい」というせりふを繰り返していることからも明らかである。

　家事や育児の省力化は、この動向を強め、できるだけ早い時期からの子育ての施設依存を強化しているのである。今、子育て支援策で、まずいわれるのが待機児童対策である。たしかに不景気で働きにいかなければならない共働きの女性が子どもを預ける施設を求めているというニーズもある反面、子育てから解放されたいというニーズをこの待機児童の増加は反映しているのである。このような状況で少子化は阻止できるだろうか。

　しかし、この子育てからの解放を求める声が育児不安を反映しているということは、親が子どもの所有権を放棄したことを意味しているわけではない。保育所や幼稚園に子どもを預けても、父母の施設側への要求は増大する傾向にあるし、保育する側の人々からは近年の親の施設への要求が非常識になっていることを嘆く声が大きいからである。それは子育てにおいて省力化をできるだけ取り入れ、子育ての難題をできるだけ回避する一方で高学歴社会に適応するために、親として子どもにできるだけ高学歴を要求するので、施設への早期教育の要求はエスカレートする。前掲の60周年記念誌の中で、「近代から現代の保育における生活の実態」[3]でも、多くの保育者とのインタビューから明らかになった事実として、食事においては、冷凍食品、レトルト食品の使用が多様になり、家庭での調理離れが生じ、朝食抜きとか「ソトアサ」（外食）という形態が都市を中心として

めずらしくなくなっていること、これと対応して、バブル期以後、家族で食事を囲むことも少なく、「食事ではなくエサになっている」という発言もあり、その結果であるとはいえないにしても、ご飯を食べる量が減り、体力低下が見られる一方で、偏食や過食による肥満児の増加や小児糖尿病などが生まれていること、アレルギーの子どもの増加などが見られるようになってきた。睡眠については、母親の就労時間の影響で、帰宅時間、夕食時間が8時以降にずれると、睡眠時間も10時以降になり、朝の登園時間に遅刻する幼児も増加しており、午後10時以降に、コンビニエンスストアやカラオケ、居酒屋に姿を見せる幼児も少なくない。親に精神的余裕がなくなればなくなるほど、親の生活のスピードやペースと幼児の生活のそれとのずれを無視して大人中心の生活の過ごし方に幼児を組み込み、幼児の生活のリズムを無視するようになるのである。

　新聞のニュースには、幼児を部屋に残したまま外出し、家が火災になり、死亡させたとか、暑い日に駐車場の車の中に幼児を残したまま、パチンコやスーパーに行き、幼児を熱中死させたという記事が取り上げられ、その事例が極端な事例であるがゆえに、特殊なケースと見做されることも多いが、決してそうではない。子どもの生活を親のペースに強引に引き入れているのは、現代社会で一般化している。

（3）大人中心主義の社会——子ども不在

　これまで、大人の生活のペースと幼児の生活のペースの相違を考え、その調整には、「give and take（ギブアンドテイク）＝公平な条件での交換」の精神が必要であるといわれてきた。とはいえ、この場合、公平といっても、「give＝支える行為」が先にあることを忘れるべきではない。

　私の体験のエピソードを紹介しよう。私の2番目の娘は、出産時、体重が軽いので夜泣きしますよという宣告を医者からもらっていた。案の定、ベッドに寝かすとすぐ泣き出したのである。そこでわれわれ夫婦は覚悟をきめて抱いて過ごすことに決めた。私が次のミルクを飲む時間まで抱いて

過ごす。3時間後、妻を起こすのである。妻も同様に3時間抱いて私にバトンタッチする。たしかに3時間おきに抱いて過ごすのは眠くてとてもつらかったが、こうしているうちに、ミルクの哺乳時、相互の時間間隔が長くなって、やがてベッドで眠るようになるのである。始めは、乳児の生活のペースに親が合わせることで（give）、やがて乳児の生活のペースも大人のそれを見てまねるようになるのである（take）。子どもの健全な発達のためには、この乳児初期の生活を大人がしっかりと乳児のペースに合わせることが望まれるのである。

　しかし、現代の都市生活のスピードとテンポは大人たちの生活の余裕を失わせ、ストレスから、始め幼児に合わせる（give）という感覚が失われがちになるのである。言い換えれば、子どもの生活の仕方も全部大人の考え方や都合で行い、子どもの声や子どもの立場を子どもの側に立って考える余裕を失ってしまっているのではないだろうか。これは私にいわせれば、「子ども」という存在の独自性のイメージが大人の頭の中から消失しつつあることであり、そのことが子どものペースを無視しつつあるという意味で保育の危機であると思うのである。

2．保育という営みとは

　保育とは、保護＋教育という用語の合成から、幼児を保護し育てることであると定義されている。そのため保育という用語の一部をなしている教育という言葉のニュアンスからいえば、大人が幼児を教え導くというイメージが強い。しかし、その実際はきわめて多面的である。とくに、0歳児の保育などの場合、大人の一方的思惑では、事態はよくならない。別誌に書いた0歳児の食の援助の事例をここで紹介しよう。

A児は、保育者にとって扱いにくく、なかなか落ち着いてくれない子である。辛うじて、a保育者とは、ある程度、安定した関係が保たれているといわれている。

　その日、やはりA児は落ちつかず泣いていて、a保育者がA児を抱いて机の前に座り、ミルクや離乳食をあげようとするが、A児はすぐにいやいやをして、a保育者がスプーンで差し出す離乳食や、ミルクの哺乳瓶を見ると顔をそむけて泣き出してしまうのである。そこでa保育者は、A児を抱いて立ち上がり、A児のおしりを軽く叩きながら、リズムをとって身体を軽く上下させてあやしながら次の部屋まで歩いていく。するとA児は泣き止んで安定するのである。そこでa保育者はまたもとの机の前に座り、前と同じようにミルクや離乳食を飲ませようとするとすぐに泣き出してしまう。こうしたことを2、3回繰り返しても、A児の態度は変わらず、ついにa保育者はあきらめてA児を背負いつつ、もう1人の乳児を抱いてその子の世話をしている。すると背中のA児はますます激しく泣き出してしまうのである[4]。

私はこの事例に対して、次のように考察した。

　この一連の出来事を観察していると、次のことがわかる。A児が安定しているとき、a保育者は、A児の気持ちをなだめようとして、軽くA児のおしりを叩きながら、a保育者も自分の身体のリズムをとって、次の部屋に移動していた。つまりa保育者は自分の気持ちがA児の気持ちに伝わるように、自分の身体のリズムをつくっていた。そしてその身体のリズミカルな動きはa保育者の手の動きとなって、A児のおしりを叩くことで、幼児の身体のリズムに伝わっているのである。ここでは、a保育者とA児の動きは「ノリ」を共有して、A児の心の安定を生み出しているように思われる。

　ところが、a保育者がA児に食事を与えようとして机に座ったとたん、a保育者の関心は食事を与えることに向けられることで、a保育

者とA児の「ノリ」の共有は止まってしまい、A児の前には、哺乳瓶やスプーンが突き出されてきたのである。ａ保育者とA児との安定した「ノリ」の共有は止まってしまい、A児に食事を与えようとするａ保育者の関心はA児のために行われたとはいえ、ａ保育者とA児との間の関係は切れてしまったと考えられるのである。A児に食事を与えようとするａ保育者の身体には、A児をあやしているときの躍動感はなく、表情も硬くなっていたように見える。もちろん身体をゆすりながら、ミルクを与えるわけにはいかないので、この２つを両立させることは困難であることは、たしかである。しかしその両立の手だてがないわけではない。

そしてA児が泣き止まない状態になってA児を背負ってしまってからは、紐で身体に固定化されてしまっているので、ａ保育者の関心はA児には向けられず、背負いつつ、抱いている別の幼児のほうに向けられてしまっていた。A児はミルクを飲まないためもあると思われるが、泣き続けることを止めなかったのである[5]。

この事例からもわかるように、保育という営みにおいて、大人の立場から見て食事は幼児の成育に欠かせない営みである。だから、幼児の意思に関係なくきちんと与えなければならない。なぜなら幼児の生死にかかわることだからである。この大人の論理がいかに正当であろうと、このまま幼児に押しつけることはできないし、してはいけないというよりできない（不可能）のである。保育の営みは大人の一方的な働きかけでは成立しない。大人と幼児との共同の仕事なのである。「１．保育の危機を見つめて」のところで述べたような最近の子育て事情の変化が、なぜ保育の危機であるかということのゆえんがここにある。

3．大人にとって「子ども」の区別を成り立たせているもの

（1）「子ども」と大人の区別

　私たちは、普通、この節題のような問いは立てない。なぜなら、「子ども」（以下、原則として「　」をはずして使う）というのは一目瞭然でだれにもわかりきったことだと思っているからである。でも筆者はこの問いをまじめに提起している。ある幼稚園の3歳児の姿を見たとき、この問いが浮かんだのである。

　T児は目もとがパッチリで見た目には、かわいい3歳児という容姿なのである。トラブルに至る詳細なプロセスは見過ごしてしまったのだが、「ふざけんな、この野郎」という激しい声と共に、このT児がけんか相手のS児を投げとばし、あっという間に、床に倒れたS児の横顔に自分の上履きシューズを乗せ、「この野郎、この野郎」といいながら、その上履きを左右にねじりつけていた。そのときの形相は、「やくざ映画」の主人公のようであった。その姿は日ごろ見慣れている3歳児とはほど遠かったのである。

　この姿は、少し飛躍するかもしれないが、私が30代で北海道の大学講師をしていたとき、同僚の親しい友人から見せてもらった旧制中学から少年飛行兵の学校に進学したころのアルバムに映る少年たちの表情と類似していた。10代の後半には、特攻隊の飛行兵になっていく少年たちの表情は、少年であってもすでに戦場に赴く大人の兵士の顔であった。かれらは、少年飛行兵に合格した次の日から、もはや、少年として扱われるのではなく、兵士として扱われていた。このように大人と子どもの区別は両者

の関係のあり方によって変わるのであって固定したものではないのである。

　江戸時代、子どもは子どもとしてではなく、小さな大人、つまり子供であった。柳田国男は近代以前の子供についてこう書いている（なお、旧仮名遣いは現代仮名遣いに変更している）。

> 　第一には小学校などの年齢別制度と比べて、年上の子供が世話を焼く場合が多かった。彼らはこれによって自分たちの成長を意識したゆえ、悦んでその任務に服していたのみならず、一方小さい方でも早くその仲間に加わろうとして意気込んでいた。この心理はもう衰えかけているが、これが古い日本の遊戯法を引き継ぎやすく、また忘れ難くした一つの力であって、（以下略）
> 　第二には小児の自治、かれが自分で思いつき考えだした遊び方、物の名や歌ことばや慣行の中には、何ともいえないほど面白いものがいろいろあって、（以下略）
> 　第三には今日はあまり喜ばれぬ大人の真似、小児はその盛んな成長力から、ことのほか、これをすることが熱心であった。昔の大人は自分も単純で隠しごとが少なく、じっと周囲に立って見つめていると自然に心持の小児にもわかるようなことばかりしていた。（中略）共同の行事にはもとは青年の姿も多く、以前の青年は殊に子供から近かった。故に12、3歳にもなると、子供はもうそろそろ若者入りの仕度をする。一方はまた出来るだけ早く、そういう仕事は年下の者に渡そうとしたのである（以下略）[6]。

（２）大人と子どもの区別以前——共同体

　柳田がここで見ているのは、現代の大人と子どもとの関係ではなく、柄谷行人がいうように、「子供と大人」の区別が明確でないころの大人と子供なのである[7]。とすれば、子どもと大人と異なる存在として見るようになったのは、近代になってからなのである。とくに「学校」というシステ

ムは、大人の生活と就学年齢の子どもの生活とをまったく分離することになった。学校のない時代の生活であれば、漁師の子は幼いときから父の仕事の近くで手伝い見習うことで、親と子は生活の仕方や考え方、漁師の技も、未熟さから熟練の技へとつながっていった。しかし、漁師や百姓の子どもが学校に通うとなると、家庭の生活と学校で過ごす生活とは、まったく違ったものになっていった。しかも、子どもは学校では、文字、数字などを学ぶとき、ゼロから出発する。子どもは本来、無知であり、素朴な存在であるという子ども観は、子どもが学校で文字や数字をまったくの無知から学び始めるというシステムから生まれたものである。学校というシステムによって大人と子どもの生活が隔離されたことが、大人と子どもという質の相違を生んだのである。

　文盲者の多いアフリカなどの発展途上国においては、7歳未満の子どもが大人たちと同様に労働に参加している。ナイジェリアのある地方では、7歳未満の男子が、何キロも先にある水辺に水を汲みに行き、夜は焚き火を囲んで大人たちと共に、大人の猥談の輪に参加する姿がある。ここには大人と子どもの区別はなく、労働と遊びの区別もない。ここにも、大人と子どもを厳密に区別する文化はない。同様に、労働と遊びの区別も定かではない。

　学校の出現によって就学年齢の子どもは、大人とは異なった生活を学校という空間で過ごすことになった。子どもは文字や数字など学校で教えられるものは、入学時、何も知らないがゆえに、無知なる存在と見做され、生活するために働く大人とは異質な存在と見られるようになっていき、やがて大人とは異なる存在と見做されるに至った。また、そのことを正当化する心理学という学問が生まれ、発達という見方で、未熟な存在をとらえる見方がとられるようになったのである。この発達心理学という学問の成長のとらえ方は、七五三という通過儀礼によって人間の成長をとらえる考え方とは著しく異なっている。

（3）近代化の中での大人と子ども

　しかし、情報化社会といわれている現在、日常生活の基盤が大きく変化している。まず日常生活はほとんどの家庭で省力化が進み、消費生活が普及している。どんな田舎に行っても、電化が進み、ＴＶ視聴、電気洗濯機、冷蔵庫、電気掃除機が普及し、携帯電話は子どもも所有している。つまり、大人と子どもの日常生活に区別がなくなっている。携帯やパソコンの操作は子どものほうが熟達しているといえるのである。日常生活の中で生産活動の占める割合はきわめて小さく、機械化されているので、子どもが参加する割合もきわめて小さい。こうした生活スタイルの中で、各々の家庭生活の豊かさの指標は収入の高さにますます収斂しつつある。"貧しいながらも楽しいわが家"といったせりふは現実性をもたなくなりつつある。なぜなら、生活の豊かさを保障する条件は家計の収入だからである。もちろん、物的条件がそろっていることが幸福の条件にはならないことはたしかではあるが、現実には多くの人が、高収入を求めて奔走することになる。加えて、人々が収入の高さや社会的地位以外に、生活のゆとりをもとうという場合も、そのゆとりを得る方法も消費行動によって行われる。たとえば、食のぜいたくを外食で、海外旅行で、ブランド物を購入して、高い車を買って等の方法がポピュラーになるのである。

　このような大人の幸福を追求する方法は、大人たちが自分の愛する子どもの幸福追求の仕方にも大きく影響する[8]。子どもの人生を考えるときに、せめて現在の自分の生活水準と近いレベルの生活をさせたいと思う。その結果、高学歴の父母ほど高学歴を自分の子どもにももたせたいという願いから、幼児期からの早期教育や私立の一貫校への進学を奨励し、家庭教師や塾通いに力を入れる傾向を生む。この傾向は、日本の教育に対する国策とも方向が一致している。貿易立国である日本は、ＩＴや遺伝子工学といった先端科学で世界をリードする産業を活性化しなければならない。そのためには、優秀な人材を養成する高等教育機関の充実が必要である。し

たがって、大学院教育を充実するため旧帝大を中心とする主要大学の体制を大学院大学として、そこに多くの財源が注がれるようにする。後期中等教育も大学区制にしたり、私立進学校への助成をしたりして、有名大学への進学校が今は復活している。

　一方、義務教育では、全国に学力テストを実施し、テスト結果の国際比較において、日本の子どもたちが上位ランクの点数が得られるように努力することを促進している。この圧力は、国レベルから各市町村の教育委員会のレベルまで及び、東京の某区の教育委員会と学校経営者によるデータの改竄までも生んでいる。

　子どもたちの学校生活も「ゆとり教育」の時代と大きく変わり、土曜日を登校日にする動きや、中学校では夜間補習授業を父母の協力で開設する学校も現れている。多くの小学校における時間制もスケジュールでつまっており、昼食の時間も休み時間を入れて、40分前後であり、休み時間も15分以内で、短すぎるので、校庭に出ず、教室で過ごす子どもも増えている。放課後、塾やおけいこに行く子どもも多く、大人と同様に、子どもたちは多忙な毎日を送っている。むしろ、大人たちの時間のペースにいつの間にか従わされているという形である。今や子ども期の特徴である子どもの文化としての遊びも生活から失われつつあるのである[9]。

　私は終戦時、小学校3年生であったが、自分の小学校体験を思い出してみても、私の子どもとしての生活と、父や母の生活との相違と共通点は、歴然として明確なものであった。父は、教師としての生活であり、母は家事、育児に奔走していた。炊事、洗濯、掃除、畑仕事、もちろん小学生の私にも手伝いという形で共通する部分もあったけれども、その父母の仕事を幼い私が代わってできるといったものではなかった。心の中で大変だなあと思うものばかりであった。だから、ある仕事を手伝わされたとき、逃げたい、さぼりたいという気持ちもあったけれど、親の仕事の一部を手伝ったりして、より貢献できたときには、少し大人に近くなったような気にもなったのである。

　そして、1日の生活の中で、3度の食事や、寝る時間など、枕を並べ

て、布団に横になる時間なども共に過ごしているという実感も多かったのである。そのため、親が生活の仕方において懸命に生きる姿を見聞きしながら、親と子の相違を実感することができたのである。しかも、子どもたちは、学校で休み時間や放課後、集団の遊びを通じて、上級生などの上手な遊びを見て、まねるという習慣を身につけていたのである。放課後、地域の子どもたちが集まって遊ぶ余裕がある時代は、異年齢集団の伝承遊びが成立していた。この姿は、大都市においては、昭和30年代～40年代にかけて見られたのである。

　私が過ごした少年時代、昭和20年代はまさに、異年齢集団の伝承遊びが盛んな時代であった。秋から冬にかけて、タタキゴマが学校の校庭を支配していた。小学校4年生のころのことである（昭和22年）。高学年の子どもたちは、椿の木の生木をノコギリで切り、木形で、円柱型の切り口に穴をあけ、そこをすりばち状に彫り、反対の切り口を鉛筆の芯のように尖らせる。円柱の部分は木の皮をむいて、そこに色をつけて、模様を描く、そのコマに布の切れ端でつくった叩き棒の布の部分を巻いて、コマをまわし、そのコマの横の部分をこの叩き棒で叩きながらコマを回転させつづける。この遊びが流行をきわめたのである。私もこの姿にあこがれて、見よう見まねで、生木の円柱からコマをつくり、やっとできて校庭デビューしようと思ったときには、コマの流行は終わってしまい、だれもコマまわしをやっていなかったというさびしい思い出がよみがえるのである。

　しかし、この季節の変化に沿ったはやりすたりは、確実に次の年も現れ、次の年は思いきりやれたのである。このようにして、高学年から中学校にかけて、テニス、野球、素もぐりによる探索、自然薯（じねんじょ）の掘り方、囮（おとり）を使っての目白（めじろ）とり等、見よう見まねで学んだものである。この時代は大人たちの生活も機械化されておらず、人々の暮らしにも、共同作業や異年齢の秩序が取り込まれており、子どもたちも年長の子どもや大人の行動を見て、まねる文化が日常的に行われており、学校が学年別のクラスになっても、先輩、後輩というタテの人間関係は続いていたのである。しかし、昭和40年代の後半から50年代になると、次第に、異年齢の交流が希薄になり、たと

えば、小金井市は伝統的に子ども会の文化が盛んなところであったが、このころ、子ども会のリーダーとなる6年生から中学生で、この子ども会で育った世代が、もはや子ども会を離れてしまい、リーダーをやらなくなり、父母のサポートも乏しくなったという困難に遭遇しており、われわれの調査でも、小学校高学年が路上で遊ばなくなり、遊び集団の規模も、同一学年で、2.5人といった数になってしまい、子どもの集いの場も空き地（市場経済の中で、経済価値を問わず、放置されている空間）がなくなり、集団遊び（例：かんけり遊び）が駐車場でやられているという事実が出てくるのである[10]。

やがて、子どもの遊びは地域空間から消滅し、わずかに、学校空間の休み時間内に制約されるようになる。ここでは、学年制というシステムは、異年齢交流を妨げることになってしまう。そしてこの学年制はやがて異年齢の交流を遮断する枠組みになっていく。言い換えれば、学級は、主として発達段階に従って大人が必要とする情報や文化を子どもに伝達・教授するための枠組みとしてのみ働くようになった。

4. 情報を伝達・教授する者としての大人とそれを受容する者としての子ども

(1) 情報化社会の子ども

現在、「大人」と「子ども」の相違を解明するものは何だろう。昔、学校は前述のように、大人という存在と子どもという存在を明確に区別する印であった。大人は働き、生活のために努力せざるを得なかった。その大人の生活に対し子どもはモラトリアムであった。一生懸命、生活のために生きなければならない生活から一時的執行猶予が認められ、その猶予が学びの場として提供されているという意味で学校というシステムが生まれ

た。現在でも、発展途上国の子どもの中には、家族の生活のために働かざるを得ない子どもが多くいる。かれらは、学ぶことが困難を伴うとしても、働かざるを得ない状況から解放され、自分の将来の向上のために、学ぶ機会を与えられることは、いかに幸福かを痛感している。

　しかし、現在の日本では、学校のイメージは大きく異なっている。前述のように、学力を競う場であり、それは学力テストという形で評価され、序列化される場である。この学力を競う場としての学校は、学校生活に止まらず、学校外生活にまで広がっていて、塾、おけいこと子どもたちの生活を余裕のないものとしている。かつて、20年前、東京学芸大学でのゼミで、塾に通い、幼児たちの塾に通う気持ちをインタビューを通して調べたことがある。結果は、幼児たちにとって塾やおけいこは、楽しさでも苦痛というものでもなく、そうするのが当然だと受け止めているということなのである。ちょうど、サラリーマンが会社に通うのと同じであると解釈したことを覚えている。しかし、こうした生活の中で子どもの不登校の数は年々増大している。

　ここからいえることは、大人の生活と子どもの生活が同質化していることである。かつて大人の生活と子どもの生活を分かつものは、学校であった。そこから大人と子どもの区別が生まれ、大人には大人の、子どもには子どもの暮らしがある、つまり子どもの時間の過ごし方、仲間とのつながり、活動の場の相違があった。それが大人と子どもは違うものだというイメージを育ててきた。しかし、近年、学校に行く子どもも、仕事に行く大人も、生活のペースや勉強に対する考え方が類似してきているという事実である。仕事も勉強も、効率的に処理する。ＴＶ視聴や携帯電話の使用などメディア利用は大人の利用能力と子どもの利用能力を比べた場合、ほとんど差はなく、専門的な利用の仕方を除けば、子どもや若い世代ほど、頻度と能力が高いといえる。とすれば、大人と子どもとを比較した場合、学齢期に入れば、大人の生活の仕方と子どものそれとを区別する点はほとんどなくなりつつある。すべての生活の基盤を形成するのが消費文化のもとでの消費生活であり、賃金労働のために働くことを除けば、両者の生活ス

タイルは同質化しているといってよい。

あるとすれば、大人の雑誌と子どもの雑誌、大人服と子ども服の相違、大人向けメニューとお子様ランチ（このお子様ランチが姿を消しつつある）、回転寿司で食べるにぎりで、わさび入りか抜き程度になっており、一応、子どもには非公開になっているセックス番組も、アングラサイトでは、すでに流通してしまっていたり、筒抜けになっていることは、少女売春ビデオの摘発の記事が新聞を賑わせ続けていたりで、性を売る未青年の志願者も少なくないことなどからも明らかである。

そして明るい面では、アニメ文化の国際化に伴い「カワイイ」という賛辞がインターナショナルになり、十代のカルチャーとして成立しつつある。ここには、生産労働から人々の生活が隔離することで、男と女、大人と子どもを峻別する意識を希薄にする状況がある。

（2）ずれてきている子どもの「社会性」の意味

こうした社会環境の変化は、大人たちの頭の中に、大人と子どもの相違、大人とは違っている子どもの世界があって、それは、自分の心の中にもなつかしいものとして残っているという意識を希薄にしていないだろうか。

幼な子と一緒に散歩に出たとき、幼な子がいろいろなことに興味を示し、無邪気にあちこちを走ったり、スキップしたりする姿に、自分の幼き時代のなつかしさが重なり、思わずほほえみながら、幼な子のペースに自分も合わせていることに思わず楽しさが込み上げる。そんな気になっている大人は、子どもに子どもらしい一時を過ごしてほしいと思うはずである。

しかし、子ども期に塾通いと勉強しかしたことのない大人にとっては、子どもの将来への心配のあまり、幼児期のうちから、塾通いをさせようとするのではないだろうか。

ここに、エピソードがある。ある地方都市の30代の親の話であるが、一人っ子の男の子の将来のため、週1回、新幹線で約2時間かけて東京の学習塾に、母親の付き添いで通わせていた。ちなみに父親は、地方都市の

大きなスーパーの支店長で、小さいころから塾通いをしていたそうである。この5歳児の男の子は、都会の一貫校の有名私立小学校に進学するため、2月、学習塾の先生から面接の模擬試験を受けることになった。金曜日、東京郊外の両親の実家に一泊し、次の日、面接試験を受けた結果、「あなたのお子さんは、社会性が足りないですね」という評価を受けたというのである。

このエピソードにわれわれはとても奇妙な印象を受ける。それは、「社会性」が乏しいという塾の塾長の評価についてである。おそらく、その塾長の評価は面接を受ける幼児の態度を見てそういったのだろう。面接の仕方がおそらく、進学校に進学するには社会性（あいさつ、態度などの）が足りないという評価なのである。これに対し、幼児の発達やその特質を想像して「社会性」という言葉を使っているわれわれにとってみれば、幼児期から塾に通い、週1日、受験のために上京する幼児の立場を考えれば、おそらく、幼児らしく近所の子どもと遊んで楽しいときを過ごすこともなければ、子どもとしての「社会性」など身につける余裕もないのではないだろうかと考えるのである。

ここでは、子どもの「社会性」についての考え方がすでに、子ども期の特色を考えるこれまでの発達の考え方とは大きくずれてきているのである。

5．子ども期の独自性を失いつつある子どもたち

(1) 子どもは今、どう生きているか

1980年代から以降にかけて「子どもが見えない」という言い方が子どもを研究している人や子どもとかかわっている人たちからいわれるように

なってきた。私は、そのことを論文の中で次のような図で示し、以下のように解説した[11]。

　昭和30年代の半ばを境にして日本は高度経済成長の時代に入った。それとともに、児童・生徒を取り巻く社会環境が変わり始めた。やがて子どもの生活実態に大きな変化が現れていることが40年代末から50年代の初めの調査で明らかになってきた。図Ⅰを見てほしい。

　昭和30年代以前には、大多数の学校は3つの異なった文化系列を含んでいた。言い換えれば、3つの異なった評価基準で子どもを把握していた。もっとも影響力のある文化系列は、現在と同じく、学業の文化である。これは主として主要教科の授業と、その結果現れる成績の良否によって成り立っていた。成績のよい子、よくない子という評価の序列が学級の人間関係や行動に影響を与えていた。

　しかし、一方では、「遊び」の文化も1つの文化系列であった。「遊び」は子どもたちの集団（異年齢集団）の中で知識・技能（遊び方）を伝承し、子どもたちが自主的に展開する活動であった。この文化系列での評価基準は、「遊び」方が上手で、集団を統率でき

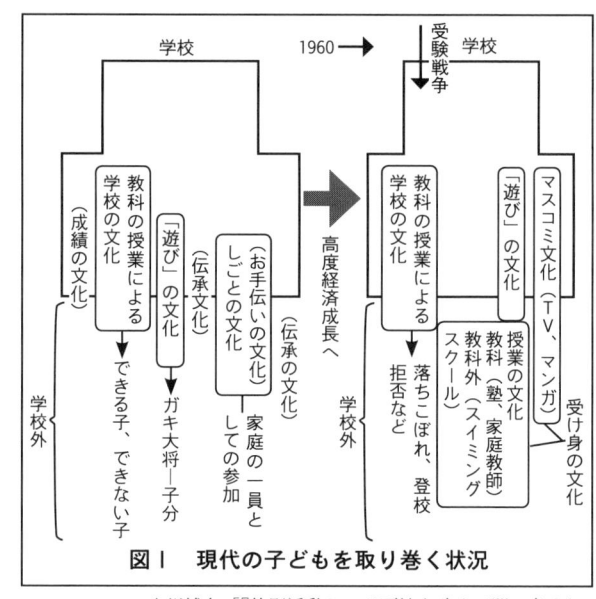

図Ⅰ　現代の子どもを取り巻く状況

小川博久「『特別活動』の必要性を改めて問い直そう」
連続講座「現代の子どもと特別活動」
『特別活動』14巻10号、1981年10月、日本文化社、p.46

る子どもがガキ大将で、その逆が「みそっかす」であった。ここには、教師や親の影響は直接にはなかった（ただし、家柄がよく、財力のある家庭の子どもがのさばるということはあった）。むしろ教師のほうが学級経営上から、この「遊び」集団を利用することも多かった。「遊び」仲間を無視しては、学級集団を扱いにくかったからである。

「遊び」文化ほどではなかったが、「しごと」文化も学校の中で、とくに、農山漁村の学校では、公認されていた。農繁期が設けられ、休業期間や短縮期間がおかれていた。だから、学業の文化で低い評価を受けても、仕事の文化で評価されることもあった。「……ちゃんは勉強はダメだけど、家の仕事をよくするから」という評価を教師からも仲間からも受けたのである。

一方、高度経済成長後の子どもを取り巻く状況は前ページの図Ⅰの右の部分のようになっている。まず第1にあげられることは、学業文化の肥大化である。受験競争の影響もあって、学業成績の良否に対する親の関心が拡大し、それとともに、子どもも教師もそれに関心を払わざるをえなくなっている。将来のよき就職口を目指して第一次産業をさけ、頭脳労働を希望する若者が増えたこと、第一次産業も急速度で合理化が進んだため、より高い学歴を求める社会的要請が生じたことも、学業文化の肥大化を招いたのであった。この学業文化の肥大化は、できるだけ早く、より高い水準の学習能力を得させようという運動（学習効率化）を生み出したので、落ちこぼれや登校拒否という現象を生み出した。こうした学業成績向上への願いと、落ちこぼれへの不安から、学校外に、家庭教師や学習塾というもう1つの学業の文化をつくり出すことになったのである。学業文化の極端な肥大化である。

しかし、学業の文化は、主要教科を教える学習塾にとどまらず、体育、情報教育にまで及んでいる。高度経済成長は自動車交通網の整備、自然環境の産業地化、宅地化という方向で、子どもの生活環境を変化させた。子どもたちの学校外の生活から、自由な「遊び」環境が次第に少なくなった。それに代わって、ＴＶやマンガ週刊誌などが、子どもたちの自由時間

の多くを占めるようになった。塾やＴＶ視聴で放課後の時間をコマ切れにされる子どもたちには、「遊び」を生み出す集団もつくれなくなっている。こうした状況の中で、子どもの心身の健全な発達を考える親たちは、スイミングスクール、少年野球クラブ、少年サッカーチームに参加させたり、ピアノ教室に通わせたりしている。ここにも、学業の文化（教科の授業ではないが、学習形態が類似している）とその結果を個人の能力として評価される文化が広がっている。こうした時代の傾向の中で「遊び」を成立させる集団は生まれにくくなっている。

　現代の子どもの実態の中で、どうしても指摘しなければならないことは、「しごと」文化の消滅である。この原因は家庭生活が完全に消費生活化し、合理化されたことによる。お金さえあれば、家庭生活の運営に子どもの労働力を必要としなくなったことである。また、農業や漁業などの生産家庭でも、機械化され、大規模化された経営になったので、成人に達しなければ、手助けは不要になったのである。

　以上のような子どもをめぐる環境の変化の中に、現代の子どもが生きていることが明らかになった。こうした状況の中で、われわれ大人は子どもの実像をとらえているであろうか。学校の外の世界に自分の領分をもっている子どもたちとはいったいどんな存在なのだろう。最近、多くの教育関係者が、「最近、子どもが見えなくなった」とか、「わからなくなった」という。これは、先に述べたような状況の子どもたちのことをさしているのであろうか。登校拒否、自殺、いじめといった学校でのさまざまな実態はこうした状況と関連しているのだろうか。

　こうした疑問が近年、さまざまな人によって提起され議論されてきた。そして、そこから子どもという概念そのものを疑ってみようという動向も現れた。議論の発端になったのは、フィリップ・アリエスの『＜子供＞の誕生』という著書であった。この中で、アリエスは、子どもという概念が大人と区別されたものとして理解されるようになったのは、近代である、だから子どもという概念は時代と共に変化しうることを示唆した。その

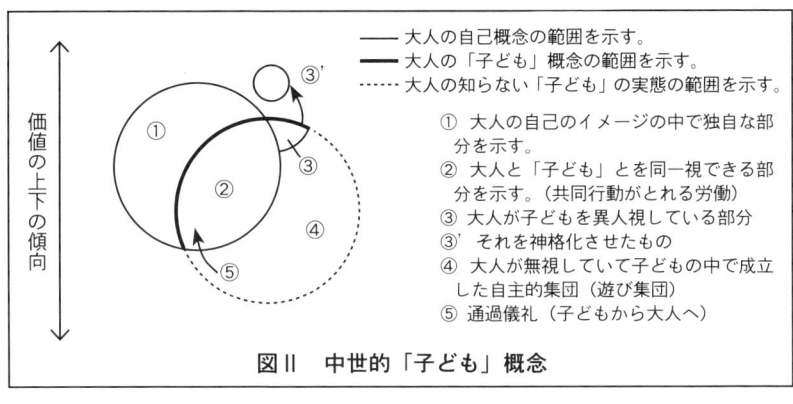

図Ⅱ　中世的「子ども」概念

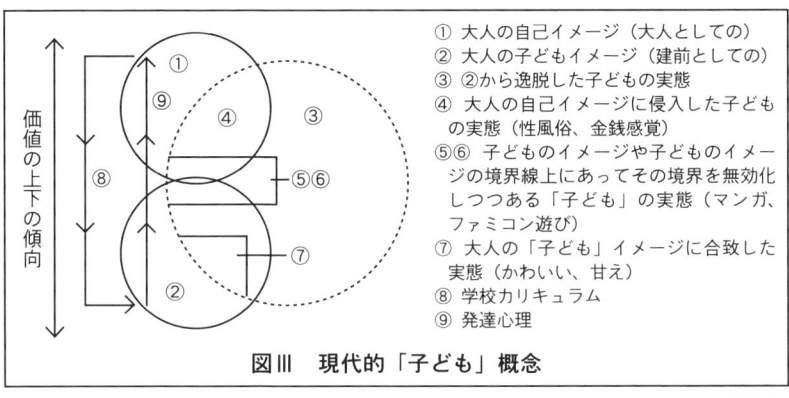

図Ⅲ　現代的「子ども」概念

(図Ⅱ、Ⅲ：小川、前掲書)

後、中村雄二郎、本田和子、山口昌男といった人々が、現代の「子ども」概念の限界を指摘し、それではとらえられない子どもの実態を「異文化としての子ども」といった言い方で主張した。筆者は、それらの主張を整理し、上のような図を作成した。

　図ⅡⅢについて解説しよう。まず図Ⅱから見ると、細字の線と太字の線で囲まれた①の部分は成人した男子しか許されない活動や集会を意味している。次に、②の部分は大人も子どもも区別せずに行われた活動、たとえば、労働や集会や祭りへの参加等、大人と子どもの共同行動がとれた領域を示している。近代以前の社会では大人と子どもの区別なしに、早くか

ら労働に参加させられたが、そのかわり、祭りや遊びなどにも子どもと大人の区別はそれほど明確ではなかった。③③'は大人が子どもを異人視し、神格化している部分である。子どもや障害者はときとして人間にあらざるもの、神がかりなものとみなされ、祭礼などには、神に近い特別な役割を与えられたりすることがあった。これは洋の東西を問わず見られた。④は、近代以前の大人たちは、子どもを子どもとして特別扱いすることが少なく、大人の関心のない部分では、子どもたちは無視されていたことを示す。ただそのおかげで、労働や祭りや遊びでの共同参加の影響から、子どもたちは子どもたちで、自分たちの仲間をつくり、いろいろな活動をしていた。⑤はこうした社会での唯一の意図的な教育制度を意味する。これは、子どもから大人へというより、正式に大人社会の一員として認知されるための入社式（イニシエーション）であり、一般に通過儀礼と呼ばれている。この図から、近代以前の社会での大人と大人にあらざるもの（大人に近い存在）としての子どもの姿が明らかにされる。

　次に、現代の「子ども」概念を示す図Ⅲを見てみよう。まず、大人の自己像（イメージ）の範囲を示す①と、大人が抱いている子ども像を示す②とは、はっきり区別されている。つまり、現代人は大人と子どもはまったく異なるという建前的な観念をもっている。しかし、それと実際の姿とは多くの点でずれてきている。たとえば、④がそれである。これは、大人の領分に子どもの実態が侵入していることを意味する。たとえば、性文化である。まだ、子どもだから早いと思っている大人たちの観念に反して、子どもたちは早くから性に関心をもち、実際行動においても、大人の予想を超えている。また、子どもたちの金銭についての観念もそうだ。現代の子どもたちは、中学生くらいから、お金の貸し借りを行い、利子をとるといったことを行い、世の中で一番大切なものはお金というように大人の本音の部分と共通な見方をしている。④また、⑤や⑥のように、大人の自己像（イメージ）と子どものイメージの境界にあって、その境界自体あいまいになりつつある子どもの実態がある。たとえば、１つはファミコンやパソコンのように大人社会のものを子どもが模倣し、自分の領域に取り込

んでいったものが⑤であり、もう1つは⑥のように子どもの領域のものだと思われていたものが、いつのまにか大人と共有するようになったマンガ文化などがある。しかし、一方には、⑦が示すように、「子どもはかわいい」といった大人の見方に対応し、大人に従属し、「甘える」といった実態も残っている。

（2）大人の「子ども」概念とは、ずれる子どもの実態

　以上のように大人と子どもとの関係についての大人の概念システムはしばしば、子どもの実際の姿との間にずれを見せている。それにもかかわらず、大人は、大人と子どもの関係についての概念システムを前提にして（①と②）子どもから大人への変容を発達論として構築した（⑨）。そして、それを土台にして⑧の学校カリキュラムを考えた。⑧の矢印の方向は、価値内容（教育内容）を伝達し教授する方向を示し、⑨の矢印は、子どもの発達の方向を示す。以上のように、①②→⑧⑨というタテの軸が大人の「子ども」概念のあり方と、それに基づいて組織されている教育制度のあり方を示していると考えると、それと③の子どもの実態とは著しくずれていることがわかる。そして、そうした子どもの実態に対しては、大人はしばしば、疑いの目を差し向けるか、否定するという反応を示すのである。たとえば、④の子どもの性への反応や行動は、多くの大人にとっては、子どもらしからぬ行動、「非行」に映ることも多い。また、マンガやファミコンのような子ども領域は、子どもにとって教育的に望ましいかどうか、大人たちの間で態度が分かれる分野なのである。にもかかわらず、それらが子どもの心をとらえて離さないこともまた事実である。

　そして、問題なのは③である。ここは、大人が見ようとしないがゆえに目に入らない部分である。ときに自殺や登校拒否、いじめというように、大人の教育的配慮⑧に反する事実として大人の前に現れる。結果は見えていても、なぜそうなったのかについては大人にはわからないことが多い。大人にとって望ましくないと思う結果が現れないかぎり、そうした実態は

大人には、わからないままに終わる。

　終わりに、子どもを取り巻く環境の変化の図Ⅰといま述べた図Ⅱ、Ⅲを見くらべてみよう。高度経済成長の始まった以前の子どもを取り巻く環境は、子どもの遊びの文化と集団の存在や、手伝いの文化の存在から見て、図Ⅲの①と②それに基づく⑧⑨という学校文化の体系の中に、図Ⅱの①と②（労働）や④の遊びと集団といった近代以前の文化がまだ残っていて、お互いに共存していた時代といえる。

　一方、高度経済成長後の環境は、図Ⅲの⑧⑨の体系の中に子どもが組み込まれ、そこで生き残っていくために、塾やおけいこの文化が成立する。こうした状況の中で子どもはますます、⑧⑨の系列よりは、塾やおけいこのほうが、それよりは、ＴＶやマンガのほうが興味がもてるというように、大人と子どもという垂直の軸よりも、ずれた領域に、自分たちの関心や生きがいを見つけているように見える。学校教育の建前のあり方（垂直の軸）を強化すればするほど、子どもは、そこから逸脱して生きていこうとするように見える。改めて、こうした子どもの実態をとらえ直すところから教育は始まるのではないだろうか。

6．われわれ人類は遊び期を失っても大丈夫だろうか

（1）失われた子どもによる生活時間や空間

　前節において、大人の生活の激変と共に大人と子どもの区別があいまいになり、大人の生活のペースに子どもも巻き込まれていき、子どもの時間、子どもの文化、子どもの仲間といった子どもの領分と大人の領分の区分けがはっきりしなくなり、幼児期から学校教育に類似した生活スタイル

を送らざるを得ない状況が生まれつつあることを示した。もちろんこの中には、路上遊びといったものも姿を消している。気がつけば、大人が一つ一つ指示しなくても、家庭の生活も、学校の生活もみな、画一的に大人を基準にした生活時間に支配され、生活空間も大人の生活に適した空間の中に（遊び場など）、子どもの空間も設定されてはいるが、生活時間が大人中心なので、子どものための空間も、大人の監視や統制の中にあって、子どもたちが思いきり、羽を伸ばす余裕はない。子ども遊具やおもちゃも大人の発想でつくられたもので占められている現実はありはしないか。ここで生ずる疑問は、子どものための、子どもによる生活時間や空間は、用意しなくても、子どもの十全の育ちは保障されるのだろうかという疑問である。

　この問いに答えてくれるのは、J. S. ブルーナーの「未成熟期の本質とその利用」という論文である。ブルーナーは人類という種の特色として「文化使用（culture using）」というのがあるという。「文化」という環境についてこう述べている[12]。

　　人間は（諸々の制約のもとで）環境を変えることで適応を行ってきた。つまり、記憶という貯臓器とともに、一つは、自分の感覚器官や筋肉、計算力などの増幅器、変換器を開発することによって（例：望遠鏡、自転車、自動車、諸機械、コンピュータ　訳者注）、二つは文字どおり、居住地の諸条件を変えることによってである（都市空間をつくる　訳者注）。まさに人間は人間がつくりあげた環境の中で生活するようになってきた。

　こうした状況は、未成熟期にある幼児にとって大きな負担となる。環境に適応するためには、遺伝子にプールされていない知識や技能を文化のプール（文化に含まれている知識・技能）から学び取らなければならない。とくに現代では、莫大な知識や技能が現代文明に含まれている。それを引き継いでいかないと旧世代の文化は新しい世代に伝わらない。学校というシステムが生まれた理由がここにあり、年々、教授する必要性への圧力は

大きくなっている。今や、大学卒業は当たり前で、大学院まで進学する若者が増えているのもそのためであり、学力への期待が、幼児期から求められるのも当然といえば、当然なのである。ところが、学力システムが普及し、多くの子どもが、高学歴を求める発展した国になればなるほど、学力への要求が大きく、その要求が大きければ大きいほど、今、学力格差が大きく、学校へのストレス、登校拒否、学力不振児が増大しているという事実も見逃せないのである。

（2）「遊び」という学習の効用

　この要因はどこにあるのであろうか。霊長類からヒトへの進化の過程をたどる歴史を見通すことで、J. S. ブルーナーはヒトの学習の特性の第1は観察学習であるという。たとえば、ニホンザルの集団においては、ボスザルがメスザルのハーレムをつくって、独占的に生殖を行い、子ザルは、ボスザルを中心とする強弱の序列の中で育つ。サル社会に適応する能力はボスザルや年長者（強者）の攻撃と威嚇に従うか強者に従順さを示す形で形成される。一方、生殖対象が自由で、発情期もランダムになるチンパンジーの社会では、幼児の社会化もニホンザルとは大きく異なる。母親ザルや姉ザルの集団にケアされ、養育期と発情期が重なり合うので、年少者は、年長者の日常行動を注視し、見てまねる形で学習が行われる。食物の調達、支配、関係、配偶者の選択など、長期（約5年）の養育期間の間に学習する[13]。

　ヒトの学習はチンパンジーの学習の延長線上にさらに発展した形で現れる。つまりヒトの社会の構造とそれとのかかわりから幼児が学ぶことは次のようなことである。

　　1．記号（ことば）、神話（特定の社会特有の考え方）、知識（知恵・技能）
　　2．感情のもち方、かかわり方、集団のあり方（絆のもち方）
　　3．物質とサービスの変換の仕方[14]

こうした事柄をその社会の構造とかかわりながら、観察学習と試行錯誤で身につけるのである。観察学習は一般に見てまねることだといわれている。まず他人の行為のある動きに着目することである（むしろそこにひきつけられるといったほうがいいのかもしれない）。次に、その動きにふさわしい自分の動きはこうだということに気づくことである。ブルーナーはこれを「他人の行為の中にある主要な特徴に照らして自分の行為をモデル化することで自己認識する」[15]といっている。ブルーナーはこのことを言語学のdeixis（直示機能）と同じだといっている。あの人のあの動きはこうだと気づくことである。次に、この気づきに従って、この動きは、こうして次にこうして、さらにこうすればできるというパターンに気づくことだといっている。

　こうした観察学習によって人類が人類として獲得した文化が道具の使用だというのである。そしてここに「遊び」の重要性が発生するとブルーナーはいうのである[16]。

　　道具使用が発達するには、組合せ活動のための、選択的で強制されない機会（遊び＝訳者注）が長期的に存在することが必要である。道具使用（または技能活動に対象を組み入れること）には、その性質上、選択が可能な広汎なヴァリエーションを達成する機会が必要だからである。

　道具の使用は人類だけでなく、チンパンジーにもすでに見られる。チンパンジーがストローのような細い棒を見つけ、白アリの穴にそれをつっこんで、白アリがその棒についてくるのを食べるという姿を見た人は少なくないだろう。穴の直径の大きさに合った棒を見つけ出すこと、それを穴に上手につっこんで白アリを穴からおびき出すことに試行錯誤しているチンパンジーを見ると、穴と棒の組み合わせのための「選択的で強制されない機会（遊び）」が長期的に存在することが必要である理由がわかるだろう。こうした行動は、比較的若いチンパンジーがやるのである。これは、

ブルーナーによれば、親の庇護のもとに、生存のためののっぴきならない活動に取り組まずにすむことで、親や周囲の大人の行動を自由に観察したり、自分でさまざまな組み合わせ活動の試行錯誤ができる機会、さまざまな圧力から解放され、安定した心情でいられる"遊び"の機会が、生存にかならずしも必要ない道具の使用を偶然に発見することになったのだという。

そこでブルーナーは、遊びという学習の効用を次のように述べる[17]。

> 第一に遊びは、より危険のない状況の中で、自分の行動の諸結果を最小にしていく手段（同一の結果を導き出す手段　訳者注）、つまり、学習の手段である。このことは特に、社会的遊びにあてはまる。（中略）群の中でやってよいこと、わるいことの規律が多くある。そしてそのほとんどは幼年期に学習される。この場合、規則に反した結果が後になる（より大人になる）より厳しくないのである。
> 第二に、機能上の圧力があるとき（失敗したら、他者の迷惑になるなど　訳者注）には、決して試みられることのない行動の組合せを試みるいい機会を提供する。

ブルーナーによれば、幼児期、児童期は親の庇護のもとにあり、それゆえに、子どもにとっては、遊ぶことによって、自分を応援してくれる父母や庇護者の行動を観察学習するだけでなく、さまざまな、異種行動を試みることができる機会であるという。たとえば、ボールであれば、投げる、ける、持って走る、ドリブルする。また逆に、ける行為でボールをけったり、砂をけり上げたり、壁をけったりなど、ある機能に対するさまざまな行為、逆に、ある行為をさまざまな対象に加えて、さまざまな機能を引き出すといった試みができる。こうした対象との働きかけは、「ジョンは男である」「ジョンは走り出す」「ジョンは人に話しかける」という文のように、また、「帽子をかぶる」「帽子を洗う」「帽子を手渡す」といった言語使用の能力をみがく機会にもつながるのである。

このように、幼児期における遊びの機会は幼児が社会適応する過程においても、言語獲得の過程においても、ハイハイからヨチヨチ歩きの過程においても欠かせない学びなのである。さらに、幼児は、ごっこ遊びの中で、棒にまたがってお馬さんごっこをしたり、棒を使って戦士の戦いをしたりすることも、棒を馬に見立てるという点で象徴の動きを学び、棒にまたがったり、棒で戦士を演ずるということで、そうした文化の視覚的イメージから慣習というものの働きを学ぶのである[18]。そして、文字言語を学習する以前の段階つまり学校教育の洗礼を受ける以前においては、発話言語中心の段階において、幼児は言語よりも行為の状況が支配的な場面で生きている。たとえば、ままごとをする幼児は、行為者（仲間の幼児たち）、行為（ままごとの所作）、行為の対象（料理づくりを見立てているときの道具）、位置、行為の方向等が、幼児の視覚を中心とする感覚によって直観されている。そこでは言葉は主要な働きではない。「はらできたよ」といい、おなべの中身を皿にもれば、メンバーの間にごはんなんだなとわかる。だからごっこ遊びの中の「せりふ（言語）」は、ごっこの世界の行動文脈の中にいる子どもにはたとえ発話として不十分に見えても参加している幼児には十分に了解されるのである。

（3）遊びとは対極にある「命題の学び」＝応用のきかない記憶

　しかし、小学校に入って国語の文章で表現されている世界は、それを読む人の状況から読まれた言語の文脈のみに依存するようになるのである。
　ところが今、多くの大人たちができるだけ早く、言葉（文字）で学ぶ世界に入らせようとする傾向がある。早くから文字文化や数の抽象的世界へ幼児を導き入れることが、将来の学歴を保障し、将来の高いレベルの生活を保障することになると信じている大人も多い。
　多くの親たちがこう考える背景が今、生まれつつあることもたしかなのである。人類史的に見れば、現代の文化は、はるか昔人類が道具を使用する知恵を生み出したところから出発した。ギルバード・ライルの分類によ

れば、それはknowing how「やり方を知る」という知恵であり、人間の身体の技と不可分であった。しかし、現在の文明社会を生み出している知識はknowing that「…である」という知識からなっている[19]。人間の技というより、人間の頭脳が生み出した科学の知であり、言語や数式で語られる命題知「～である」である。そして今や産業活動の成果とエネルギーの消費との関係や、そのメカニズムの制御はすべてコンピュータによる操作で行われ、具体的な生産活動も第一次産業も含めて、機械による操作であり、その操作もより抽象化されたデスク操作になり、人々の道具を使って自然とかかわった時代からはるか遠くまできてしまったのである。

　だから、今や現代人は「knowing how」の必要性に対して実感が乏しくなってしまっているのである。それゆえ、学習の場においても、より普遍性のある、抽象度の高い命題（たとえば、科学の理論）を身につけるほうが、社会のさまざまなシステムを制御できるという信仰が高学歴を求め、早期教育に走る要因ともなるのである。

　しかし、ここに大きな問題点が存在する。1つは、次のことである。これまで人々は、生活の中で、knowing howの1つの例として梃子の原理を使って、生活の問題解決を行ってきた。たとえば大きな石を移動するのに、石の下に大きな棒をつっこみ、棒の反対の端で上から力を下に加えると石が持ち上がるというように。しかし、この原理を命題として書き換える（knowing that）ことで、この原理を使って多くの工作機械がつくられることになった。これが文明の進歩である。しかし、問題は、この原理を命題として学習することができても、この原理を学んで、この命題から具体的な原理の使い方（knowing how）を導き出すことは決して容易ではないという点にある。多くの場合、この命題の学習が単なる記憶（暗記）することに終わることも多いのである。

　もう1つは、命題を学ぶ（knowing that）場合、なぜそれを学ぶのかとか、その知識はどのような場面や状況の中で働くのかといったことと無関係に学ばれることが多い。たとえば、「ニューヨークはアメリカ合衆国の中で最大の都市である」という文章はこれだけでは、自分の思考を発展

させないし、興味もわかない。しかし、この文章と「アメリカは移民の国であり、したがってニューヨークに多くの移民たちが集まり、中国系の人々のチャイナ・タウンがあり、ユダヤ系の人々、プエルトリコ系の人々、ポーランド系の人々、イタリア系の人々と、各々の民族の人々が集中的に住む地域があり、そこでは、未だに出身の言語しかしゃべれない人もいるという」といった文章を読むと、ニューヨークという都市がアメリカ文化を世界に発信する面と、いろいろな人種のるつぼであるという面から国際色豊かな、多面性をもった都であるということが明らかになり、興味をもつきっかけも与えてくれるかもしれない。しかし、前述の文章だけでは、その文の背景の文脈がなく、テスト問題で、その真偽のみが問われる場合、そこからは、何の想像力も喚起されないし、それは、遊びとは対極にあるものである[20]。こうした命題の学びは、子どもの学びの意欲とは結びつかないし、テストのためなら、暗記するしかない。しかし暗記しただけのこの種の命題知は、具体的場面におろして、生きて働く知識とはならないのである。ブルーナーによれば、この種の知識を覚えるという学びは、学習者に想像力を働かせることもできないし、興味を向けることもできないというのである。

しかし現在の学校は、人類が進化の過程で蓄積してきた莫大な知識を効率的に次世代に教授するという責務を与えられている。さもないと高い水準に達した文明を若い世代が引き継いでいけなくなるのである。そのため、偉大な科学者が努力の末に、試行錯誤を重ねながら、やっと発見した科学の法則を、それを生むに至る波瀾万丈のドラマなどを省略し、その結果だけを効率的に使えるように教えようとするのである。こうした脱文脈化した形式的構造としての知識は、遊びやファンタジーのようにそれを学ぶこと自体の興味（内発的報酬）がないので、学校は、因襲的で退屈な場所となってしまうのである[21]。

かくて、現代の子どもたちは、早い年齢から学校的な文化（教えられる）を与えられ、遊ぶ機会が失われていってしまう。これで人間の未来は明るいのだろうか。たしかに、人類の莫大な英知を次の世代に伝えなければな

らないという現代の学校の使命は否定できない。しかし、もしこの重圧のために、多くの若い世代がこれを拒否したり、教えられるという営みに背を向けることがあるとしたらこれもまさしく現代社会の崩壊につながる。その徴候は、不登校の増大に現れていないだろうか。学校の使命を失わせないためにも、どうしたら、学ぶことへの興味、関心を育てられるだろうか。

　ブルーナーの言説に戻って考えるならば、knowing that（であるという知識）の知識を覚える前に、すべての面では不可能だとしてもモデルとしてknowing how（やり方を知る）という知り方の学びに戻るしかないのである。梃子の原理ならば、大きな石をどうして動かすかを考えて、石の下に木をつっこんで動かすことを学ぶ。このやり方ならば、問題を解決するという喜びがあり、困難を乗り越えたというドラマがある。しかし、この知り方だと、現代の文明を学ぶのに果てしない時間とムダがかかってしまう。だから、少なくとも、幼児体験の中で、遊び方を学ぶという意味で、遊ぶこと、その中で、楽しさと、困難を乗り越える試行錯誤が大切なのだということである。

　しかし、この遊びも今や遊び時間も遊ぶ場所も、遊び仲間も簡単に見つけられない。筆者がわが子を幼稚園に通園させていた数年前、退園時に、わが子を迎えに行くと、娘が一生懸命、周囲の幼児に、これから遊ばないと声をかけても、なかなか、仲間を見つけられない姿を目にしたことがある。わが国では、すでに1980年代くらいから、退園後、幼児たちは、塾やおけいこがあって、ウィークデイの場合、スケジュールが一杯になり、多忙になっていた。わが子はおけいこや塾にいく機会が少なかったので、遊ぶ時間があったけれども、遊ぶ仲間を見つけることはとてもむずかしかったのである。

［注］
1）小川博久「今日の乳幼児の危機と保育の課題」日本保育学会『保育学研究』第40巻、第1号、2002年、p.160〜165

2）小川博久「幼児教育の歴史を振り返る―日本保育学会創立60周年に寄せて」日本保育学会編『戦後の子どもの生活と保育』日本保育学会60周年記念出版、相川書房、2009年、p. 1 〜 7
3）「保育者の語りを通して子どもの生活を考える」同上書、p. 68 〜 137
4）小川博久「保育の立場からみた子どもを元気にする環境」日本発育発達学会編『子どもと発育発達』第5巻、2号、杏林書院、2007年、p. 67
5）同上誌、p. 67
　　ちなみにこの引用文の中で使われている「ノリ」という概念は「リズム」概念に近いが、「リズム」より広い社会的文脈の中で働く「リズム」のことである。この概念については、岩田遵子『現代社会における「子ども文化」成立の可能性―ノリを媒介とするコミュニケーションを通して』風間書房、2007年、p. 111 〜 119 参照。
6）柳田國男『こども風土記』定本　柳田國男集21巻、筑摩書房、1975年、p. 23
7）柄谷行人『日本近代文学の起源』定本　柄谷行人集1、岩波書店、2004年、p. 169
8）昭和60（1985）年に筆者らが小金井市で行った子どもの金銭感覚についてのアンケート調査によれば、小学5年生で今、子どもが一番欲しいものは、お金（17.3％）、2位がパソコン（10.5％）、3位がペット（9.5％）、海外旅行（8％）となっており、「なぜお金がほしいのか」という問いに対して、お金そのものがほしいと答えたのが、56.1％に及んでいる。小金井市青少年問題協議会編「小金井市における子どもの金銭についてのモラルの調査」1985年、p. 24 〜 25
9）小川博久「子どもの遊びと環境の変化―変わりゆく「子どもの遊び」の意味と環境の変化」環境情報科学センター『環境情報科学』23巻、9号、1998年、p. 20 〜 24
10）小川博久・菊池龍三郎他編「子どもの遊びと環境の関連について」『家庭教育研究所紀要』3号、1982年、p. 1 〜 35、同4号、1983年、p. 26 〜 66
11）小川博久「『特別活動』の必要性を改めて問い直そう」連続講座「現代の子どもと特別活動」『特別活動』14巻、10号、1981年、日本文化社、p. 46
12）小川博久「J. ブルーナーの「発達」観の教育学的意義―「未成熟期の性格とその利用」の論構成の検討を通して（2）」東京教育大学教育方法研究室編『教育方法学研究』第7集、1986年、p. 212

13）同上書、p. 216
14）同上書、p. 217
15）同上書、p. 219
16）同上書、p. 220
17）同上書、p. 221
18）同上書、p. 223
19）同上書、p. 226
20）同上書、p. 226 〜 227
21）同上書、p. 227

第2章

遊び不在の時代における遊び再生への課題

1．遊びの定義を考える

　以前、別の著書で「幼児期の発達と遊びの重要性」という章を執筆する中で、「遊び」をホイジンガにならって次のように定義した[1]。第1に遊びは遊び手が自ら選んで取り組む活動である。これを遊びの自発性とよんでおく。第2には遊び手が他の目的のためにやる活動ではなく、遊ぶこと自体が目的となる活動である。第3に、その活動自体、楽しいとか喜びという感情に結びつく活動であろうということである。第4に、遊びは自ら進んでその活動に参加しなければ、味わうことができないということである。

　今、本書を書くにあたって思うことは、この遊びの定義をながめたとき、われわれ大人は、子どもたちに何もできないということなのである。なぜなら、この定義によれば、遊びは子ども自身がやりたいと思わないと遊びではないということであり、今の子どもたちは、前章で述べたように、遊ばなくなっているからである。

　遊びの重要性を確信し、自らも楽しい遊びを経験している大人としては、つい遊びを教えたくなるのである。事実、児童館の活動の中には、遊びを教える講座もしばしば存在するのである[2]。しかし、遊びを教えるということは、この定義からすれば、それは本来の遊びの定義に悖(もと)るのである。遊びの定義がこのようなものであるかぎり、遊ばなくなった子どもを前にして、遊びの再生をはかる手だてはないのである。

　しかし、幼稚園教育要領では、遊びの重要性を述べており、また前章で述べたように、ヒトという動物種がこの地球で生存していくかぎり、遊びは欠かせないし、遊びなしに、人間は何も学ぶことはできない。生きるためのすべてを幼児は、見てまねることで学び取るのである。ハイハイすること、ヨチヨチ歩きをすること、大人のように箸を使って食物を食すること、大人のように下着をつけたり、洋服を着たり、靴下をはくことなどな

ど、すべて大人のすることを見てまねるのである。日本語をしゃべるのも、日本語を話す大人に囲まれているからである。

　しかし、現在の日本では、3歳にでもなると、大人が教えるという形での制度に早くも入るよう促されている。半世紀前なら、放課後、年上の子どもに面倒をみてもらいながら、遊び集団に参加して、初めは「みそっかす」扱いで、年上の子どもの遊びを見ているだけの毎日がいつの間にか、遊びの末席に参加して鬼遊びを経験したものだ。そして、気がついてみたら6年生にでもなれば、遊び集団のボス格になっていたのだ。そして中学生になったら、もう地域の遊び仲間から卒業して地域のおさななじみから離れた生活をしていた。こんな姿は今はない[3]。

　3歳からはバレー教室、ピアノの個人レッスン、そろばん塾等、学校の教育に類似した環境で生活するようになり、お互いに競い合うのである[4]。こうした学校的環境は、家庭でも始まっている。子どもと同様にあまり遊んだ経験のない親も、子どもの教育を考えるときに、自分が受けた教育が大人から教えられた経験がほとんどであったことから、教育＝教えることと信じて止まない人であることが多い。そういう親たちは、自分の子どもを育てることも、教えることだと信じやすいのである。そして気がついてみたら、幼児期から大学生になるまで現代の若者は自分でいろいろやってみて自分で判断して行動し、そしてそのことで学び、自分で考えるといった機会を失ってしまっている。こんなことでいいのだろうか。

　こうした状況において、幼稚園教育要領では、遊び中心の保育の重要性を主張する。この主張は前述の人類の歴史を考えるならば、正しいし無視できないのである。しかし、前述のように、遊びの定義に従えば、遊びは教えるものではない。遊びの自発性という原則に反してしまうからである。子どもが遊ばなくなっている現在、遊びを再生するにはどうしたらいいのか、ここでこの問いをさらに進めることに一度ストップをかけたい。遊びが自主的、自発的行為であれば、もし今子どもがそれをしなくなったということは、それ以上とやかくいうべきではないのではないかという議論があるはずだからである。なのになぜ遊びの再生を求めるのか。その答えは

乳幼児期の発達にある。前述のように、乳幼児期の発達は、乳幼児の自発的行為を無視しては成り立たないのである。それゆえ、ここで筆者は、遊びの定義を、幼児自らの動機で自らの活動をそれ自体の活動を楽しむために引き起こすこととしておこう。問題はそうした活動が発達とともに失われている事態を筆者は問題にしているのである。つまりそのことを乳幼児期の子どもの自発性に任せておけばよいのか、もし人間の発達上、遊びの重要性ということが無視できないのであれば、子どもが自らの自発性において遊びが復活するような状況を用意する責任は大人の側にある。

　ではどうすればよいか。これまでいくつかの努力はなかったわけではない。1つは環境づくりである。児童公園をつくるとか、子どもが遊ぶような遊具づくりが行われてきた[5]。しかし、多くの場合、成功しているとはいえない。その理由は、場所づくりや遊具（モノ）づくりが中心だからである。多くの論者が遊びが失われた要因として、仲間、時間、場所をあげている。だとすれば、この3つを回復しなければ、遊びは再生しないはずである。とすれば、幼児教育の現場は、遊び中心の保育が行われる場として設定されているはずであり、時間も空間も仲間となる幼児たちも存在している。にもかかわらず、そうした場で遊び保育が展開されていないのである[6]。その最大の要因は、結果として、遊びを教える場になってしまっているということである。もしくは、遊びの本来は、自発性にあるという理由で、保育者が遊びを育てる手だてをもたず、放任しているからではないだろうか。ではどうするか、ここでかつての遊びが盛んだったころを振り返ってみよう。

2．伝承遊びにおける子ども集団の仕組み
―見て、まねる、学びの主体性―

　幼児教育における遊び保育の理論を考えるために、かつての伝承遊びの

仕組みを振り返ってみよう。筆者の少年時代（終戦時、小学3年生）から、昭和30年代ごろまで、地方都市の場合昭和40年代後半までは、伝承遊びの子ども集団は残存していた[7]。高度経済成長による列島改造の影響で子どもたちの生活が完全に変わったのが、昭和50年代であった。あとは現在まで、同じ状態が続いている。

　この伝承遊びをする集団は、江戸時代の中期ごろ、生産力が向上し、年少の子どもたちが生産労働の現場から解放され、もっぱら、家事労働の手伝いにまわされたのであった。どの家庭も子だくさんで、母親の家事労働の足手まといであったところから、大人扱いに近い年齢の子どもは、幼児の子守を任されたのである。現在でいえば、小学校高学年くらいの子どもは、幼児の面倒を見ながら、近所の子どもと語り合って、神社や寺の境内に集まり、遊んだものである。年長の子どもたちは、子守相手の幼児を足手まといに感じながら、広場などに来ると、遊びの邪魔な幼児ははずして自分たちだけで遊んだのである。遊びの下手な幼児は「みそっかす」といわれ、夕方、家に帰るまで、この遊びを見ていなければならなかったのである。この遊びの異年齢集団の中で「みそっかす」は、早く仲間に入れてもらい、遊びに加われることを願い、年長児を中心とする遊び集団に「あこがれ」を抱いたのである。この「あこがれ」心情は、願いにたどりつきたい心情とそこにたどりつけていないという心情の葛藤を意味している。この心情は、年長の子どもが、幼児などの年齢の低い子どもの子守として、面倒を見るという形で年少の幼児を含めた生活集団を引率するという役割を果たしながら、いざ遊びになると、遊び仲間としてふさわしい子どもだけを選別して遊び集団をつくるという二重の構造の中で、生活集団に率いられながら、遊び集団としては排除するという関係が「みそっかす」を生み、その「みそっかす」をして、遊び集団に参加している年長児に「あこがれ」をつくり出すのである[8]。

　この異年齢の遊び集団は江戸中期以降に生まれたものであり、大人社会の徒弟集団と構造を同じくするものなのである。徒弟制度といえば一般に、すべて年輩の人の命令に従って、毎日の立ち居振る舞いをきびしく指

示されるような印象がある。たしかに丁稚奉公などの修行では、朝早く起こされて、とてもつらい生活であったという印象は「おしん」の物語などでも伝えられている。たしかにそういう側面も決して否定できないが、他方、どのように振る舞えばその社会に上手に適応していけるかという点に関していえば、その集団に長く生活している先輩の行動をしっかり見てまねるという学び方に中心があり、先輩や親方の行動をしっかり見てまなぶ（学ぶ）という気持ちや態度をもつ人がその集団に上手に適応していけるのである。だから、伝承遊びの集団に入った「みそっかす」も先輩に「あこがれ」（以下、原則として「　」をはずして使う）て、見てまねることが、早く遊びを覚え、遊びに加われるのである。つまり、学ぶ側、見てまねる側に学びの主体性がある。言い換えれば、学びの動機があるのである。

3．学校教育における教えるというシステムがもたらしたもの

　前述のように、現代は情報の時代だといわれている。次々に新しいテクノロジー（技術）が開発され、日々新たな文明社会に突入していく。だから、新しく生まれる世代がこの社会に適応するためには、新たな知識としかも莫大な量を次世代に伝えなければならない。さもないと、社会のシステムを動かしていくことはできない。学校教育はそうした知識を確実に次世代に伝えるために、子どもたちにより多くの知識を効率的に教えようとする。教えるという学校のシステムは多くの若い世代に、効率的に学ばせるために、近代社会がつくり出した装置である。そのため、教育を受ける年齢は年々増加し、大学卒業が今や普通になり、大学院教育も年々普及しつつある。そして教えるという手段によってこそ、知識を子どもに学ばせることができると考える大人の信念は、ますます、日常生活まで普及し、自分の

子どもを早期教育に参加させたいと考える大人がますます増えている。

　しかし、ここに重大な問題が生まれている。

　前章でも指摘したが、学びたいという気持ちを喪失しつつある子どもや若者の増大である。もちろん、学びたいという気持ちをますます増大させていく若者もいる。そしてこの若者たちは、より高度な学びへと進めるよう国家のサポートも用意されている。しかし反面、学びを拒否したり、学ぶ意欲を失っても、社会の要請で、大学に進学しなければ就職できないという状況から、進学しても、一向に意欲をもてない若者も増えている。そしてその要因は、学校教育で教えることで学ばせるというシステムそのものにある。学校教育における教えるというシステムは、もっぱら、教師の意図と計画によって推進され、学習者の興味・関心を拾い上げていく学びとはなっていない。教える内容やそれを教えるペースなどを決めるカリキュラムは、教える側の一方的な編成になっており、同一学年の複数の子どもを相手に行われるため、子どもの興味・関心を拾い上げるための時間的余裕も、教師の配慮もないので、多くの落ちこぼれや不登校を排出しているのである[9]。

　学校教育において教えるというシステムが子どもの学ぶ意欲を喪失させている要因のもう1つは、現代の学校の学びが1クラス40人以下の場合、現在、学力テストの影響もあり、学びが個別的になり、学力によって序列化される傾向にあり、子ども同士の学び合いや集団で学ぶ喜びといったことを重視する傾向にないことにある。そのため、学力が低いと評価される子どもの学びへの喪失が著しいのである。

　学校教育において教えるというシステムの問題点のもう1つは、教えるという活動が教科書を使って、教師の言葉を中心としたコミュニケーションによって展開されることである。家庭においても衣食住の生活において五感を駆使する生活の部分が少なくなっているだけでなく、今やテレビやファミコンなどの情報中心の生活の中で、人工的に加工された情報を受け取って生活している。にわとりが卵を産む瞬間とか、蝶が羽化する瞬間に出会うといった感覚の驚きの経験が少なくなっている。学校で教えられる

という体験も子どもにとって興味を引き起こす経験になりにくいのである。

現在の学校教育が引き起こしている学ぶ動機の喪失を救済するにはどうすればよいか、学校教育が現代社会の要請により、次の世代に現代文化を伝えなければならないという大人の世代の要請によって生まれたことに、それなりの必然性があったとしても、それは、学ぶことを強制される次世代の立場を考慮したものではなかったことは反省せざるを得ない。つまり、学校教育の教えるというシステムは学ぶ側の学びへの動機を二の次に考えたものであったのである。学校教育において教えるというシステムが、学ぶ世代の学びへの動機を維持するためには、学ぶ世代の中に、大人社会へのあこがれや学ぶことが、自立して生きることへつながるという信念がなければ、学びたいという気持ちは生まれないのである。

4．学びたいという動機を生み出すものとしての遊び

そこで、学びたいという動機を活性化する仕かけとして遊びをここで再び取り上げたい。しかし、前述のように、今、子どもたちはもう遊ばなくなっている。遊び方を教えることは教えるというシステムであって遊びにならない。今、学習塾やスポーツ教室で行われていることは、内容は、かつての遊びやスポーツであっても、次世代の子どもに大人たちが教えるというシステムで行うことであって、それは遊びではない。

では、遊び、つまり、子どもたち自身が楽しいからこそ自分たちのやりたいという気持ちで、自主的にやる活動を今、どうしたらよみがえらせることができるか、それが課題である。

その答えは、かつての伝承遊びが展開された異年齢児集団の学びのシステムを現代において再構成することである。といってもそれは現代の社会

に、今、幼児から小学校高学年にいたる異年齢集団を再生させるということではない。それを今考えるとすれば、それこそ時代錯誤である。筆者の主張したいのは、かつての異年齢集団における学びのシステムを現代に再生できないかということである。つまり、幼児が、よく遊ぶ人のパフォーマンスにあこがれて、自ら、それをまねて自分も試行錯誤を始めるといった活動の場を再構成できないかということである。そしてこうした点で、再構成されたものが以下述べる「遊び保育論」である。

5.「遊び保育論」を構成する前提について

　遊び保育論を述べるにあたって、かつての異年齢集団における伝承遊びの学習過程について整理しておきたい。
1. 年長者は、幼児を含めた異年齢児グループのリーダーとして集団をまとめる力をもつ。いつ、どこで何をして過ごすのかの決定権をもっている。しかも、この集団は日常的にいつも一緒にいる集団である。
2. 年長者は、この集団の中から遊びに参加できるメンバーを選別し、そのグループだけで遊び、選ばれなかったメンバーは「みそっかす」として、いつも遊びグループを見ていなければならない。そこから、年長者や遊びグループにあこがれを感じている。
3. 遊びのメンバーに欠員が生まれたときは、年長者によって、選抜され、遊びに参加できる。
4. 以上の条件から、「みそっかす」は、いつも遊びグループを見てまねて、次第に、よく遊ぶメンバーに成長する機会をもっている。
5. この集団に参加したメンバーが遊びを学ぶチャンスは、主として、遊びを「みそっかす」として「見る」立場に立たされる、そして

その期間に耐えたのち、メンバーとして参加できるという長期的過程の中で、次第に習熟していく。たとえば、縄とびであれば、順番を待つ間、「ゆうびんやさん〜」とうたいながら、自分の番が来てとび出して行っても、最初は1回もとべないかもしれない。でも繰り返すうちに、とべる回数が増えていくというようにである。

こうした遊びへの参加のプロセスをレイヴとウェンガーは、周辺参加論として論じている[10]。筆者はこれを、遊び保育論として構築し、実践してきた。そしてこの中で、もっとも重要な点は、保育者の役割である。異年齢集団における伝承遊びにおいて重要な役割を果たす年長者の役割を保育場面における保育者の役割として変換する場合、肝心な点は、保育者が教える人ではなく、モデルであるという点である。

6. 遊び保育における保育者のモデルとしての役割

　学校教育において教師は教授する人である。教師は教えるべき内容を伝える人である。教える内容の選択もその時系列上の配列も学習者の選択の外にあって、教師は公的に選ばれた内容を子どもに教えるという形をとる。学ぶ側の子どもは複数なので、子どもの側に学び方についての要求を教師に求めることには限界がある。つまり、教師主導の形で教授活動が展開される。学ぶ側の学ぶ動機はかならずしも重視されない。

　遊びの場合、学びたいという気持ちは学ぶ側にある。「みそっかす」が年長者にあこがれる形で学びは成立する。徒弟制度において親方は弟子に教えない人であり、弟子は親方の作業を見てまねる形で学習が成立するのと同様である。生田久美子は親方の権威に引きつけられることを「威光模倣」とよんでいる[11]。同様に、異年齢集団の年長児に対しても、あこが

れて見てまねるのである。現在において、伝承遊びはおろか、そうした遊びを伝承する異年齢集団も存在しない今、なぜ、この集団に筆者は注目するのか。もし、保育者と幼児の関係がこの異年齢集団の年長児と「みそっかす」の関係に近い関係になれば、幼稚園や保育所の保育の中で、遊びを再生できないだろうかというのが筆者がこの異年齢集団に注目する理由である。言い換えれば、大人が教え、子どもが学ぶという近代学校の学びが、教師から一方向になりがちであり、教師と学習者との相互のやりとりがなく、子どもの側の学びへの疑問やつまづきに答えていく余裕が、教師の側に残されていない（教師の側に、年間、網羅すべき教授内容が決まっているので、一定時間にこなすべき内容が決まっている）。ついていけない学習者は、塾通いなどで、子どもや親の自己責任にさせられてしまう。

　それに対し、昔の徒弟制度や伝承遊びでの学びは、この集団に所属して、親方や年長児のやることを見てまねようとする態度を続けるかぎり、学びの進度の遅れはあっても、いつかは、学びが身につく可能性があるのである。そこに幼稚園・保育所において遊びを考える上で筆者がかつての異年齢集団における学びのシステムに注目する理由がある。そしてこれを再編成するための試みを「遊び保育論」と名づけよう。そしてこの「遊び保育論」はかつての異年齢集団を保育の中に実現することではなく、異年齢集団に内在していた学びのシステム、つまり親方や年長児のパフォーマンスにあこがれて見てまねようとするシステムをどうすれば保育者と幼児の関係に置き直せるかを考えることである。さしあたりこのあこがれる対象の存在をモデルということにしよう。その際、集団の中にモデルが存在するためには、そのモデルと集団のメンバーとの人間関係が問題になる。先に、伝承遊びの集団の人間関係を生活集団と名づけた。そこでは年少者の生活のケアを年長者が行っていた。そしてそれは保育者の役割に振り当てられないだろうか。

　とはいえ、こうした学びのシステム変換はそう簡単にできることではないのである。言い換えれば、筆者のいう遊び保育論を実践する場を考えるとすれば、それは現代の教育制度の中でしかないということである。この教

育制度にひそむ教育実践のあり方やそれを支える教師の基本的態度がすでにできているのである。そしてこれから展開する遊び保育論は、こうした近代学校システムの中で展開せざるを得ないのである。これまでこの近代学校制度で展開されてきた保育の歴史に対して筆者の遊び保育論はどうかかわりをもつべきであろうか。まずは現行の教育制度の中での保育実践の現状を把握することから始めよう。

7．遊び保育論展開の場としての教育制度
―学校教育制度の中での幼児教育―

　現代社会においては、地域においても、家庭生活においても、まず、大人と子どもの関係、あるいは、子ども同士の関係において、子どもが子どもらしい生活、つまり遊びの生活が子どもから失われていることを指摘してきた。しかし、人類の歴史からみても、子どもの発達からみても、子どもの遊びが喪失することは、子どもの生き方として、大人社会のあり方としてふさわしくない、とするならば、遊びをどう再生するかについてここまで述べてきた。

　さてここからは、さらにその遊びを保育の場で再生させる具体的方略を語らなければならない。そしてそのためには、現在の教師制度についてふれざるを得ないのである。なぜなら、この遊びの再生は、幼児教育制度の中で実現をしなければならないからである。遊び保育の成立の基盤はまさにこの幼児教育制度という枠組みの中で考えることだからである。しかし、この枠組みを確認することは、幼児の遊びの再生を考えるとき、ますます困難な状況を提示することにもなる。なぜなら、学校教育という営みは、そもそも遊びの本義とは矛盾するものであるという議論はこれまでしばしば論じられてきたものであるからである。遊び論で有名なホイジンガ

は、遊びは、遊びたいという目的以外の目的をもたないものだと述べており、〜のためにする活動として遊びをとりあげることは、遊びの本義ではないと考えるからである[12]。

しかし、ここでは、この議論の先行きは一度棚上げにし、保育現場で遊び保育を実践するにあたって、保育制度はどのような枠組みとして存在するのかをまずは確認することから始めることにしよう。

現代社会において、この社会を構成する主要な柱として、学校教育制度があり、その根幹は義務教育制度であることは、衆知のことである。それは日本国憲法に規定され、教育基本法第5条の義務教育規定、第6条学校教育規定にある。親は子どもに教育を受けさせる義務があり、国や地方公共団体はこの義務教育を行う責任がある。義務教育では、国家および社会の形成者として必要な資質を養うことを目的としているのである。将来、この義務教育を受ける幼児たちが、幼児期に通う幼児教育施設は、義務教育ではないが、好むと好まざるとにかかわらず、発達上からいって、その準備教育的側面を含まざるを得ないのである。そしてこのことは、幼稚園教育に関しては、学校教育法第3章（第22条〜23条）に、義務教育およびその後の基礎を培うものとして規定されている。したがって、幼稚園教育の目的、教育課程、教育計画の推進、時間数等は義務教育制度と共通性をもち、小学校学習指導要領と同様に、幼稚園教育要領に従って制度的制約のもとにあることは当然のことである。

8．保育者と小学校教師の教育実践に関する制度上の共通の規定と相違点

上述の法制上の規定は、実践を行う保育者や教師に対しても、一定の制約として働く。こうしたことはまったく当然のことであるが、後に遊び保

育を展開する保育者の立場を鮮明にするために述べておかねばならない。まず両者の共通点から述べておこう。1日、1か月、1年の教育活動の時間、小学校、幼稚園の施設などの空間や施設設備の基準も、施設整備指針で定められている。また1学年の学級の規模も教師、保育者1人に対し、小学校45人以下、幼稚園35人以下となっている。

では両者の相違点は何か。小学校の場合、その特色は教授(teaching)という行為である。この教授には、児童に教育内容を教えるという2つの目標をもつことになる。前者は複数(45人以下)であり、後者には主として教科書という文字、数字、映像からなる教材がある。教師は一定の時間(授業時間単位)に、教科書等を媒体として言語活動によって教授活動を行う。この教授活動は教師が計画し教師の企てによって行い、その伝達方式は一方向性を特色とする。この伝達の様式の中に子どもからの質問、教師の問いかけへの応答、子どもたちの作業を含むことは可能であるが、この企てと遂行の主導権は教師の側にある。教師は自らの教授活動の成果をテストなどの方法によって計測し、子どもの学力の評価とすることができる。教師はこの活動によって、自らの教授活動がどの程度、子どもの記憶知や思考として獲得されたかを測り、これを子ども一人一人の学力として評価し、それによって子どもの能力を序列化する。教師の役割は学校教育で決められた教育内容の範囲(スコープとシークエンス)をどこまで獲得したかを測定することで、国民としての必要な資質が獲得されたかを測ることが求められているのである。

子どもが何をどこまで獲得したかは、教師の教授の仕方、コミュニケーションの仕方、子どものモチベーションの有無によって当然変化するものであり、教師としては、そのことに対する自己省察と、一人一人の子どもの認識の仕方や学び方への配慮によって、子どもの学びは変化するはずのものであるということを認識すべきである。しかし、一定期間に一定の教科内容を教授するというノルマがある。そのため子ども一人一人の学び方やそのつまずきへの配慮と、その一人一人への応急の処置や学び直しへのケアによって子ども一人一人の学習の改善は期待されるとしても、45人

以下という学習者を目の前にしては、こうした配慮を実行する余地は残されていない。多くの場合、1回の授業で1単元の授業が修了してしまい、結果的に序列化が是認されるのが現状である[13]。

こうした現状からすれば、児童に教育内容を教授するという2つのターゲットの中では、児童一人一人ではなく児童たちに（一斉に）教科内容を教授するという形に終わっているといわざるを得ない。

9．幼児教育の理念と現実
―義務教育制度の呪縛―

これに対して、幼稚園教育はどうか。幼稚園教育要領の基本における文言はこうなっている。

幼稚園教育要領の最初の公布時と変わっていない。まず、第1に「幼児は安定した情緒の下で自己を十分に発揮することにより発達に必要な体験を得ていくものであることを考慮して、幼児の主体的な活動を促し、幼児期にふさわしい生活が展開されるようにすること」、第2に「幼児の自発的な活動としての遊びは、心身の調和のとれた発達の基盤を培う重要な学習であることを考慮して、遊びを通しての指導を中心として第2章に示すねらいが総合的に達成されるようにすること」、第3に、「幼児の発達は、心身の諸側面が相互に関連し合い、多様な経過をたどって成し遂げられていくものであること、また、幼児の生活経験がそれぞれ異なることなどを考慮して、幼児一人一人の特性に応じ、発達の課題に即した指導を行うようにすること」[14]（傍点引用者）である。この3つの基本の文言は、小学校学習指導要領とは異なる原則を明確に述べているのである。すなわち、保育者は、幼児の主体的活動を保障すべきこと、そのためには、自発的活動として遊びを重視すべきこと、そして、幼児の生活体験は一人一人異なる

ので幼児一人一人の特性に応じた指導をすべきであるとしている。加えて、幼児一人一人の理解と予想に基づいた環境を計画的に構成すること、幼児一人一人の活動の場面に応じて教師の役割を果たすことを勧めている。幼稚園教育要領の文言は、保育者の目線が一人一人の幼児の行動をとらえ、そこに働きかけるべきだということを明確に述べている。

　ではこのことは現実の保育の中で、はたして活かされるであろうか。

　その答えは残念ながら否である。そしてその根拠は、幼稚園教育制度の枠組みそのものにある。すなわち、以下述べるように、幼稚園教育においても、3歳、4歳、5歳児が各クラスを構成し、保育者1人に対し、小学校段階と大差のない複数児を相手にするという構図になっているのである。また時間軸においては、小学校段階よりは、ゆるやかな時間展開になっているが、空間軸においても、クラス単位で活動するという縛りは変わっていない。つまり、保育者の側が、自分の責任範囲にあるクラス単位を逸脱する自由を幼児に認めることは、担任としての責任放棄になるという縛りは存在するのである。

　それゆえ、幼稚園教育においても、35人以下の幼児たちの教室活動を秩序あるものにし、教師の統制力が発揮されて、幼児たちが教師の望ましいと考える教育活動に参加するためには、基本的に教師主導型の一斉指導をせざるを得ないのである。そして、それは、主として日常的に繰り返す活動として、時間の節目における集まりの活動、終了時の集まりの会、絵本の読み聞かせ、父母への伝達など、集団として行動する園外活動、行事など、クラスや全園で行う活動の場合、あるいは、片づけなどの活動では、教師のリーダーシップに従って、集団としてきまりを守って行動することが求められる。

　このように、幼児教育においても、保育者が指導的立場で幼児集団を統轄し、一定の集団的活動に従わせるという側面がある。そしてそれが毎日の保育実践の中で遂行される以上、義務教育へと進む幼児を預かる幼児教育が小学校段階における教授形態の影響を受けざるを得ないという側面がある。もちろん一斉活動をここで否定しているわけではない。問題は幼児

一人一人に応じてという文言が実践の中でどこまでどういう形で保障されているかということである。

　日本の近代教育制度の中で義務教育制度の歴史は明治5年以来、137年に及んでいる。今や、文盲率は0％にかぎりなく近い。今、国民のほとんどが、学習というものは、教授によって成立すると信じている。子どもに学ばせるには、教えるしかないと信じている。保育者たちが保育において常に強調することは、「言葉かけ」である。どう言葉をかけるかが幼児に学ばせることだというわけである。この態度は、家庭における子育てにおいても一般的である。多くの親たちが何かにつけ口うるさいのはその証拠である。こうした学校教授によって培われた大人たちの態度が、保育における一斉指導を支えるということは十分考えられるのである。

　また、学校教授の評価方法も、保育のあり方を大きく規定する可能性が考えられる。幼稚園・保育所の場合、小学校のような計測化した評価は存在しない。文科省の中央教育審議会の委員で幼児教育を大学で教えているある研究者は、文科省の幼稚園教育要領作成の会に同席した折、筆者との私的会話の中で幼児教育で遊びを重視する考え方に対し、小学校教育を研究する委員は、遊びは評価が困難であることに疑問をもっていると述べたのである。そして当の本人も小学校教育の側の立場に賛同しているかのように筆者は受け取ったのである。そのとき、筆者が受けたこの印象が正しければ、この委員は大学で幼児教育講座をもちながら、幼児教育における評価について誤った理解しかできていないことに筆者は嘆かざるを得ない。

　なぜなら、幼稚園教育要領はその原則において、一人一人の特性に応じた指導を繰り返し強調している。したがって、ねらいの達成も、評価も一人一人に応じてなされるべきものであり、その一人一人の評価は、登園時の幼児との出会いから始まって、日常的な幼児一人一人とのふれあいの中に含まれている。それゆえ、日常的教育活動の積み重ねが保育の記録として行われていれば、たとえ、集団遊びの展開の中にあっても幼児理解は可能なのである。担任保育者のクラスの人数が35人以下という多数であることがこのことを困難にしているという事実は否めないが、一定時間に展

開される遊びを想定して、そこでの複数の子どもの動きや集団であることを意識するから評価がむずかしいという発言になるのである。

　また義務教育段階で展開される評価についての諸理論が相対評価のシステムを生み出している事実をみて、小学校での評価論のほうが客観的で公平な評価が行われていると信じているからこそ先の発言となるのである。ミシェル・フーコー[15]は、近代学校は入学時の子どもを無知、無能力と想定し、教育を通して、子ども一人一人を孤立化し、序列化する働きがあると述べたが、学力をテストする評価技術は、1クラスの成績ができる子とできない子、普通の子によって正規分布曲線になることを求めており、それはクラスの子どもたちの成績の分布（バラツキ）を述べるものであって、偏差値もまったく同じである。言い換えれば、一人一人の子どもの学ぶ力がどうすれば向上するかの指標にはならないものである。だからこそ、現代の評価論は、相対評価から絶対評価のほうへ、形成的評価のほうへと議論が進んできたのである。つまり、幼児教育の日常的評価のほうへと議論は進んでいるのである。

　しかるに、早期教育を求める受験体制があり、幼小中高一貫教育への父母の要求がある以上、小学校のように、幼児教育に序列化の傾向はあらわれるのである。たしかに受験のための保育を行っていなければ、学力による序列化はない。

　しかし、保育者の指導理念の中にひそむ場合もあり、それが保育者の指導方法に如実に現れる場合がある。それは結城の研究にも現れている[16]。教師の思惑によって、幼児を小集団に分け、各々の小集団にその達成水準を競わせて、「～グループさんよくできたわね」というように、個々の小集団にしろ、クラス別にしろ、集団間の競争原理によって、集団の優劣を競わせる考え方は、早期教育において、テストによって個人競争を促す序列化の論理と同列であり、幼児一人一人の自発的な自己表出よりも、教師の目標達成のために幼児を競争に駆り立てるという点では共通なのである。

　ここでは、個と集団の関係を切り離し、個人は個別的存在として個人をとらえ、集団は、個と個のつながりとしての集団をとらえるのではなく、

教師の教育目標のために、教師の意図で、子どもたちのグループを機械的にあるいは、教師の思惑にしたがって構成する。このグループには、アニミズム的心性に迎合するようなグループ名はつけられているが、個人と個人の個性的つながりとしての集団ではないのである。そしてこうした指導になる要因は幼稚園教育要領の子ども観において集団と個との関係をつなぐ論理が欠落していることともかかわっている。

　それゆえ、現在の幼稚園教育要領の根底にある幼児教育観を批判することにならざるを得ないのである。それは、子どもという存在を一人一人の個別的発達としてのみとらえる点にある。

10. 幼稚園教育要領における子ども観の問題点
　　　―個と集団の関係をめぐって―

　前述のように、幼稚園教育要領において掲げられている幼稚園教育の基本は、care（ケア）の理論であり、care は teach（教授）と異なり、ターゲット（target）が一人一人であるから、そこでは保育者は１人のパーソナリティ（personality）をターゲット（対象）とするのであった。したがって、ここで主張されている保育理論は、幼児一人一人の理解であり、このことは、遊び中心の保育においても同様で、幼児一人一人の判断や行動を理解して、援助を考えるという考え方に立ってきたということができる。この考え方の背景には、これまでの発達理論が幼児一人一人の発達の筋道を構想してきたことがある。言い換えれば、「集団」は発達理論で扱われてこなかったのである。

　こうした個を対象として構築される保育の理論は、現実の施設保育においては、集団の中で個のみを抽出しなければならず、個人の理解が集団や状況（環境）と切り離されてしまうので、結果的に抽象度が高く、個人を

どう理解すべきかという点で保育者にとって多くの葛藤を生む結果になる。たとえば、けんかの場面を見ていない保育者がけんかを止めさせても、両者にどうかかわってよいかわからないように。幼稚園教育要領の場合、1クラスは少なくとも10〜30人までの構成になっており、この多数の幼児を相手にしなければならない。それゆえ、保育者は同時に一人一人とかかわりをもつことはできない。なぜなら、幼児の心性は自己中心的なので、幼児にとって親密である保育者との関係はその幼児だけの関係であり他児にとっても同じであるということは了解できないのである。それゆえ、保育者が幼児一人一人と豊かな関係をもとうとすればするほど、他の幼児との関係を排除するか無視する関係をつくることになる。とくに入園当初、保育者は一人一人の理解を前提に保育を行うために、幼児一人一人の固有名詞を覚え、幼児に呼びかけることで、幼児一人一人との関係を築こうとする。そして、登園時からそれを実現するべく努力する。ここまでは少なくとも可能である。しかし、幼児が保育室の中に入って保育者と対峙した瞬間に、前述の一対多の関係に立たされる。その瞬間から一対多の関係の中では、一人一人を大切にするという保育理念は擬制の上でしか成り立たないことに気づかざるを得ない。この現実に立つかぎり、幼稚園教育要領において一人一人を対象（ターゲット）とする方略は失効するしかないのである。言い換えれば、幼児教育においても、小学校学習指導要領と同様、教育活動の対象は、幼児一般に終わらざるを得ないのである。それゆえ、幼稚園教育要領の理念の実現のためには、その前提が個と個の関係としての集団を対象にしているという前提に立ち返らざるを得ないのである。

　筆者は別の著書で坂部恵の文を引用し、個と集団の関係を次のように述べた。

「＜人＞を＜人＞たらしめるもの、＜人間＞を＜人間＞たらしめるものは、その総体がときに＜世間＞＜世の中＞と呼ばれる人と人との＜間＞ないし、＜間柄＞に他ならない」。つまり、まずは、「関係」があるのであって、この「関係」言い換えれば、「間柄の束」の総体のほうに目を向けれ

ば「集団」という言葉が生まれ、この関係の一端の結節点に目を向ければ「個」という言葉が生まれると考えたい。それゆえ2つの用語は本来、トートロジー（同語反復）といえるのである。そしてこの関係を坂部は和辻にならって行為連鎖であると述べる。一方、その「行為連鎖」を成立させる関係の結び目であるペルソナこそ、「個」に他ならない。

こうした点から、現行の教育制度の中での保育を見直していく必要がある。」[17]

そこで本書では、個々の発達と集団の育ちといった個と集団を分ける形で論を進めるのではなく、＜関係＞の問題として保育を語っていくことにしたい。まず、最初は、家庭における母と子の関係、次に父と子の関係、さらに兄弟姉妹の関係、そして就園児を迎えたときの子どもと保育者の関係、そしてそれからクラスの幼児同士の関係というように変わっていく姿を発達としたい。さらに、幼児教育の場合、環境による教育といわれるけれども、この環境においてもっとも重視されるべきものは、人的関係であり、そこからモノとの関係が始まるのである。

[注]

1) 小川博久『21世紀の保育原理』同文書院、2005年、p. 53
　　「遊び」の定義については、西村清和『遊びの現象学』（勁草書房、1989年）に詳しい考察があり、この西村の論をめぐって、筆者も小川博久・岩田遵子『子どもの「居場所」を求めて─子ども集団の連帯性と規範形成』（ななみ書房、2009年、p. 198〜228）で詳しく論じているが、ここでは、この定義で論を展開したい。

2) 子ども未来財団『これからの児童館のあり方についての調査研究』平成20年度児童関連サービス調査研究等事業報告書、2009年、p. 69

3) 小川博久「遊びの伝承と実態」無藤隆責任編集『新・児童心理学講座11　子どもの遊びと生活』金子書房、1991年、p. 181〜187

4) ベネッセ教育研究開発センター「幼児の生活アンケート報告書（国内調査）乳幼児をもつ保護者を対象に」『2006年研究所報』35巻、p. 30〜34

5）仙田満『こどもの遊び環境』筑摩書房、1984年、p. 303 〜 329
6）師岡章によれば、保育の会議について調査した幼稚園の565件のうち、一斉活動の園228、折衷型184、遊び中心が153件で遊び保育は1/3以下ということになる。
7）筆者は1988年に上越教育大学で子どもの遊び論の集中講義を行った。この際、学生に児童期における遊び体験のアンケート調査を行った。この講義を受講した学生は20歳〜22歳くらいであるから、かれらが遊んだのは、この年齢よりも、10〜15年前として、昭和40年代の後半である。都市において伝承遊びの消滅が見え始めるのが藤本浩之輔の研究によれば、昭和40年代前半であるとすれば、地方都市は、それより5年ほどおくれている。ちなみに、上越教育大学の受講生の9割は、10万以下の都市や農村の出身者であった。
8）小川、前掲書、注3）
9）不登校は1970年代以降から急増し始め、2001年には13万9千人にのぼったといわれており、現在もその数は減っていない。日本教育方法学会編『現代教育方法事典』図書文化社、2004年、p. 121
10）レイヴ、ウェンガー、佐伯胖訳『状況に埋め込まれた学習』産業図書、1993年
11）小川博久「「遊び」の「伝承」における教育機能と近代学校における教育機能（教授—学習過程）の異質性—伝統芸能の内弟子制度における意図的「伝承」との比較を通して」教育方法研究会『教育方法学研究』10号、1991年、p. 20
12）ホイジンガ．J、高橋英夫訳『ホモ・ルーデンス』中央公論社、1973年、p. 58
13）小川・岩田、前掲書、注1）、p. 12 〜 13
14）文部科学省『幼稚園教育要領』フレーベル館、2008年、p. 11
15）ミシェル・フーコー（1926〜1984）は、フランスの哲学者で『監獄の誕生—監視と処罰』の中で近代学校が監獄と同じ一望監視装置を通して子どもを個別化し序列化することで、規律・訓練システムを生み出し、権力に対し従順な身体をつくり上げる働きをするとした。
16）結城恵「幼稚園における集団呼称の社会的機能」日本教育学会編『教育学研究』第60巻、第4号、1993年、p. 327 〜 336
17）坂部恵『仮面の解釈学』東京大学出版会、1976年、p. 79 〜 80

第 3 章

遊び保育論の構成の基盤

1. 幼児教育制度の中での遊びの再生への挑戦
― 人間関係づくりから ―

(1)「ノリ」でつくられる連帯性

　入園当初の幼児に対して、固有名詞で幼児一人一人との関係づけが一応、構築できたとしても、保育者は次の瞬間からその幼児一人一人とじっくりかかわって、この関係づくりを進めるわけにはいかない。保育者の仕事は、クラスに組み入れられた幼児集団に対し、同時進行の働きかけをしなければならないからである。入園時、登園する幼児一人一人が、テラスで上履きに履き替えるのを見守ることはできても、一人一人の行為を十分チェックするのにしても、その履き替えにとまどう幼児が多ければ、忙しくなり、困難にもなる。その結果、ともすれば、一斉に言葉かけですまそうとしてしまう。

　その場合、幼児たちと保育者が心を通わせる手だては、一人一人を相手にすることだけではない。手遊びなどの同型的同調が成立する活動である。岩田遵子は、クラスで逸脱する行動をする幼児についてこういう。「逸脱児が逸脱してしまうのは、パーソナリティや生活態度が原因というよりは、その子どもがクラスの子どもたちのリズム（岩田は「ノリ」とよんでいる。「ノリ」については第1章 注5を参照）に身体的に同調できない（クラスの子どもたちの「ノリ」を共有できない）ということである」[1]という。岩田はこの「ノリ」（以下、原則として「　」をはずして使う）について、人間の行動はリズム構造を潜在させているという山崎正和の説を引用しながら、ノリとは、「関係的存在としての身体による行動の基底にあるリズム、およびその顕在の程度、すなわち、リズム感、また身体と世界との関係から生み出される調子、気分のことである」[2]という。岩田はこの論文

1．幼児教育制度の中での遊びの再生への挑戦　69

で歌や手遊びを提示し続けることによって逸脱児が次第に周囲に位置づく実践例を紹介している。筆者もクラスの幼児たちが教師と共にする手遊びにノッてくるにつれて、逸脱行動が少なくなり、教師と幼児たちに共通して、笑顔が見られるようになっていく実践を見たことがある。

　また、毎日、降園時に行われる素話や、絵本の読み聞かせの中で、応答的会話が含まれている場面において、この読み聞かせを幼児がとても楽しみにしたりするようになると（たとえば、『大きなかぶ』や『ねずみくんのチョッキ』など）、応答部分になったときなど、保育者の読み聞かせの問いの部分に対し、予期したように、答えの部分を幼児が引き取って、発話するようになる。たとえば、素話「大きなかぶ」では、保育者が「……おじいさんは……かぶを抜こうと思いました。うんとこしょ、どっこいしょ」といったかけ声の部分で幼児の同調である唱和が生まれるのである。岩田遵子は、学位論文の中で、保育者の語りに自発的に応答する幼児の発話の例を多く取り出し、その応答に幼児の自発性や幼児文化創成の可能性を見出している[3]。このようにノリによって保育者と幼児集団との同型的同調や同型的応答が成立するということは、ノリという身体的機制によって保育者と幼児集団との連帯性がつくられることになるのである。こうした「内的秩序感覚」[4]の成立は、幼児たちが保育者の担当するクラス集団の中に、共同体的絆をつくることに貢献することになる。このことは保育者と幼児一人一人との絆づくりにも有効なはずである。

（2）保育者の役割

　では、保育者と幼児一人一人が「フェイス トゥ フェイス（face to face）」の関係をつくるにはどうするか。言い換えれば保育者と幼児たちは相互に認知し合う人間関係にあること、これは異年齢集団でも同じことである。保育者はクラス全員の幼児一人一人を認識し、幼児たちをケアする（援助する）立場に立つこと（これは、異年齢集団において、年長児がみそっかすを生活面で援助する関係にあるのと同様である）である。以下述べること

は、現在、幼稚園・保育所の担任保育者が幼児一人一人と初対面でどう対応するかについての工夫である。異年齢集団のリーダーとしての年長児の場合、自分の弟や妹ばかりではない。地縁的関係にある集落の子、つまり同じ地域の子を想定している。だから親も子も皆、顔見知りの子たちである。一方、幼稚園・保育所の担任という場合、後者は、近代の学校システムにおいて、公的な職業的役割としての保育者が担当するクラスの一員としての子どもたちである。しかし、この幼児たちにとって保育者がモデルとしての役割を果たすという場合、保育者は幼児全員にとっての役割でなければならない。保育者は幼児にとってモデルになるということは、先の異年齢集団の年長のリーダーのような役割を果たさなければならない。後者にとっては、幼児たちとは、すでに相互に知り合っている関係である。しかし、前者は、担任になることによって、その関係を構築しなければならないのである。

　保育者と幼児たちとの相互的人間関係づくりはどのようにして行われるべきか、これが最初の課題である。この課題解決のための第一歩は、保育者と幼児たちとの人間関係づくりにおいて、幼児は informal 集団（メンバー同士の人間関係から自然発生的に生まれた集団）である家庭から formal 集団（外部の人間の意図でつくられた集団）への移行を達成しなければならない。この移行がスムースな場合と困難な場合とがある。したがって保育者はこの移行をスムースに媒介する責任がある。そしてそのもっとも重要な手だては幼児一人一人の顔と名前を覚えることである[5]。幼児の側から見れば、家族の中で安定した同調関係にある養育者との関係を離れて、まだ同調関係のない保育施設の対人関係の中に投げ出されるということである。この段差を著しく感じてしまう幼児は、入園とともに激しく抵抗したり、泣きわめいたりするものである。こうした幼児の姿勢に対し、強引に親から引き離したり、また説得したりすることは、まったく効果をもたらさない。肝要なことは、保育者と親があたかも既知の親しい関係であるような同調性を演出し合うことが大切なことである。また、固有名詞で幼児の名前を知っていることを幼児に知らせることは、幼児にとってみれば、

保育者が親と同様に既知関係であるかのように思え、保育者の演出としては必要なことである。固有名詞で自分を呼ぶ人は親以外にはないはずだと幼児は思っているからである。

（3）擬制としての一人一人との対面

　近代学校（福祉）システムの一つである幼稚園と保育所において、保育者1人に対し、幼児が複数であることは、必然であり、この制度に幼児が所属すること自体、幼稚園教育要領において一人一人の理解を前提に保育を考えるという方針は擬制的なものでしかあり得ないことを示している。とすれば、擬制の中でどうしたら、幼児一人一人が保育者との相互関係性をつくり上げるかという工夫は、保育者の職業的技術として獲得しなければならないことなのである。さもないと、保育者がモデルとしての役割は発揮できないのである。

　先にあげた幼児一人一人の名前と顔を覚えるという課題は、保育者と幼児との人間関係づくりの第一歩だとしても、これだけでは十分ではあり得ない。なぜなら、幼児期の人格の発達は未熟であり、幼児の発達はピアジェ流にいえば、自己中心的である。だから、幼児Aにとっては、担任保育者はAだけのための保育者であって、幼児Bにとっても大切な親しい保育者であることはわからないのである。幼児が20人いればどの幼児もそう思っている。だから自分の先生は好きなときに自分との応答に答えてくれるはずだと思っている。しかし現実には、保育者と幼児とは親子関係と違い、いつも一対一の応答的関係には入れないのである。

　担任保育者にとってみれば、20～30人の幼児一人一人と応答関係をいつもとるわけにはいかないことは、十分承知している。クラス担任である保育者は、一人一人の幼児の名前や顔と向き合うことの重要性を感じつつも、担任としては、頭の中にあるのは、幼児教育施設の1日の生活秩序に従って、クラスという集団の秩序を維持する責任から、クラスとしての規範を守って集団的に生活してほしいという願いである。そしてその集団規

範を守らせようとする。

（4）配慮する存在としての保育者の視線

　担任保育者がこうした責任を遂行しようとする瞬間から、保育者の幼児に対する構えは大きく変貌する。しかし保育者の中ではそのことを自覚する人は少ない。まず、変化するのは保育者の目の動きである。目の動きは、入園当初、幼児一人一人と初対面で幼児の名前を覚えて、対面するときのまなざしとは、大きく変わるのである。保育者の目の動きは、クラスの幼児全員が1か所に1つのかたまり（ゲシュタルト）としてとらえようとする。あるいは、右端にいる幼児から左端にいる幼児を、あるいは最寄りの幼児から保育者から一番遠くにいる幼児までを1つの視界に収めようとして視線が急速に動くのである。ただ、最近は特定の場所に視線を向けたまま、こうした目配りをもとうとしない保育者も少なくない。しかし、これは集団を把握するという自覚のない保育者である。こうした目の動きは、幼児一人一人と視線を合わすまなざしではない。保育者とのアイコンタクトを望んでいる幼児一人一人から見れば、自分を無視してしまう目の動きである。この視線の動きの変化は、集団を逸脱した幼児や、集団的動きをはずれた動きの幼児に対して、それを注意する動きになるのである。このまなざしの変化に伴って、さあ「みなさん」とか「みんな」といった集合名詞が固有名詞にとって変わるのは、集団の規範に反したりするときである。そしてその際、叱責する言葉を伴うのが普通である。「ほら、太郎君、だめよ」「花子さん、それはいけませんよ」等である。

　こうした変貌は入園当初固有名詞の名前で呼ばれたときの親近感を覆えすのに十分である。したがって、担任が入園当初試みた幼児一人一人との人間関係づくりへの試みに加えて、こうした幼児一人一人を匿名化する営みを克服しなければならないのである。そのための対策は基本的に擬制としての対策なのである。言い換えれば、一人一人とかかわっているかのように保育者が振る舞う（演技）ということなのである。とはいえ、一対多

数という保育者と幼児たちとの関係の中で、保育者は幼児集団の動きを秩序正しく維持するという課題を土台としながらも、幼児一人一人の動きを軍隊のように統制しようとすれば、それは、幼児教育の本来の姿ではない。

どんな一斉的活動を幼児に強いるとしても、幼児教育の原則として、一人一人の理解のもとに保育は進められるべきだという原則がある。しかし、現実には一人一人の異なった要求に応じていくとしたら、決してすべての幼児の要求に応じきることはできない。保育者は、担任として幼児集団の動きを管理統制するという課題（保育者のやらざるを得ない役割）と、一人一人の幼児の要求に応えるという課題をどう調整したらよいのか。

保育者が教育者として保育課題をもち、それをクラスのどの子にも達成させたいと思えば思うほど、保育者は、幼児一人一人ではなく、幼児たちを集団として括る意識を強くもたざるを得ないのである。

（5）保育者の出会いへの援助

また、1日の保育が終わったとき、保育者は一人一人クラスの幼児の表情を思い浮かべてみる。すると、今日1日、アイコンタクトの記憶のない幼児、出会った記憶のない幼児がいることに気づくのである。その事実は、保育者が入園当初、幼児の顔と名前を覚え、笑顔を交わして相互の関係性を自覚しあった体験に悖るのである。つまり、それは幼児を匿名化したことであり、相互コミュニケーションの欠如が生じたことなのである。もしこうした体験が重なっていけば幼児は、固有名詞で呼ばれた体験が偽りだったと思うことも起こり得るのである。

この事態をどう乗り越えるか、保育者と幼児との間の相互コミュニケーションによって成立した両者の赤い絆を取り戻さなければならない。どうするか。

たとえば、幼児一人一人の顔写真を貼ったノートをつくろう。それを縦列に貼って、横列に幼稚園の日程を書く。毎日、幼児が降園した後、保育

者がその日の保育を振り返り、自分とアイコンタクトのなかった幼児を写真の中に見出したら、次の日の登園時、意図してその幼児との出会いを用意することで、保育者と幼児の関係の糸を修復することである。

（6）集団の中での個への配慮

　現在のクラス担任制で保育者が多数の幼児の集団生活を管理しなければならないという責任があるかぎり、幼児一人一人との出会いを無視し、匿名化してしまう危険は常につきまとう。だから、その危険を克服するためには、以下のような手だても有効である。幼稚園では、絵本の読み聞かせ、素話など、全員を集める機会がかならずある。そんなとき、幼児たちは、保育者との心理的距離を保育者との間に素直にあらわすのである。保育者と親密な関係にあると思っている幼児は、保育者に一番近い場所―保育者の正面近くに寄ってくる。結果的に、保育者と少し距離を感じている幼児は左右の端や集団の一番後ろに座ることが多い。そうした集団を目にして保育者は、集団全体を視野に入れているという自分の態度をメッセージするために、「さあ、お話ししたいんだけど、みんな、集まったかな」といいながら、右端の幼児に目を向けながら、「Ａちゃん集まったね」。左端の幼児に目を向けて「Ｂちゃんもいるね」。最後列の幼児に目を向けて「Ｃちゃん元気」などという声かけをすることが必要になる。この手法は、昔から行われた集団活動を統制する方法であったもので決して新しいものではない。しかし、この働きかけに筆者は新しい意味を見出している。もし保育者が幼児一人一人への配慮を必要だと考えるならば、この集まり行動において、保育者とのかかわりが薄いと保育者自身も感じている幼児が上述の周辺の位置に座っているのが見つけられるはずなのである。だから上述のように、周辺の幼児に声をかけるということは、集団行動を統制するという働きにかぎらず、一人一人の幼児への気配りの意味が加えられるのである。

（7）個とのプライベートなかかわり

　そうした一人一人の気配りは、保育者と幼児との出会い（相互コミュニケーション）を保障することであり、こうした配慮のほかにも、登園時における保育者と幼児の出会いをていねいにするとともに、降園時の保育者の別れのあいさつを一人一人とアイコンタクトを交わして行うという努力が求められる。また、保育の場面においては、保育者は一人のパーソナリティとして個性的に振る舞うということが求められるはずなのに、保育者として振る舞うべきさまざまな役割のために、またその責任感からとくに新人保育者など、固くなって、自分の素直な感情表出も抑えてしまう。あるいは幼児集団をコントロールしなければ、幼児にさえなめられてしまうという心配から、幼児一人一人との豊かな心の交流を抑えてしまうという傾向も年々増加してきている。そのため、とくに集団を前にした一斉場面などではプライベートな対話も控えてしまうという傾向も、またその余裕もないということにもなりかねない。指導計画を時間どおり遂行させなければならないという強迫観念から、どうしても型どおりの集まり活動になってしまう姿もよく見られるのである。

　そんな状況の中で、たとえば、Ｄ子のうちで、飼っていたねこの「ミミ」ちゃんに３匹の赤ちゃんが生まれたという話をＤ子はうれしさのあまり、登園後、「先生！　あのね……」といって話したりする。こうした逸話は、保育者がお集まりのときに、そのイントロをまず紹介し、そのあと、Ｄ子にみんなの前で話させるといった場面は、よく見られる光景である。こうした話題の取り上げ方は、Ｄ子と保育者、Ｄ子とクラスの子どもたちの人間関係の絆を深くするという点で、必要な指導の手だてである。幼児一人一人のプライベートな話題、とくに幼児が聞いてもらいたいと願っている事柄を取り上げるということは、幼児一人一人の個性に保育者が着目しているということであり、その幼児の個性（その子らしさ）を保育者が認知し、みんなに紹介しているということなのである。

こうした幼児の日々の変化への保育者の着目は、その幼児のその子らしさに対し、「そう、それでいいのですよ、それがすてきなんですよ」というメッセージを送っていることになるのである。そしてもし、できるならば、今、幼児一人一人がもっている興味・関心を幼児との対話の中で、物語として紡ぎ上げられ、そのプロセスがクラスのみんなに注目されたら、それは、保育者と幼児の強い絆にさえなるのではないだろうか。たとえば、その「ミミ」のことを話してくれたＤ子との会話を次のように展開したらどうだろう。
　　保育者「ねえ、Ｄ子ちゃん、ミミちゃんの赤ちゃん生まれたんだって」
　　Ｄ子「うん」
　　保育者「何匹」
　　Ｄ子「３匹」
　　保育者「かわいいでしょう」
　　Ｄ子「うん」
　　保育者「名前つけた」
　　Ｄ子「今、考えてんの」
　　保育者「ふ〜ん」
　こういう幼児との会話を幼児とすることは保育者と幼児の間にプライベートな親密な関係をつくり上げるはずである。こうした会話を幼児一人一人とする余裕を毎日の保育で用意することは決して容易ではない。しかも全員に対してこうした機会をもつことは困難である。だからこそ計画的にこうした機会を今日は２人、明日は２人とつくっていって、クラス全員に対して実行する。しかも、学校の中で、こうしたプライベートな話題を学校教育で取り上げることは、例外的なことである。だから、こうした話題は、特定の子どもとだけの会話にすべきではないという立場から教師が「みなさん聞いて下さい。実はね、Ｄ子ちゃんのところでね」というようにＤ子との対話をクラス全員に公開しようとするのが普通である。しかし幼稚園の場合、保育者とＤ子の対話を文字どおり、２人だけのプライベートな会話にクラス全員が耳をそばだてて注目することが大切なのである。

対話する2人の姿は保育者と幼児の親しさの絆を示すものだからである。こうした保育者の役割としてすべき行動は、役割に伴うパフォーマンスであり、保育者になるために努力して身につけるべきことである。

2. 保育者の存在感と幼児との関係

(1) 人間関係づくりとモデルとの関係

　異年齢集団における伝承遊びや、伝統芸能の内弟子制度においては、その集団のみそっかすや新入りの弟子は、年長者や親方の立ち居振る舞いを見てまねるという形で、技を学んだのであった。この見てまねるという姿勢は、年長者や、親方にあこがれることによって成立したのであるが、こうした学びが成立するためには、年長者や親方が日ごろ、みそっかすや弟子と親しい人間関係を結んでいたのである。前の節で、保育者と幼児との相互的な人間関係づくりのさまざまな工夫を提案したのは、保育者が幼児たちのモデルになるための条件づくりとしてであった。そこで次は、保育者として幼児たちがあこがれるためにはどうすればよいかを考えよう。以前、筆者は別の論文で生田久美子の「わざ」についての論文の「威光模倣」という言葉を引用し、こう述べたことがある。「師匠の行為を権威あるもの、それを『善き』ものとして認め、そこに主体的に関与しようとする積極的態度を示すことである」[6]

　先の人間関係づくりは、そうした態度をつくり出すための前提である。幼稚園の運動会などで、保育者が加わり、全速力で走ったりすると幼児たちは、全員歓声をあげる。これは幼児たちのあこがれの一つの表現である。前述のようにこの姿は日ごろ、保育者と幼児たちとの豊かな人間関係づくりがあればこそ見られるのである。しかし人間関係の親密さだけで

は、保育者はモデルにはなり得ない。幼児たちが思わず見てまねたくなる存在になること、言い換えれば保育者への「威光模倣」が生じなければ、モデルの資格はない。昔の徒弟制度や伝承遊びの集団では、年功序列とかタテの人間関係があって、年上の人のいうことを聞くとか年長者を敬うといった伝統が、新米の存在にとっては、身近に生活しながら、はるかに遠い存在であると思わせていたことも、親方や年長者への威光を生み出したのであった。昔、「地震、雷、火事、親父」というように、父親の人格に関係なく、親父とは、近寄り難い存在であるが、家族のメンバーができれば、近寄りたいという感情をもつことがあこがれを生むのである。厳しい徒弟制度の中で、厳しい親方は近寄りがたい存在であるからこそ技を磨き、親方に近づきたい、早く一人前の職人になりたい、あんな立派な人間になりたいという気持ちがあこがれを生むのである。

（2）親近者へのあこがれづくり

　幼児の場合はどうであろうか。幼児にとって養育者（代表としての母親）は、人見知り現象に見られるように、作用圏の中にいるか外にいるかの指標なのである。見知らぬ人を見て泣き出すけれど、母親に抱かれると、泣き止むというのは、幼児は母親の作用圏に属しているから安心していて、母親以外の大人に抱かれたりすれば泣き出すのは、母親の作用の外に出ていると感ずるからである。いつも自分をケアしてくれる人との関係の中にいることで安心するけれども、知らない人だと不安になるのは、前者は、同型的同調や応答が見えない形で成立しているからだともいえる。幼児の外界のモノの名前や秩序についての認知が生まれるのも、この同調のノリによって、幼児は母親の視線を追うことで、母親の視線の先を追視するという共同注意（joint attention）をすることで成立する。そしてこの共同注視を母親が認知して、「これ、ミルクよ」という発話から、幼児も注視したモノの名前を覚えることになる。このように代表的養育者の母親は、幼児にとってはあこがれの対象であるがゆえに、幼児の学びの起源となってい

る[7]。それゆえ、乳児期における母親は幼児にとって学びのモデルなのである。そして父親も母親にならって自らのモデル性を身につけるべきなのである。

　しかし、母親は常に、幼児とばかり向き合ってはいられない。母親も自分の仕事や家事に追われる時間がある。そんなとき、母親は結果として、幼児に背中を向けることになる。それは、自分のほうに向けられたまなざしや自分への配慮が失われる時間でもある。そのとき、幼児は自分のほうから親を求め、親にまなざしを向かされることになる。この「ゆさぶり」は、母親によってケア（援助を受ける）されている幼児にとっては、母親の作用圏にいるわけだから、母親にあこがれる心を生み出すのである。かくして母親へのあこがれは、母親の行為を「見てまねる」行為を生み出すのである。

3．子どもの遊びを誘発する環境
　―「あこがれ」の対象となるもの―

　遊び保育論を構築するにあたって、これまで保育者と幼児たちとの人間関係を中心に語ってきた。遊びは、積み木等の遊具とかかわり、特定の環境（ままごとコーナー）とかかわり、かつ、他児とかかわる活動である。ここでは、この遊びがどのように成立するかを語ることにしよう。

　これまで遊びは、自由で、自発的な活動であるとされてきた。たしかに、強制されるところでは遊びは成立しない。しかし、自発的で自由な活動といっても、遊びを具体的には語っていない。自由な状態のなかで具体的に何かをやろうとしなければ、遊びにはならない。何かをしようという・・・めあてを幼児自身が見つけなければ、遊びにならない。言い換えれば、〜をしたいというめあてを見つけ、それをやりたいという気持ち（あこがれ）が起こることが必要なのである。そのめあてとなるものは、具体的にいえ

ば、モノではなく、モノを扱う人間の行為である。どんなに美しく飾ってあるモノでも、そのモノを扱っている人を見なければあこがれは生じない。たとえば美しい独楽を見て、「あれをまわしてみたい」とあこがれたとしよう。その場合、一見、独楽にあこがれていたように見えるけれども、その独楽がまわっている姿にあこがれたということは、その独楽をまわす人にあこがれたことなのである。

　ここで子どもがあこがれる対象を取り巻く状況を環境とよぶならば、幼児が遊びたいと思う気持ちが生ずる環境というのは、一見、関心をもつのがモノのように見えたとしても、結局、そのモノを扱う人間にあこがれているのである。ただ、幼児の場合、まったく知らない人の技にあこがれることも、ないわけではない。しかし、多くの場合、技の客観的難易度でひかれるわけではなく、自分との関係の中で（つまり親密な関係の中で）親しさと、疎遠さの「ゆさぶり」によって引き起こされるので、あこがれは、初めに自分の一番親しい先生とか、父母に向けられるのである[8]。そして、幼児のあこがれを実現するもっとも身近な遊びとして「ごっこ遊び」、とくにままごとがあるのは当然なのである。しかし、そうした「ままごと」も時代と共に変化してきているのである。たとえば、母親役を見てまねるパターンは時代とともに変化しており、掃除や料理をつくるといった見立てよりも、近年は、電話でお話とか、おめかしして出かけるとか、料理をレンジでチンして食べる見立てが多いのである。また、現在は母親役よりペットになりたがる幼児が多い。幼児のあこがれの的が時代と共に変化しているのである。

　幼児のごっこ遊びは、欧米の幼児のごっこ遊びと比べて発話行動の割合が少なく、無言でモノを扱う行為が多く、なかでも、つくって見立てることは、つくる対象物について発話しながらの振りをするのと同じく、想像力が付加されていると考えられる。大人の目で見れば、単なる類型的図形でしかないように見える料理の材料などのモノも、幼児の中では、イメージ豊かな対象物に見立てられるので、つくったモノで遊ぶことに移行しやすいのである。たとえば、新聞紙を細く固く巻いて棒状にしただけで立派

な剣になり、戦いごっこが始まるというように、また、つくる活動は、つくる過程で幼児がその対象物を見立てたモノとしてイメージしつつ、つくるので、幼児の頭の中にイメージが持続的に維持される。それゆえ、つくる過程でごっこのメンバー間で会話がまったく見られなくとも、イメージが共有されつつ持続するのでごっこが続くのである。つくる活動に参加することは、自らつくったモノを自分が願っているモノに見立てることであり、つくる活動こそ見立ての土台なのである。

　普通、ごっこ集団の中で、会話が途切れてしまうとごっこのイメージが壊れてしまい、遊びが崩壊することもしばしば見られる。しかし、ただ一人でも、料理をつくる幼児の姿があるだけで、遊びが壊れないのを筆者は見ている。それゆえ、室内遊びにおいて基本的な行為はつくる活動であると考えている。ここでは、つくることを何かに見立て命名することが常に大切なことであり、つくって見立てるということで幼児同士に共有されることが重要なのである。

　また、つくる活動は、個人的に始められる活動であり、手を動かすという動作であり、この手を動かすという動作のリズムは、先に手遊びのところで指摘したように、より多くの幼児に同調性のノリを誘発することになる。たとえ、つくるモノが異なっていても、より多くの幼児が、つくるという動作で同調できれば、見立てを共有することにも通ずることになる。たとえば同型のモノを一緒につくるとお店やさんに発展しやすいのは、このノリの同調とともに見立てが共有されるからである。このようにクラスの多くの集団が、ノリを合わせることで保育室が、一つの遊び環境になる可能性が大きくなるのである。では、そのためには、まず何が必要であろうか。まず第1に、保育者がつくるという活動においてモデル性を発揮することである。

4．つくる活動のモデルとしての保育者
―「見る ⇄ 見られる」関係のパフォーマーとして―

（1）保育者は表現者になる必要がある

　先に保育者がモデルとして幼児一人一人からあこがれられることの必要性を述べた。そしてその手がかりとして、徒弟制度の親方の例をあげた。しかし、親方のモデル性は、年功序列の社会や、徒弟の仕組みが親方の権威を高めていた。そしてそこでは、弟子が近寄り難い権威をつくっていた。しかし、保育者の場合、保育者は幼児に恐れられたりする存在ではない。むしろ、保育者と幼児は、基本的に親密な関係であり、保育者は幼児を庇護し、幼児はときに保育者に甘えることのできる関係さえ求められる。そうした状況の中で保育者はどうすれば、つくる活動において幼児にあこがれられ、見てまねたいという気持ちを誘発する存在になれるであろうか。もちろんこれまで述べたように保育者と幼児たちとの親しい関係性をつくることはその土台である。しかし、さらに進んで、どうしたら、保育者は幼児からあこがれられる製作者になれるであろうか。一見、答えは、簡単に見える。たとえば、幼児がとてもまねのできないほど、巧みで技術的にレベルの高いモノをつくれば、幼児たちは「わあ、すごい」といってくれるだろう。でも、次の瞬間から、「先生、それわたしにもつくって」「ぼくにはできそうもないから」といわれたら、幼児をつくる活動に誘うことはできないのである。だから、保育者の活動は、幼児ができそうもないモノをつくって見せることではないのである。保育者がつくっている姿がかっこういいから、私も先生と一緒につくってみようという形で幼児を誘うことが必要なのである。幼児たちのあこがれは単に先生が好きだということでも、先生がつくったものがすてきだというのでもなく、

先生がつくっている姿がかっこいいでなくてはならない。これを筆者は保育者が表現者になることだといっている。

では表現者とはどういう状態なのだろうか。

（２）表現者とは観客に魅力的に見えるように演ずる者

表現者とは、モノをつくるという行為に集中している姿が幼児にとって魅力的に見えるように演ずる者のことをいうのである。

こうした筆者の言い方に対し、抵抗を感ずる人も少なくないはずである。なぜなら、これまで、保育者は幼児と真心でつきあう仕事だとされてきた。幼児は素直な心をもち、ごまかすことを知らない。そういう幼児と向き合うための保育者の資質として保育者もその幼児の心と素直に向き合うことを求められてきたからである。もちろん日常生活においてこうした気持ちをもつことは大切である。

しかし、保育者も紙芝居を読んだり、絵本の読み聞かせをするときは、その中の人物になりきることはあるに違いない。そして、保育者も大人としての側面を幼児にすべて晒すことはできないことも少なくない。筆者が東京学芸大学に奉職していたころ、３年次の学生が附属幼稚園の教育実習に参加していたときのことであった。秋の教育実習３日目くらいのとき、筆者が学生たちの様子を見に附属を訪問したことがあった。その日の実習は終了したが、母親の迎えが遅れた幼児が数名残っていた。実習生は、慣れない実習の気疲れの様子でテラスで掃除の残業をしていて３名がおしゃべりをしているところへ筆者が訪ね、「どう、がんばっているか、なかなか大変だろう」と声をかけた。すると私に向かって異口同音に、「先生、もうくたくた」といったのである。厳しい附属の指導教官が不在のところへ、大学の教官が激励のために来てくれたのである。つい本音が出てしまった。ちょうど、初秋で残暑の暑さで身体も汗っぽかったようであった。そこへ、まだ残っていた幼児がたまたま、来合わせ、いきなり、かがみ込んで遊具を洗っていた実習生の背中におんぶの格好で後ろから抱きつ

いた。放課後でもあり、暑さもピークに達していたので、その実習生は、幼児の所業に思わずきつい語気で「やめてよ！」といってしまった。保育中やさしい先生だという印象をもっていたからこそ、抱きついたのであろうが、この反応に幼児は一瞬、怯えた表情で固まってしまったあと、逃げていったのである。ここで筆者が実習生を慰めたことも、保育者としての職業上の構えをくずすきっかけになったことを反省したことがある。

　職場人としてもつべき構えとして幼児に見せてはいけないこともある。もっと積極的にいえば、保育者としての役割を自ら演ずるものと考えるべき理由がある。

　それは、前章で述べた幼稚園教育要領の文言と、保育者1人に対し35人以下という学級制の間に生じた矛盾にある。幼稚園教育要領の主張のように一人一人の発達や特性を理解し、尊重しようとする保育をするのであれば、保育者の幼児との対応は一対一のアイコンタクトの段階から始まらなければならない。しかしすでに繰り返し述べたように、保育者と幼児の関係は、親と子の間に断えざるフェイス トゥ フェイスという関係の中で築かれる関係ではない。そうした関係を土台としながら、一対多数の間の信頼関係へと変換しなければならない。さもないと、幼児一人一人が匿名化してしまう可能性が生まれるのである。

　親との関係の親密さから保育者との親密さへの転換には、以下述べるような危機があるのである。

　幼児の親との親密感を土台とする感情は、幼児の自己中心性をも含むものであって、保育者が幼児たちを平等に分け隔てなく扱う上では、障害になる要素でもある。他児に対応する時間が長く、自己へのアイコンタクトが不在であれば、前述のように保育者への信頼は、期待の大きさゆえに、失望感さえも招来することが、学級秩序の逸脱へと反転する可能性も大きくなる。この段階では、幼児一人一人が相互に自立した関係をもつものという認識には立っていない。

　しかも、保育者1に対し、幼児多数という関係の中では同一の時間内、ないし、短期的には、一人一人へのアイコンタクトを前提にした、個別的

対応を一人一人に行い、一人一人を大切にした保育を行うという考え方は、放棄せざるを得ないのである。言い換えれば、保育者は幼児集団をマス（mass）ないしは、匿名において扱うということである。

そこでまず、幼児一人一人を対象にする保育という前提に対しては、次の認識に立つ必要がある。一人一人を大切にするかのような形で集団への対応をするしかない。

幼児から見て、保育者が自分だけを相手にしてくれるかのようなかかわりである。つまり、一人一人に対応するかのような役割演技をするのである。先に擬制としての個人重視と述べたものである。

言い換えれば、すでに述べた保育者と幼児の関係づくりは、比喩的にいえば、家庭における親と子の親密な関係性を一方で踏襲しながら他面において、幼児集団と保育者が生活する学級という舞台（保育室）へと幼児たちを登場させ、そこでの保育者と幼児集団との関係へと変換するための工夫であったのである。したがって、保育者はこの保育室という舞台では、保育者はこの舞台にふさわしい行動（役割）を演じなければならないのである。

（3）保育者の振る舞いは必然的に劇化を含む

P. バーガーとT. ルックマンは『日常世界の構成』という著書の中で、「日常生活における相互作用は言語を媒介としており、この言語の働きによって日常生活の秩序も構成されている」[9]といっている。言い換えれば、この日常世界を構成する秩序や制度は、言語の象徴作用によって構成されたものだといっている。とすれば、保育者という役割も近代学校制度の枠組みの中でつくり出された役割である。この役割が果たすパフォーマンス（ゴッフマンの定義によれば、ある特定の機会にある特定の参加者のだれかに影響を及ぼす挙動の一切であるという）[10]は、一定のパターンとして構成されると考えても差し支えないであろう。言い換えれば、保育者としてのパフォーマンスは、保育の時間という機会に、幼児たちに、保育者として

の望ましい影響を与えようとする挙動のすべてということになる。さらにゴッフマンによれば、保育者という立場の「仕事を完遂する手段としての不可欠な行為は、同時にコミュニケーションの観点からも、パフォーマー（保育者＝筆者注）がもっていると主張する資質―属性を生き生きと伝える手段としてもまったく見事に適合的であって、劇化には」[11]ふさわしいものであるという。つまり、劇化することは必然的に伴うというのである。言い換えれば、保育者が保育者らしく振る舞うことの中に、必然的に劇化は含まれるのである。

　そして劇化する際に、そのパフォーマンスにふさわしい舞台装置（setting）、外面、態度の整合性が求められるというのである。さしあたり、保育室は、保育者にとって舞台装置であり、そこで示す、外面も態度も保育室の振る舞いとして一貫性が求められていることになる。

　そこで、保育者がつくる姿が表現者としてモデルになるためのパフォーマンスについて語ることにしよう。

　ここで筆者は、保育者の次のような姿を想像している。

　保育者がたとえば、1枚の折り紙をもって製作コーナーの真ん中に座る。保育者が製作コーナーの真ん中に壁を背にしてゆったりと座ることは、保育者に安定感とゆとりを与えるとともに、そのことが幼児から見れば、モデルとしての条件となるのである。そして無言で折り紙を折り始める。そのうち一心不乱に折っていると、いつの間にか幼児たちが寄ってきて、保育者の姿に注目し始める。まわりの幼児が「先生、何つくってんの」と聞くと、保育者は、折り紙に注目して手を動かすことをやめようとしない。そしてその姿勢のまま、たとえば「さて、何ができるんだろうね」などと答える。やがて幼児たちもキャスターから紙などの素材を取り出してきて、保育者のまわりに座って折り紙や製作やお絵かきをし始める。この姿は、保育者が表現者になることだと筆者は考えている。保育者の折り紙に取り組む姿が幼児のあこがれの的になり、「見てまねる」という行為が成立したと見ることができる。もしそれが可能になれば、つまり、幼児たちの注意を引きつけ、幼児たちの模倣を引き出す力を生み出す

からである。

（４）幼児の模倣行動を促進させる「あこがれ」

　この表現という行為をどうしたら保育者は構成できるのだろうか。この点について滝坂はすぐれた考察を行っている[12]。表現という働きは、「他者から見られている対象として自分を措定できる」という関係なしには成立しないという。そしてこういう。「実際には存在しない他者を観念としてつくり出し、そこから自分のあり方を受け取ることの成立である。これが演劇といわれる表現の、個において現れる原初的形態である。言い方をかえれば、身体への意識があるネットワークをもち、その反作用として認識主体としての自己が疎外された規範を了解するようになったとき『演ずる』ということについての心的条件が整ったことになる」[13]。

　筆者はこの滝坂の規定を落語家の語り出しの口調を例にあげて、こう説明してきた。

　「エー、毎度、ばかばかしいお話に、ようこの席にお運び下さいました」などという口上が冒頭にある。このときは、演者は他者であるお客を意識し、お客に見られている自分（落語家）を自覚するのである。そして次の瞬間からは、たちまち、古道具屋の主人に自らを変換させ、「おーい！ 八公、ちょっとおいで」というせりふで、劇中の主人公を演ずるのである。この後半は、お客とのネットワークを意識しながらも、その反作用として、落語家である認識主体は、疎外された規範である古道具屋の主人の役を表現するのである。このことを保育者に置き換えれば、幼児一人一人との親密な関係性を意識しつつも、次の瞬間、保育者は製作コーナーで、折り紙に集中するのである。ここには演劇的表現の工夫がある。

　ここには、保育者から幼児たちに向けられた親密さの表示が、次の瞬間、折り紙に精神を集中する大人の姿への変身（メタモルフォーゼ）がある。これは一種の憑依（変身すること）でもある[14]。こうした保育者の表現が幼児の関心を引きつけるのである。日ごろ、豊かな人間関係にあり、

相互にかかわりのある保育者が見せるこうした表現が保育者への漠然とした あこがれをより尖鋭化することで、幼児の模倣行動を促進すると考えられる。

　模倣について滝坂は次のようにいう。

　「模倣とは外的事象の内化に他ならない。少し言い換えれば、外的事象を規範としてその規範によりそってわれわれが身体の動きを構成してみたとき（模倣とは繰り返し行動の規範化）それを模倣とよんでいる」[15]。さて、模倣は、連続している私たちの行動のある一部分が意図的に切り取られるということが前提となっている。そしてその切り取られた行動と自分の身体の動きとが同じであることが認識されていなければならない。

　こうした認識は3歳になると成立すると滝坂はいう。「3歳において子どもは、自分が何をしているかを対象化する能力を実現させているのである」[16]という。この能力は、大人の場合、女性が自分の髪を後ろに結ぶ姿に見られるものだという[17]。髪は彼女の背後にあって視界からはずれているにもかかわらず、「彼女によって『対象としての髪が探られており、同時に髪を操作している身体の動きが探られている』そしてこの場合、指先を支点として、身体の全体（の動き）が対象として探られている」。このように「操作の対象として身体を発見する。そして認識主体として自己を対象として発見するということである」[18]。

　このように考えれば、演ずるという表現は模倣するという行為と同質のものであり、保育者が折り紙に集中しようとする表現は、そうした心的現象（折り紙で何をつくりたい）を表出することであり、それを自分の内側に取り込み自分の身体の動きとして構成しようとする（＝模倣すること）情動を引き起こす可能性が大きいのである。なぜなら情動とは心的な現象を身体に表出する事態を認識主体として了解する働きだからである。

（5）幼児の遊びは基本的には他者の遊びをまねること

　筆者はこれまでしばしば現場の保育者研修に赴き、保育者が製作コーナーでどう振る舞うべきかを示すために、当の保育者に「私の動きを見ていて下さい」といったり、あるいは、製作コーナーに座っている保育者と一緒に座って、「今、ここで、製作することを演ずるから、あなたも、私と同調して下さい」といって、保育に介入することがある。
　その際、私は、あえて幼児たちの目線を無視するふりをしているが、内面では、幼児の目線が私に注がれていることを意識している。つまり滝坂がいうように「他者から見られている自分を措定している」。その上で、自分の動きを構成しようと、そのことに集中するのである。たとえば、粘土を使う場合、幼児たちの粘土箱をみると、小さな固まりとしてつまっているのを見ることができる。これは日ごろ、粘土の活動が小さな固まりをつくる活動として終始していることの証拠であるので、私は、大きな固まりを力強くたたいて柔らかくすることから始め、「よいしょ」といったかけ声で、リズミカルに粘土をこねている楽しさを表現する。こうした動きを繰り返す中で、幼児のまなざしが私の動きに注目しつつあることを実感する。
　次に、今度は、伸ばし棒を出して、粘土を手打ちうどんの板状に伸ばすのである[19]。このパフォーマンスは、日ごろ、粘土活動では見られないので、幼児たちの関心をますます引きつけるのである。もうこの段階では、幼児たちは、私のパフォーマンスに関心を寄せて製作コーナーを取り巻いていることが多い。
　その後、うどんの板状を分割して、「やりたい人」というと、競ってその分割された粘土を使って幼児が作業に取りかかった事例を幾度も経験している。製作コーナーの保育者はつくる活動のモデルとして表現者の役割を演ずることが必要なのである。
　なぜなら、幼児の遊び活動は基本的に他者の遊びを見てまねることに

よって成立するからである。ただこのことは幼児の遊びの創造性を否定するものではまったくない。とはいえ、保育者は遊びの情報源として常に存在することが、そしてその情報源が見る者の情動を突き動かし、自分もやってみたいと思わせること、このことが子どもにあこがれを実現する力を生み出す基本的条件である。

　もちろん、2歳入園の幼児にしろ、3、4、5歳入園の幼児にせよ、登園して、園環境の中に、遊ぶ対象である遊具や素材がある場合、それを目にすれば、さっそくそれを取り上げて遊び出す子どももいる。そしてそれは当然のことながら、入園する以前に、また入園していても、家庭に帰れば、どの家庭にも遊具があり、家庭における父母とも、きょうだいとも幼児期に接点もあれば、遊具で遊ぶ経験もあるはずであり、また父母や家族と共に公園などにいく機会もあれば、そこでの経験も個人的には少なからずあるはずである。したがって、そこでの経験の延長線で、幼児はそうした既有経験を発揮することはあるかもしれない。

　しかし、幼稚園や保育所で展開される遊びは、集団遊びが基本なのである。集団遊びというと一般には、保育者が集団をつくるように考える人も少なくないようだが、基本的にこの集団も幼児たちの発意で自発的につくられるものである。たとえば幼児たちがリレーをやろうとまわりの幼児によびかけたとき、そのよびかけに乗って、少なくとも10人前後の子どもが集まらないと、リレーにならない。一般に、幼児でも親しい友達といえば、そんなに多くはない。普通は2～3人である。だから28年前のわれわれの路上遊びの調査でも、団地の中での遊びは5人というのは見られたが、平均の人数は3.5人であり、幼児たちは今、そんなに多くの人間が集うということは普段見られないのである[20]。それゆえ、鬼遊びやかんけりなどは、小学校でも校庭の休み時間にしか見られないのである。幼稚園や保育所で遊びが大切にされていれば、5人以上のごっこ遊びや鬼遊びなどの集団遊びが見られ、持続して遊び込む姿も見られるのである。

　とすれば、一人一人の幼児の自発的な発露としての遊びを当てにして、遊び保育を考えることは、多くの遊べない幼児、何もできないし、しよう

としない幼児を出してしまうことになるのである。どの子も自発的に自分の選んだ活動に取り組めるような環境構成が必要なのである。そのための人的環境として保育者が製作コーナーで表現者としてつくる活動に取り組むことが必要なのである。

　これまで、多くの自由保育の擁護者は、遊び保育における遊びの自発性を理由に遊びに入れない幼児の存在を放置してきた。しかし、それは遊びを自然主義的産物とみなすからに他ならない。しかし、幼児教育制度は大人社会が構成したものだと考えれば、子どもを強制的に参加させるという手段をとらずに、すべての幼児が遊びに参加する条件を構想する責任は保育者の側にある。

5．幼児全員が遊び環境の構成員であること
―保育者と幼児たちのつくる相互パフォーマンスとして―

　保育者が表現者であるだけでなく、すべての幼児が表現者になるにはどうしたらよいか。幼児は保育の中でとくに保育者に向かって使う常套語がある。それは「先生、見て、見て」というせりふである。これは、幼児がいつも担任に認めてもらいたい、注目されたいという表現である。幼児はいつも親から、先生から、仲間からも、自分という存在がここにあることを認知してほしいと思っている。しかし、こうした幼児の要求は、家庭においては、ますます満たされなくなっている。そしてその条件が貧困化しているということは明らかである。

　最近（2009年になってから）の、都心のある公立幼稚園の保育研究会でのことである。5歳児クラス20人前後の幼児が園庭でリレーをやっていた。保育者は補助を含めて2人、運動会を終えたばかりである。保育者の指導で、リレーが始まって子どもたちは、みな一応、楕円形のトラックを一巡

して、次のメンバーにバトンを渡すという動きをしていた。ただこの姿は、保育者に指示されてやっているという様子で、リレーを待っている子どもの列も弛緩した感じで、きちんと並んでいないし、走っている幼児に対する応援も少ない。保育者に指示されたことはやるけれども、走り終わったあとは寝そべったり、列からはずれたりする幼児もいる。この姿は、お帰りのときに先生の話を聞くときは、きちんと並んで話を聞いていても、話し終わって自主的に廊下に並ぶときは、先を争って押し合いへし合いの姿になるのと共通していた。この姿から想定されることは、保育者の指示には従っても、指示されないときには、幼児たちは、自主的に秩序をつくって集えない。つまり、混乱状態になるということなのである。

　この要因は、推測であるが、家庭生活にあるのではないかということである。この幼稚園は越境入学の子どももおり、比較的恵まれた中流家庭の子どもである。核家族で兄弟数が少なく、子ども部屋も用意され、やることといえば、塾や進学教室へ通うだけである[21]。早くから、一貫校の進学校への入学を希望する子どもたちである。この幼児たちにとって、同世代の他児と協同したり、協力したりする経験はほとんど皆無である。こうした家庭環境の子どもにとって同世代の幼児と同調する感覚はほとんどないのではないか。したがって他者の動きに注目したり、あこがれる姿は失われているのである。そのことが上述のような幼児の姿として現れているのではないだろうか。

　この仮説がもし正しいとすれば、今後、遊び保育において、幼児たちがバラバラに分散してしまい、筆者のいう集団遊びはますます困難になっていくのではないかと思われる。それゆえにこそ、ここで取り上げるように幼児全員が遊び環境の構成員であるという前提から、遊び保育論を構成する必要がある。そのためには、次の（1）（2）の前提を立てる必要があるのである。

（1）登園後から1時間から2時間は、
　　　原則として室内遊びから出発すべきである

　理由としては、次のことが考えられる。クラス集団が同一空間で活動する条件が整うからである。しかも、年少の場合、身体的に接触し、それゆえ、同調し、応答する条件が多いということである。もちろん、そこでは保育者の同調性を保つための援助が必要である。しかも、保育者の立場からすれば、幼児全員を俯瞰することで把握する条件が整うからである。ただし、このことは、幼児一人一人の行動を室内に制限するチェックを行うことを意味してはいない。また、この空間に幼児の行動を、しかもこの時間帯に制約するということは、幼小の関連からいって、登園後の過ごし方が小学校の時間割と共通点をもつということもある。こうした外的制約が幼児たちの内的秩序感覚によって支えられるという条件が整えば有利な条件になる。また活動内容からいっても、外遊びより室内遊びのほうが見てまねる活動、つくる活動が中心であるため、想像力や知力を使う余地が大きく、落ち着いて行う活動が中心であるため、小学校の時間とも整合性が高いと思われる。一方、登園後、すぐ園庭の活動にすることは幼児たちの活動が分散するため、保育者の見取りを困難にしてしまう可能性が大きい。

（2）室内遊びを持続させる条件が用意されなければならない

　室内遊びを中心に遊びが展開するためには、室内遊びが成立する条件がなければ幼児は室内にいることに不満をもち出ていってしまうであろう。幼児が室内遊びを好んでし、その遊びを持続させる条件が用意されなければならない。その条件とは次の①、②の中で述べる事柄である。

① モデルとしての保育者と製作コーナー
　遊びのめあてが決まり、遊びたくなる動機が形成される条件が生まれる

こと、つまり、見てまねるモデルがいること、こうした状況が成立する前提についてはすでに前の節で保育者と幼児の関係づくりで述べている。1つは、すでに述べたように保育者がモデルになることである。そして保育者がつくる活動のモデルとして表現者としての役割を発揮する場合、表現者を演ずる舞台が問題になる。少なくとも、そこは幼児たち全員の興味を引きつける場所でなければならない。もし、落語の独演会ならば、舞台空間の真ん中が一番関心を引きつけるに違いない。しかし、保育者の目的は自分の表現を見せることだけではない。幼児たちが見てまねることである。したがって保育者の表現する場は、一段高い場所ではなく、保育室の中心、たとえば、園庭やテラスが正面に見渡せる壁を背にした位置に、横長の机を置き、その正面に座るのである（ただし、保育室によってかならずしもこの条件が満たされないところもある）（第4章、図1、P. 110参照）。

　一般的に、横長の机を壁と平行に置き、その奥中に保育者が座るというのは、社会的地位の高い人のデスクの形と座る場所と関係がある。そこはもっとも権威のある場としての象徴性をもっているのである。そして同時にその場所は、保育者のつくるという表現に引きつけられた幼児たちが保育者のつくるという動作のリズム（ノリ）にノッて自分たちもつくり始める場でもある。したがって、ここが製作コーナーになるのである。いや、なってほしいのである。製作コーナーが成立するためには、この机の近くに、製作の素材となる紐、牛乳パック、卵の容器、空き箱など、幼児の製作活動を誘発するもの、またそれを加工するハサミ、ノリ、テープなどの道具が用意されなければならない（第4章、図1のキャスター参照のこと）。幼児たちは登園後、保育者の演ずる表現としてのパフォーマンスに引きつけられ、机に寄ってきたある幼児は立ったままで、ある幼児は座って保育者の手と素材との動きに注視し、自分もやろうとして空き箱や道具の置かれてあるキャスターや、その場所にいって、好きな道具と素材を選び、好きな仲間のいる製作コーナーに座って活動を始めるという姿が生まれることが望まれるのである。

　ある者はこの3つの条件（好きな道具や素材、気に入った場所、好きな仲間）

をあっという間に手に入れる。しかし、逆に振り返る動作ものろく、振り返ってもまなざしの行方が定まらない幼児もいる。自分のする活動のめあてが見つからないのである。そうした幼児にとって、保育者は一番、近寄りやすい相手にならなければならない。そうした幼児が製作コーナーに寄ってきてくれれば、保育者にとっては、ありがたい話である。

　製作コーナーは、入園当初、あるいは新学期、新しい担任にとって、幼児たちを遊びに導入するためのもっともふさわしい場である。なぜなら、保育室の中で、一番心を寄せやすい保育者のいる場所であり、かつ、つくる活動が表現されていることで、幼児の関心を引きつける可能性がある一番好ましい場所なのである。しかも保育者の表現にひかれて集まってくる幼児たちは、保育者の表現を見てまねたいと思えば、ある者はイスに座り、ある者は立って何かをつくる活動が展開されやすいのである。それゆえ、製作コーナーに幼児たちが集まってくる様子から想像してみよう。

　朝、登園時、入園当初は、玄関やテラスで園児を迎えるのが慣行として一般であるが、園生活に慣れてくれば、その後を園長に代行してもらい、部屋で待つという日を設けてもよいという主張をこれまで筆者はしており、この日は保育室で担任が待つことを設定してみよう。まず、製作コーナーの壁を背にしてゆったりと座って何かをつくっている保育者の姿が目に入る。すると幼児は、その姿の顔に目がいくだろう。親しい保育者がそこにいるからだ。しかし、先生は自分が登園したことに気づいてくれない。幼児から見れば、いつも先生は登園時、笑顔で「おはよう」といってくれるのに、今回は少しさびしい。そこで幼児は保育者に近づいていく。そこで、「先生、おはよう」と声をかける。すると先生は「Ａくん、おはよう」「Ｂ子ちゃん、おはよう」と幼児に目を向け、あいさつを交わす。しかし、先生は、また何かつくっているモノに向き直り、せっせと何かをつくっている。すると、幼児は、先生に近づいていく。そういう場合、「先生、何してんの」と聞くケースが圧倒的に多いだろう。大好きな先生はいつも自分にやさしい声をかけてくれるのに、今日は、何事にあんなに夢中になっているだろうと考えるから。日ごろ、親しい関係性をつくって

いる保育者であれば、多くの場合、こうした展開が予想されるのである。そこでは、保育者はあまり、親切な対応や、今やっている事柄の説明は不要なのである。だから一応のかんたんな対応で終わらせるべきなのだ。なぜなら、一人の幼児にだけ、まなざしを向けて、言葉で自分のやっていることを説明することは、その他の幼児への対応をおろそかにすることになりかねないからだ。そしてまた、ここは論より証拠、百聞は一見にしかずだからである。こうした幼児の反応を引き出すために、保育者は何よりもつくるという行為に集中する自分を表現しなければならないからである。

② 製作コーナーの保育者と幼児

　もちろん、ここで幼児が保育者のつくっている姿に注目するというのは、同じように「みる」という行為であっても単なる観察と質が異なる。後者は、自分の感情を交えないで冷静に観察することであり、前者は、それ以前の見る対象に心ひかれる、引きつけられるという行いだからである。そして後者は前者から生まれるのである。まずは対象となるものに目をうばわれて、その後にそれに距離をとって、客観的に見る姿勢が生まれるのである。

　幼児の見つめるという行為は、見つめる対象に心を奪われることで成立するのである。最近、ある山村のイベントで、チェーンソーで丸太を削って、ふくろうの彫刻を彫ってみせるイベントがあった。子どもたちの中で、このパフォーマンスに見いっている子は、パフォーマンスが終了した瞬間、その彫刻家に聞いたのである。「ねぇ、さわってもいい？」と。「いいよ」といわれた子どもは、刻まれたふくろうの彫刻をさっそくさわったのである。視覚はもともと皮膚組織が変化して生まれた感覚器官である。幼児の視覚はこうした視覚の原始的働きを残存させていると考えられる。ちなみに「ヤクザ」などと目を合わすと、「テメエ、オレになんで眼つけた」などというのも同じである。幼児にとって、心を動かされるということは、身体が心の状態をすぐ表すのである。

　したがって、保育者のつくるというパフォーマンスに引きつけられた幼

児は、最初の出会いは保育者の顔に向けて「おはよう」のあいさつをしても、やがて幼児のまなざしは、つくる活動に集中している保育者のパフォーマンスに関心が移っていき、保育者のつくるという表現に向かっていくはずである。少なくとも、保育者のつくるという活動に集中しているというパフォーマンスが魅力的であればである。しかし、保育者が幼児の話しかけに応じて、特定の幼児とフェイス　トゥ　フェイス（面と面）でおしゃべりを始めたりすれば、保育者のつくるという活動の手は、動きが鈍り、保育者がつくるという表現は、魅力を失い、幼児たちのまなざしを引きつける力は失われてしまうはずである。

　だから、保育者のパフォーマンスにひかれ、製作コーナーに集まってきて、それから自分も製作コーナーで、つくる活動をしようとする幼児は、保育者の正面に入るか、左右のサイドに自分の場所を見つける幼児であり、保育者と同じサイドに座って保育者に近寄りたい幼児はつくる活動に集中する幼児もいるけれども多くの場合、保育者に近接することで保育者に守られたい、保育者に甘えたいという幼児である。それゆえ、保育者の傍らにくることは認めても、その幼児とおしゃべりをしてしまったり、その幼児の要求に応えることに左右されてしまうと、保育者のつくるという表現が生み出す吸引力（幼児を引きつける魅力）が失われてしまうのである。

　もし、保育者がつくる活動の表現力を持続させていて、幼児たちは、それぞれ製作コーナーにやってきて、ある者は座って、保育者と同じものをつくろうとし、ある者は同じつくる活動であっても、自分の遊ぶための道具（たとえば、剣づくり）であったり、ある者は好きな仲間と同じようなお絵描きであったりする状況が生じたら、製作コーナーは賑わいを見せるのである。そしてこうした状況は、幼児たちが、つくる活動への集中度が高いときは、目と手の協応活動が見られるので、この製作コーナーを外から観察するとしたら、幼児たちの姿勢は、背中から頭部にかけてやや前傾になる。なぜなら、幼児は、自分の手先を見ているからである。しかもつくる活動であるから、その動きは、各々独自ではあっても一定の雰囲気が生まれるのである。それはあたかも、洋服づくりの裁断コーナーのように、

各々の机の上で別々の裁断をしていても、コーナー全体として、共通のノリが見られるのである。製作コーナーで、幼児が各々手を動かして作業するノリには、ある共通性があるのではないだろうか。

　札幌の私立幼稚園での経験である。幼児たちは遊戯室兼講堂の舞台とフロアーの境目に置かれた一段の階段（フロアと舞台の段差が幼児には高すぎるので、一段の階段を設けている）の前に座り、その階段に粘土を置いて粘土をこねる作業を遊びとして始める。そのとき、20人以上の幼児がそこに参加するのである。なぜそんなところでと思うかもしれない。理由は、粘土をこねる動きは、横並びのほうが動きが伝わるのである。同じ理由で、幼児たちが、保育者のつくる活動に誘発されて、一度、製作コーナーでつくる活動が活発になると、幼児たちはひたすら手を動かす動きにリズムが成立してくる。このリズムのノリはやがてその他のコーナーの遊びのノリにも伝わるのである。そして、さらに大切なことは、保育者の動きを「見てまねる」という学びが成立すると、幼児同士お互いに「見てまねる」という学びが成立するのであり、幼児相互に「まなびあい（まねをし合う）」の変化が成立するということである。

［注］
1）岩田遵子『現代社会における「子ども文化」成立の可能性─ノリを媒介とするコミュニケーションを通して』（学位論文）、風間書房、2007年、p. 111
2）岩田遵子「県立新潟女子短期大学附属幼稚園樋口嘉代教諭の実践に学ぶ　逸脱児が集団の音楽活動に参加するようになるための教師力とはなにか─ノリを読み取り、ノリを喚起する教師力」日本音楽教育学会編『音楽教育実践ジャーナル』5巻、2号、2008年、p. 12〜13
3）岩田、前掲書、注1）、p. 111
4）小川博久、岩田遵子『子どもの「居場所」を求めて─子ども集団の連帯性と規範形成』ななみ書房、2009年、p. 120〜196
5）小川博久「遊び保育論の構築（1）─幼稚園教育制度の枠組を前提に」聖徳大学研究紀要、第20号、2009年、p. 7〜8

6) 小川博久「「遊び」の「伝承」における教育機能と近代学校における教育機能（教授―学習過程）の異質性―伝統芸能の内弟子制度における意図的「伝承」との比較を通して」教育方法研究会『教育方法学研究』10 号、1991 年、p. 20
7) 小川博久『遊びの意義の再考―教育とは何だろう』財団法人福島県私立幼稚園振興会研究紀要第 20 号、2009 年、p. 24 〜 25
8) 同上、p. 32
9) P. バーガー、T. ルックマン、山口節郎訳『日常世界の構成』新曜社、1977 年、p. 77 〜 78
10) E. ゴッフマン、石黒毅訳『行為と演技―日常生活における自己呈示』誠信書房、1974 年、p. 24
11) 同上書、p. 34
12) 13) 滝坂信一「身体にとって表現とは何か―動作の対象化と再構成の機構」国立特殊教育研究所、特別研究報告書『心身障害児の運動障害に見られる課題とその指導に関する研究』1995 年、p. 24
14) 大澤真幸『身体の比較社会学Ⅰ』勁草書房、1990 年、p. 52
15) 滝坂、前掲書、注 12）、p. 18
16) 同上書、p. 21
17) 同上書、p. 23
18) 同上書、p. 24
19) 多くの現場で粘土を使った活動をみると小さく丸める活動が中心になっている。粘土箱に収納されている粘土は小さく丸めたままになっていることがそれを証明している。ここではその逆をねらったのだ。
20) 小川博久、菊池龍三郎他『子どもの遊びと環境の関連について』家庭教育研究所紀要 3 号、1982 年、p. 1 〜 35
21) 小川博久「子どもの遊びと環境の変化」環境情報科学センター編『環境情報科学』27 巻、3 号、1998 年、p. 20 〜 24

第4章 遊び保育論の具体的展開（Ⅰ）

室内遊びを中心に

1. コーナーの意味と設定の意義

（1）製作コーナーは「ベースキャンプ」

　保育室の遊びの場合、製作コーナーはもっとも基本的な遊びの拠点であり、ベースキャンプといった性格をもつものである[1]。そこでの環境構成は次の２つの視点から考えられなければならない。１つは幼児の遊びがどう展開するかであり、もう１つは保育者がそれをどう援助するかの２点である。前者の立場に立てば製作コーナーに引きつけられた幼児が、そこからどう遊びを展開するかであり、後者の立場に立てば、幼児集団の遊びをどう見守りどんな援助をするかである。幼児たちが自主的に遊びに取り組む場合、つくるという活動は遊びの展開にとって基本的な要素である。つくることはモノとかかわることであり、モノとのかかわりが幼児同士を結びつける同調性をつくり出し、それが幼児同士のつながりを生み出す、そしてそのつながりを保持する場がコーナーである。図１（p.110参照）に示すように室内遊びは保育者の援助の視点からすれば、少なくとも製作コーナーのほかに、１～３つのコーナーを設定するのが望ましい。理由は、１つに、幼児１クラスの人数が15～30人であるとすると、幼児の活動が１つの場に所属する幼児集団は以下述べる理由から、多くても10人以下であって、したがってそのコーナーを最低３つは用意することが望ましい。このコーナーの設定は幼児たちがインフォーマルに（自主的に）群をつくることのできる上限が10人以下であり（外遊びはこのかぎりではない）、保育者が一度に（瞬時に）見取ることのできる集団の数も３つないし、力量のある人で５つくらいであるので、あまりコーナーが多くなると、保育者が見取ることができなくなる。しかも、対象は４、５歳児中心であるが、一応３歳児もこの範疇に入れて考えることができる。

保育者が製作コーナーに座ってつくる活動のパフォーマンスを示しつつ、その合間で見守ることのできる他のコーナーは製作コーナーの他に3つか4つ程度であると考えて、図1のような環境構成を考えるべきである。すなわち、ままごとコーナー、ブロックコーナー、積み木コーナー[2]などである。
　では、幼児の遊びの視点から見てなぜ、こうしたコーナーを設定する必要があるのか。筆者の経験からすれば、それは、ヨーロッパの家庭生活の居間空間の再現ということが考えられる。旧帝国ホテルの設計者であった有名な建築家のリチャード・ライトが設計した幼稚園園舎が当時の中流階級の一般住宅の設計と類似していたという事実からも、想像できることである[3]。そしてそのことはニュージーランドの幼稚園を訪問した折に見た保育室にもコーナーの設定が見られたことからも明らかである。この環境構成は、保育室＝教室というイメージを変換せしめ、保育者と幼児たちの遊戯空間ないし居間という感覚を導入するものである。

（2）保育室は幼児たちの「居場所」

　しかし、わが国の幼稚園教育は、幼稚園が小学校教育との連続性で考えられるため、教室というイメージが強く、遊び中心の保育というときも、保育者のイメージは外遊び中心という考え方が強い。それゆえ、室内遊びという場合にも、教室の中での遊びという感覚が強い。その点で、コーナー保育という考え方は長い間定着していない。われわれがニュージーランドのコーナー保育から学ぶべきことはコーナーが固定化されていることである[4]。一方、わが国では、教室というイメージが強いので、小学校の教室のように教壇に向かって机が並列に並んでいるという教室イメージが支配的であるため、コーナーを固定化するという考え方はなかなかなじまないのである。むしろ、わざわざ机を隅に片づけてコーナー設定するという感覚が強いのである。ニュージーランドの室内の保育は、いくつかの部屋を通してコーナーが設定されていることである。同様な空間利用はス

ウェーデンのオパーレン幼稚園(スウェーデンのウプサラ市にある幼児教育施設、日本でいう保育所にあたる)の室内利用とも関連している。

　わが国の幼稚園教育は前述のように、学校教育の影響の中で、教室＝保育室という感覚があった。しかし、室内遊びの環境として保育室をとらえ直すには、次の視点から考える必要がある。第1の原則は、保育室は幼児たちの居場所とならなければならない[5]。そしてそのためには、まず必要なことはすでに述べたように、保育者と幼児一人一人との応答的関係が成り立つことであり、必要なときに、保育者を「見る⇄見られる」関係が成立することである。このことは図1でも明らかなように、1つは、各々のコーナーは各々壁を背にして配置されており、敷物や囲いで床と区切られた特定の空間になっていること、2つに他のコーナーや保育者の位置との関係で「見る⇄見られる」位置にあり、中央が空間になることである。言い換えれば、各々のコーナーは他のコーナーから見られるということであり、保育室の中央を空間にすることでコーナー相互がギャラリーという性格をもつことで賑わいを演出しているということである。すでに述べたように、保育者1人に対し、幼児多数の関係の中では、保育者と幼児一人一人との「アイコンタクト」をていねいに行う余裕はない。そこで必要なことは、保育者の援助を必要としたときに、幼児一人一人が保育者の存在を確認できる場所を特定できることである。「いつも、先生はあそこにいる」という感覚があることである。そしてそのためには、保育者がいつも製作コーナーにいるというルールは保育室の環境構成にとって基本である[6]。しかも、前述のように、保育者がつくる活動の表現者として、幼児たちの関心を引きつける力を発信しつづけるということは、クラスの幼児全員を保育者に引きつける力をつくりつづけるという意味で重要なことなのである。そしてこのことは、保育者の存在がつくる活動を生み出した発信源であるとともに、幼児たちは保育者の動きに引きつけられると同時に保育者から送られるまなざしによって見守られることになるのである。

（3）保育室は幼児たちの活動の場

　また、保育室は幼児にとって居場所であるだけでなく、幼児たちが自らの動機で活動へと取り組む場とならなければならない。幼児たちが登園して、上履きに履き替えて室内に入り、自分のロッカーに鞄をかけ、部屋着を着てから、振り返って室内を見回したとき、幼児は、自分の心に留めるものに着目する。親しい友達か、好きな道具（遊具）か、好きな場所か、あるいは一番頼りになる先生か、あるいは、場所と道具と友達のいるところか、いずれにせよ、幼児が自分の目で選択できるように環境が用意される必要があるのである。

　もちろん、幼児たちは、幼稚園に入園する前も、家庭で、あるいは公園で、または近隣の幼児と遊ぶ経験の蓄積は各々あるはずである。それゆえ、登園すれば、幼児それぞれ、それまでの経験から自分の好きな素材や遊具を見つけ、遊ぶことができるかもしれない。しかし、近年、そうした家庭や地域での既有経験が乏しくなってきている。一方、早期からおけいこ文化の影響も大きく、幼稚園で友達経験の乏しい幼児など、だれも相手にしてくれないときなど、1人でピアノを弾いている姿も見られる。

　しかし一般的にいえば、こうした家庭での1人遊びの経験は幼稚園の中では持続しないことが多い。もちろん、1人遊びを非難するつもりはまったくなく、1人で熱中できるならばそれは、それなりに、見守るべきである。しかし、幼稚園の環境は、集団生活の場である。そして同世代の中では、幼児たちは、他児や集団の動きに無関心ではいられないのである。アメリカのペンシルバニア大学のあるカレッジタウンの幼稚園の遊び、スウェーデンのウプサラ市のオパーレン幼稚園の幼児たちは、圧倒的に1人遊び、2人遊びが多く、集団で遊ぶことが少ないのである[7]。

　しかし、日本や韓国などアジアの子どもは集団で遊ぶ。幼児たちは、何かをつくったり、やり遂げたりするとかならずといっていいくらい、保育者やまわりの大人、あるいは、他児にそれを見せたいのである。そのとき

のせりふは「ねえ、見て、見て」である。自己を他者による承認によって確認したいのである。そうした幼児の特性からすれば、スウェーデンのように1クラス、10人といった数よりも、20〜25人のクラスのほうが元気がでるというのが多くの保育者の体験によるクラス理解である。それゆえ、コーナー保育はこうした理由から構想されなければならない。したがって、幼児集団が保育室でどの幼児も自ら活動へと取り組むことの条件設定としては、保育室において、保育者がつくる活動の表現者として、幼児たちの活動への動機を絶えず触発する役割を果たさなければならないということである。繰り返し強調するように、遊びへの動機は教えるという形では伝わらない。それゆえ、保育者のパフォーマンスに引きつけられるという形でこれを保障しなければならないのである。

しかし、すべての幼児が保育者の表現（パフォーマンス）に引きつけられるわけではない、また、そこに強制的に縛りつけることなどは、遊び本来の営みとは根本的に異なっている。

製作コーナーの他に2つないし、3つのコーナーを保育する側が設置することは、さまざまな動機をもって保育室に登園してくる幼児の立場を保障するための手立てである。そこで各々のコーナーの特色と相互の関係性と共通性を探ることにしよう。

2．保育室の保育環境における各コーナーの特色
―製作コーナーから―

（1）製作コーナーでの道具の配置とスペース

まず第1に製作コーナーについてはすでに詳しく述べたが、他のコーナーとの関係についてふれるならば、このコーナーは、保育者が基本的に

常時、その中央にいる場所という点で、もっとも安定できる場所である。4月当初、多くの幼児が保育者をとりかこんで、黙々とつくる活動が見られることがある。そしてそこで展開されるつくる活動は基本的に個の活動である。幼児同士の共同性は積極的な形では現れない。しかし、つくるという活動が生み出すノリ（集団としてのリズム）は保育室が全体として活性化するための基本になるものである。この製作コーナーの活動のノリが活性化している間は、他のコーナーの活動が停滞化しても、再び活力をとりもどすことが可能となるように配慮しなければならない。そしてそのためには、コーナーを構成する人とモノ（素材、遊具）と場所の関係がもっとも豊かに整えられている場にしなければならない。

　そうした場所として製作コーナーが機能を果たすためには、図1にあるように、製作コーナーは、壁を背にして保育者が真ん中にすわることによって、保育室で一番、幼児たちの心の拠り所になるように用意されることが必要となる。そしてつくる活動の場であるから、近くに素材と遊具（道具）が、キャスターや、空き箱などに用意される必要がある。製作コーナーの人的環境としてはすでに詳しく述べてあるので、ここでは、保育室という幼児の遊びの舞台装置の中で、製作コーナーの大道具、小道具に当たる部分について詳しく述べることにしよう。

　前述のように製作コーナーは、つくるという活動が始まる場であった。だから素材やつくるための道具はきちんと用意しなければならない。普通、こうした道具類は、キャスターにきちんと並べておくのである。そしてその際の道具類の配置は、一定の原則がある。ちなみに、「お勝手」というのは台所の別名であるが、それは「お勝手」という名前が教えてくれるように、これは、台所に立つ人が勝手がわかるということでつけられた名前である。台所で調理をするとき、必要な道具や素材をいちいち探さなくても、どこに何があるかがわかるように配置するのである。自分の身体が覚えているので好きなときに自由にほしい道具を手にとって使えるように配置するということである。

　それを実現するのがキャスターの道具の配置である。

筆者は、ハサミとかのりとか、ホチキスとかえんぴつといった道具の配置をするときにキャスターでの道具の配置を変えないという原則を奨励している。この手法は、モンテッソーリが教具を教室の壁の棚に配置する場合にも実行しているやり方である[8]。モンテッソーリの場合、感覚教具、数教具、言語教具等の教具の種類に応じて、その配置を決めてある。それはやがてその教具を認識すること、学習することによって、この配列が子どもには、カリキュラム配列となるのである。この原則を守るためには、使用後、この遊具をもとあった場所にもどしておくというしつけや習慣づけを幼児一人一人にきちんと行うということを意味している。

　このことと関連して、保育者は、こうした教具の使用頻度を学ばねばならない。というのはこの使用頻度に応じて、そうした遊具の配置が異なるからである。キャスターの場合、使用頻度のもっとも高い遊具教具が、幼児の腰の高さに配置されるべき（キャスターの一番上）であり、使用頻度の低いものほど、身を屈めてとるとか、しゃがんでとるといった少し無理をする姿勢が求められる。

　また、素材となる牛乳パック、箱類、トイレットペーパーを巻くロールの芯、ビニールの卵入れパック等こうした種類のいわゆる廃材に関しては、形状をきちんと分類して、子どもの使用頻度を予測して、少なめに出しておく必要がある。こうした配慮に関しては、反対もあり、むしろ雑然と入れたほうが幼児の興味をひくという意見もある。しかし筆者としては、多くの園の実践を見たかぎり反対である。理由は、次のとおりである。一般に廃材は大人から見て、商品価値のないものであり、ムダなもの、捨てるものである。こうした見方は、幼児にも少なからず反映されている。こうした廃材を素材にして何かをつくり、そこからごっこを創出することもあるのである。もしこうした廃材がダンボールの箱に雑然と山盛りになっていたら、汚い廃材が山盛りというイメージを与えてしまいかねない。廃材は、貴重品のようにていねいに扱うのである。たとえば、箱などは形状や材質で分類し、仕分けしてきちんと整理し、幼児の色や形への好奇心を招くようにダンボール箱に分類して並べておく必要がある[9]。し

かもここで大切なことは、幼児たちの要求を引き出すように少なめに出しておくことで、需要を大きくする努力を保育者はすべきである。多すぎると必要感がなくなってしまうのである。

（2）製作コーナーのスペース

　さて、次は製作コーナーのスペースであるが、製作コーナーは、幼児たちがこの製作のスペースに集中できるように、壁を背にして机が横長に配置されていることで安定感を保ち、部屋の中央にコの字形に開かれていることが望ましい。縦長であると、部屋の中央に向って開かれたスペースから外へと出て行きたくなる衝動が強くなり、落ち着かない。これに対し、横長の机は、このスペースに安定したいという落ち着き感が大きくなる[10]。このスペースは、幼児が一人一人つくる活動に参加する場なので、基本的に個々人の参加する場なのであるが、幼児たちがつくる活動であるかぎり、あらゆる活動の展開が許される場である。

　当初は保育者のつくる活動に引きつけられてつくる活動に参加する幼児たちが集まる場であるが、幼児たちがここにきて活動することが重なるにつれて、この製作コーナーはさまざまな多様性を示す場に変化する可能性もあるのである。先に、つくる活動はごっこへと発展する可能性をもっていることを指摘したが、たまたま並んでお絵かきをし始めた女子がお家とお花とお日様と女の子を描いているうちに、並んで座っていることから仲良しになり、お絵かきの絵の中の女の子の睫毛の数も3本と同じ本数で描き、髪の毛のたらし方も右側だけというように、ノリが絵にまで表れることもあるのである。そのためには、机に椅子を出しておくことも必要であり、椅子が足りない場合は自分でもってくることもできる。しかし、椅子を敷きつめてしまうと、自由に製作コーナーを利用する子にとっては立って作業ができないのでマイナスである。たとえば、製作コーナーにはいつもいない幼児が、積み木コーナーに基地をつくり、戦いごっこの武器づくりに製作コーナーに立ち寄ってここを自分たちの作業場にすることもあ

る。そしてその場合、立って作業をすることも多い。また、ままごとコーナーがレストランに変身し、料理をつくっているが、材料に限界があり、それを見つけて保育者がひそかに製作コーナーで新しいメニューをつくり、料理をレストランやさんにさし入れするといったケースにも製作コーナーは使われるのである。

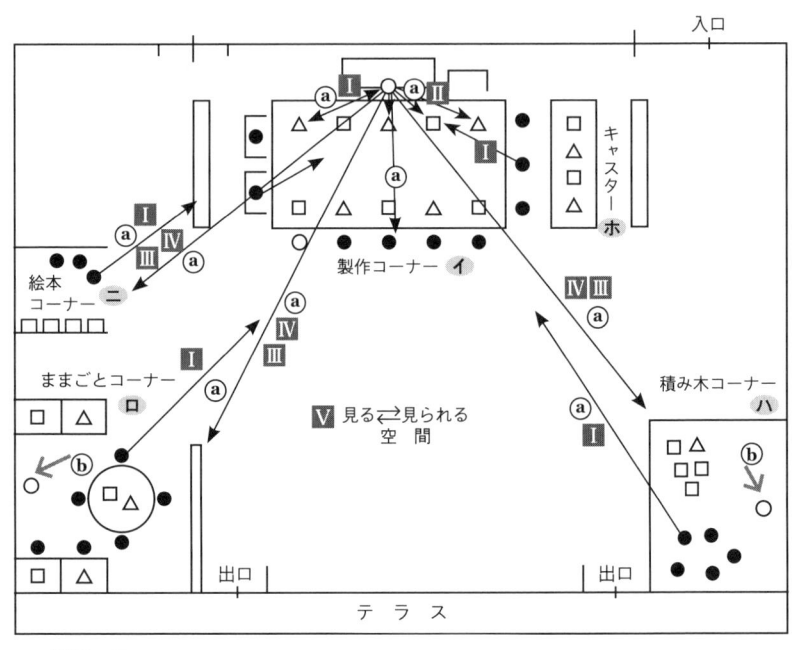

場所　イ 製作コーナー
　　　ロ ままごとコーナー
　　　ハ 積み木コーナー（あるいはブロックコーナー）
　　　ニ 絵本コーナー
　　　ホ キャスター

Ⅰ 気を入れる
Ⅱ 気を合わす
Ⅲ 他のコーナーに気を送る
Ⅳ 見守る
Ⅴ 見る―見られる関係

教材・教具　□△

● 幼児
○ 保育者
　　保育者の働きかけ
　ⓐ 視線
　ⓑ 移動

図1　保育室環境図

（3）保育室の環境図

　親しい人としての保育者に対するあこがれはそれだけでは遊びの情報源となり、「見てまねる」対象にはならない。そこで以下、保育室が幼児集団の遊び場としての豊かな環境となるための人的環境について述べよう。しかし、その前に、保育室の環境図を示し、この環境図に示された保育者、幼児、場所、モノ（素材、教具）の位置を図示することで論をすすめよう。ただし、図1は読者となるであろう保育者の実践が行われる保育室とは、位置や室内施設や装備の位置も異なっているはずであるが、一般的に想定されたものであり、これを参考に、自分の保育室について考えてほしい。また、保育実践は保育室のみで行われるわけではない。ただ、筆者は、保育室は保育実践の中核をなす場だと考えている。そこでの人的物的環境を示すことから遊びの保育者論における保育者を中心とした幼児との関係を語っていくことにしたい。

　この図を見てまず気づくことは、ここは小学校の教室空間ではないということである。ここは幼児たちの遊び空間なのである、とはいえ、路上の遊び空間でもない。なぜなら、この空間には、幼児の遊びを見守り、援助する保育者が幼児たちの遊びの情報源となっているからである。そしてこの遊戯空間はその全体がごっこ空間となるべく設計されているのである。なぜなら、幼児の室内遊びは見立て遊び（ごっこ）が基本であるということだからである。

　幼児の遊びは基本的にごっこ遊びであり、モノや人や場所を何かに見立てるという活動が基本である。見立て遊びは、具体物を別のモノに見立てる。たとえば、ブロックを組み立ててピストルに見立てる、粘土を丸めておだんごに見立てるなどがあるが、ごっこ遊びの中核は人見立て（自分や他児をある役割に見立てること）である。なぜならごっこ遊びは大人たちのくらしにあこがれることに始まるからである。まず始めに見立てた役割にふさわしい振る舞いをしたり、言語を使ったりするのである。そしてここ

には見立てた役割や他の人物の振る舞いへのあこがれや興味がひそんでいることは明らかである。

このように、製作コーナーは、保育者のつくる姿が幼児たちの活動の動因になる場であり、つくる活動やごっこが新たな展開を見せる情報源であり、はたまた、つくる活動に参加する幼児たちの集団の活動のノリが他のコーナーの遊びにノリを伝播させる発信源でもある。

3. ままごとコーナーにおける人とモノとスペースの関係とそこで成立する遊び

（1）ごっこ世界のイメージをつくり上げる要素

次に想定されるのがままごとコーナーである。人とモノと空間のリンクした場をコーナーとよぶとすれば、ままごとコーナーは人間関係のある幼児たち（仲良し）が一緒に行動したいとして始める活動の場である。ここにはままごとに必要なミニチュアの台所道具や小さなふとん、テーブルなど遊具が用意されており、ままごとコーナーとしての場を囲う遊具も準備されている。つまり、仲良しが参加すればいつでもごっこ遊びが展開される場と人とモノがごっこ遊びを再生すべく用意されている。ここは製作コーナーと異なり、保育者の存在がいつもあるわけではないことが特徴である。いや原則として保育者の存在なしで遊びが成立することが想定された場である。

では人間関係があれば、この場の遊びは活性化するのであろうか。実はさほど幼児のごっこ遊びの成立は簡単ではないのである。たとえば、だれが見ても仲良しだという2人組の4歳児の女子を見ることはある。しかし、この子たちは、ただ一緒にいるだけで何もしないで1か所にいる幼児

3. ままごとコーナーにおける人とモノとスペースの関係とそこで成立する遊び 113

であったり、2人でおしゃべりしながら、いろいろな場を転々と移動したりする幼児もいる。いったい幼児がままごとで遊ぶということは、どういうことであろうか。

　ままごと遊びがスムーズに始まるケースというのは、ままごとコーナーの外でみんなで話し合って、さあままごとへ入りましょうという形は普通あり得ない。筆者が観察してきた多くの場合、1人の幼児がままごとコーナーに入ると、無言で前かけを腰につける。すると2人目も入ってきて同じことをし、一言二言口をきいて、1人は鍋をコンロにかけてしゃもじを鍋の中でかき回し出す。そのうちに、三々五々幼児が入ってきて各々動き出すというような形である。こうした姿は、かなり毎日、ここに来てはままごとを始めるときの姿である。こうした姿を見ていると、幼児たちのごっこ遊びを成立させる共通のイメージは、この場所で幼児たちが料理をつくったり、家事の振る舞いを演ずることを繰り返すことで生まれてくるのである。言い換えれば、ままごとの道具を使って家事の振る舞いをすることで、幼児たちとままごと道具とこのコーナーの場所がごっこ世界のイメージをつくり上げる。このことで、幼児たちのつながりがイメージの中で1つのまとまりとして成立する。だから幼児たちのままごとについてのせりふ「さあ、ごはんをたべましょう」とか、箸を並べるという動作がメンバー間で相互に応答するように生まれることで遊びになるのである。

　幼児たちのごっこには、見立てるための「せりふ」が絶えず相互に行き交うわけではない。この会話や動作の相互のやりとりが欠けてしまうと、ごっこ世界のイメージは消えてしまう[11]。たとえば、ある幼児は好きな仲間とごっこ遊びをするとき、どんな役割を演ずるかは、4歳児くらいになれば遊びの中で了解している。だからままごとでよく遊ぶ仲間の間では、自分のとる役は、好きな仲間の人間関係の中で了解し合っているのである。

　幼児たちは遊びに参加するとき、私は～の役をやるなどと宣言はしない。だから無言で遊びが始まる。そして一言、「ねえ、ごはんにする」という役割発言があれば、テーブルにあるさまざまな遊具は見立ての言明は

なくとも、すべてイメージ世界のモノに変身する。そしてこのごっこ遊びの中で黙々と鍋の中をしゃもじでかき回し、しゃもじについている料理を鍋の端でトントンとたたいて下に落とすようなしぐさを、お母さんのまねをしてやっている幼児がいたりすると、その振る舞いがいかにもお母さんがそこで料理をつくっているようなイメージを与えるので、他の幼児たちもこのコーナーにいる楽しさを味わっていて遊びがこわれることはない。しかし、こうしたしぐさや発言がないと、遊びの展開が停滞してしまうし、いつの間にか遊びは壊れてしまうのである。

だから、ままごとコーナーの道具や場所がきちんと整えられていたりしても、ごっこはかえって生まれない。いかにもすぐ遊びが始まりそうに畳を敷いた小部屋のような場が用意されていてもごっこ遊びは生まれない。そうしたところでよく遊ぶ姿を見ることはまれなのである。また３歳児のごっこのために、食べものを模した遊具が市販されていて、それを使っているところもあるが、始めのうち興味をひいてもやがてそれで遊ぶことはなくなるのである。要は遊具を使って、幼児同士がかかわりを生じ、応答的関係が成立し、人とモノと場の関係が生まれたときにそこはごっこの場になる。それには、つくる活動がそれぞれの場で成立すること、その中でノリが成立すること、そしてそのために保育者の援助が必要なのである。

（２）レストランごっことお店やさんごっこ

ままごとと並んで生まれやすい遊びとして、レストランごっこやお店やさんごっこがある。これは、つくって遊ぶごっこによく現れる遊びである。これはままごとと同様に、つくるという活動の中で、簡単にできるものをつくる。たとえば小さなおだんごを粘土でまるめてつくる、といった活動に幼児が集中するとき、そのつくる活動のノリにのって、数人の幼児が参加すると、繰り返しの好きな幼児の活動は発展する。幼児の繰り返し行動は、喜びのアンコールであると、筆者は考えている。１つできるとハイできた、次に２つ目、次に３つ目というように、この繰り返しは、始め

と終わり、その連続である。ここにもっとも単純な起承転結のリズムがある。もしもこのつくる活動のリズム、ノリが数人の仲間と共有できたとき、つくることは幼児たちの仲良しのリズムともなる。しかも同じ形の「アメ」をたくさんつくる。同じ形の「おだんご」をたくさんつくる。同じ形のビーズをたくさんつくる。ここで生み出す共通のノリとその結果はみんなに見せたがる。それがお店やさんへの入口である。だからつくったモノを売るお店やさんごっこでは、お客に来てもらいたい。幼児たちはお金もつくる。100円、10円、1000円、このお金づくりもお店やさんの品物づくりと同じ動機である。だから、4歳児などは、お金をつくっても、品物とお金の交換はどうでもいいのである。値打ちの高低もおつりのやりとりもでたらめである。しかし5歳になれば、お金と品物のやりとりをやってみたいと思うし、おつりのやりとりもやってみたいと思う。正確な金銭上の取り引きが行われないと気がすまなくなるのは、小学校に行ってからである。

5歳の後半にもなると、もう少し複雑なごっこをやるようになる。幼児は店の佇まい(たたず)までつくってみたくなる。ダンボールで回転ずしのレールまでつくってみる。てぬぐいを頭にまくのを保育者に手伝ってもらう。すし屋さんのはんてんまでつくりたがる。すしもさまざまな種類のものをつくる。まさにつくるということがごっこのイメージ世界をつくっていく。ここで大切なことはつくっている間は遊びの準備期間ではないのだ。お店やさんをする場合、大人の目から見れば、つくって演ずるという形だから、演ずることがごっこ遊びだと考えてしまいがちであるが、実はそうではない。

つくる間、幼児の頭の中は、もうおすし屋になっているのである。だから、おすしなどをいっぱいつくり終わってつくることを止めてしまうと遊びが終わってしまうことも多い。したがって昨日つくり終わったもので、次の日また遊ぼうとすると、遊びの中でつくるという作業が終わってしまっているので、店先に来るお客をまつだけでお客が来なかったりすると遊びはいつの間にか消えてしまうのである。こんなとき、保育者はつくっ

たものの一部を廃棄するなどして、まだつくることが残っているようにしむけることも必要なのである。

　こうした配慮がもっとも必要なのがレストランごっこである。よく続くレストランが、いくつかのメニューをつくって店を開くと、また新たな料理の要求が出て店を閉め、また店を開き、またつくるために店を閉め、また料理をつくる。そしてまた閉めてというようにして、最後にメニューをつくって開いてという流れになるのだといわれている。このようにごっこはつくって演じてまたつくるというようになる。つまり、つくる間もお店は開いているのである。幼児の立場からすれば、ごっこ状況は続いているのである。

　こうした、ごっこ遊びを見ていると、幼児もよく考えているなと思うことがある。それはお店を出す場所である。人の賑わいを感ずるほうに店を向けるのである。保育室の廊下から部屋に入る入口に沿って店を出した姿を見たことがある。大人の見ている範囲より幼児のイメージするごっこの状況は広いのである。幼児のごっこの想像世界は、われわれ大人の考えるより広くて長い時空間に展開しているのである。

4．積み木コーナーにおける人とモノとスペースの関係

（1）場づくりから始まるごっこのスペース

　ままごとコーナーに続いて、積み木コーナーについて語ることにしよう。普通、積み木は部屋の一隅に積み重ねられている。園によっては、邪魔にならないようにと凹み空間に入れてしまうところもあるけれども、こうした遊具は、幼児が目をつけて遊び始めることが大切である。積み木は

幼児の遊びの中ではもっとも伝統的遊具である。ダンボールなどと比べると城とか基地づくりにしてもイメージどおり加工できない。だから、幼児が積み木の基地を基地として見立てる想像力があれば基地でありつづける。だから積み木の城はダンボールでつくった基地よりもあきられなく続くという特性がある。とすれば、凹み空間に片づけるという方法は適切ではない。大切なことは、いつも同じ場所に片づけることである。この片づけについては後に詳しく述べるが、片づけの習慣づけによって、幼児たちに積み木の所在をいつも認知してもらえるからである[12]。積み木の片づけの場面で片づけに協力しない幼児がいる。多くの場合、そうした幼児は積み木で遊ぶ経験がまったくないか、もしくは乏しいのである。その場合、片づけは重要であり、保育者と一緒に片づけることで積み木を扱う技能を身につけることになり、その結果として遊びのレパートリーがふえることになる。そしてこの積み木の片づけを保育者の援助できちんと積み上げて片づけることができれば、それは立体図形の認知学習にも貢献する。たとえば三角柱を合わせると四角柱になることなど、幾何学的な学習の身体感覚を身につけられるのである。

　さらに、このコーナーは前の2つのコーナーに比べて一番、遊び出しが困難なコーナーである。なぜなら、遊び出しを自分たちの拠点づくりから始めなければならないからである。つまり、場と人とモノとのかかわりからいえば、積み木を扱うこと（モノとのかかわり）と場づくり（たとえば基地づくり）と人間関係が一緒にならないと遊びにならないのである。

　ある幼児のイニシアチブで始まった場づくりも、何をつくるかで両者の間のイメージが合わないと、リーダーの幼児の指示で場づくりは進行するけれども、積み木で場をつくり終えた段階で、遊びは終わってしまうことも多い。リーダーのイメージが仲間に共有されていないからである。仲間とイメージを共有しながら積み木で基地をつくり終えた場合、さて、次に何をするかのイメージを共有する話し合いがもたれ、たとえば戦いごっこであれば、基地づくりの後に剣づくりへと作業が移行する。言い換えれば、積み木の場づくりもつくる活動であり、新聞紙の剣づくりもつくる活

動であるから連続しているのである。これは普通、別の活動であると見られやすい。場づくりと遊具による武器づくりは、ごっこ世界では一連のものなのである。そして多くの場合、この移行点が保育者の援助のポイントになるところである。つくることで遊びのイメージをどう発展させるかが重要なのである。

（2）日常的ごっこと非日常的ごっこ

　積み木で一般に場づくりが始まると、ここでごっこ遊びが発生する。したがってここでもままごととかお店やさんのコーナーになることもあるが、積み木の場がごっこのコーナーになる場合、ここは戦いごっこといった動的なごっこの場になることもある。あるいは、乗り物の場になることも多い。筆者は、ごっこは大きく2つに分類されると考えている。1つは、ままごととかお店やさんのように日常的な生活現実を模したごっこと、戦いごっことか乗り物のごっこのように非日常的ごっこ、あるいは動的なごっこである。厳密にいえば、ままごとのような日常性のごっこと、戦いごっこに代表される非日常性のごっこに大別され、その中間に乗り物ごっこといったものがあるのかもしれない。

　前者はモデルが日常生活にあるので、かつては、日常生活の中に箒や洗濯板があり、俎(まないた)や包丁で毎日、料理がつくられていたので、昭和30年代の幼児のままごとには、お洗濯、掃除、お料理がごっこの大切な要素であった。しかし、今は、洗濯機、掃除機の登場でそうした動作はごっこから消え、料理をつくるという動作は失われ、ごっこ遊びの中には料理—食事場面はチンする（電子レンジにかける）、そして食べるという形でしか残存しないことが多い。代わってお母さんは、ダンボールでつくられた、あるいは、廃棄された携帯を使って電話をかけるとか、おめかしをして出かけるという見立てが登場する。そして、主役はお母さんからペット役になっている（10年前までは、バブちゃん（赤ちゃん）が主役だったが少子化の影響であろうか）。このように、日常的ごっこも次第に時代の変化に応じて変

わっている。

　これに対し、非日常的ごっこは、テレビの変身ヒーロー（例、ゴレンジャー）をモデルとして展開されてきた。テレビでは、近隣の親しいお兄さんが地球の危機に救世主としてヒーローに変身するのである。幼児たちは、お兄さんの日常性はまねることなく、ヒーローに変身してかっこよく戦う役だけをまねるのである。そして低年齢の3歳児などは、繰り返し、この変身ポーズだけを模倣するのである。そのため、この変身してからの戦いごっこをどう遊びとして構成するかが大きな課題となってきた。前述のように、変身前の状況は、幼児のイメージにないので、ここでも、基地づくりから剣づくりのように、つくって遊ぶという形で、つくる活動でイメージを構成しながら戦う場面へとつなげることが課題となるのである。今から20年ほど前、セーラームーンがテレビではやった時期があった。それまで、戦いごっこは男の子の遊びといった傾向があったが、このセーラームーンの主人公が女性でしかも戦う戦士であるためセーラームーンを契機に、女の子もこの戦いごっこに参入するようになった。しかもこのセーラームーンではセーラームーンが戦士として戦わないときには女の子として日常的にごはんをつくって食べたりするので、この戦いごっこでもままごとの場面が登場するようになった。その意味で幼稚園のセーラームーンごっこは、この日常的なままごとと非日常的な戦いごっこを統合し男女の格差を超える意味をもっていたのである。

　しかし、その後、ポケモンが流行し、ポケモンはヒーローもののように単純なストーリー性ではないので、幼児が幼稚園や保育所で遊ぶポケモン遊びにどう援助してよいのか保育者を悩ませる事態が現れるようになった。とはいえ、幼児にとって戦うという動機で遊ぶ遊びは決して消えることはない。ただ日本の場合、この戦いごっこの最終局面は、イベント会場で行われるテレビのヒーローのショーをまねるという形になることが多い。それは、幼児の中に真の戦争のイメージがないことの証明であり、イラクやバルカン半島の紛争地域の子どもの絵と比べると、平和なくらしの中にいることがわかる。これは幸福なことかもしれない。しかし、この遊

びをどう展開させるかは、保育者にとって常に悩みの種である。なぜなら、幼児の中に常に、より強い存在、よりかっこいい存在、より早い存在になりたいという願望があるのである。そして今、もっともかっこいいと世間で見られている存在に自分もなりたいと思うのである。保育者はその想いを実現するために必要なモノをつくり、必要な舞台を用意すべきなのである。そのためには、幼児が何にあこがれ、どんなかっこよさを実現したいかをよく観察し、そうしたモノづくり・場づくりを援助すべきなのである。

5．ブロックコーナーの遊び

　次にブロックコーナーにおけるブロック遊びについて語ることとしよう。ブロック遊びは原則的には１人で遊ぶ場合が多いが、かといって１人でブロックコーナーで遊んでいる姿を見ることは少ない。１人遊びであっても、コーナーが盛り上がるときは、群れていることのほうが多い。では幼児たちの交流が明確に見られるかというと、黙々とやっている姿もしばしば見られる。一見、平行遊び的に見えるけれども、幼児たちの間に目に見えない同調性（ノリ）があると考えざるを得ない。その証拠としてブロックコーナーから幼児が１人、２人と去っていって、ブロックがコーナーの敷物の内と外に散乱したところに、筆者が入って、そのブロックを分類しながら、片づけてかごに入れ始める、その動きを見て幼児たちがいつの間にかブロックコーナーに入ってまた遊び始めるケースに何回も出会っている。このことは、ブロックを扱うリズム（ノリ）に幼児たちがノッてくるのではないかと考えられるのである。

　ブロック遊びの場合、当初、ブロックをいじり始めるときに、何をつく

りたいという明確なイメージをもってつくり始める幼児はあまり多くないのではないかと思う。つくるめあてを語ることもないし、思いつきでブロックとブロックを合体させているからである。ちょうどそれはなぐり書きに幼児があとから名前をつけるように、ブロックを組み合わせているうちに、途中から自分のつくっているブロックの形を見つめてイメージがわき、つくりたい形を想像していく子もいる。このようにブロックとブロックをどう接合させるかは、やってみないとわからないからおもしろいという幼児も少なくない。他児のやることをなんとなくまねているうちに形ができてきたという幼児もある。幼児たちの中では、盛り上がってときには井戸端会議が生まれることもある[13]。無言で熱中する幼児もいる。こうした活動が30分以上も続くと、それぞれの幼児の作品を合体させようとする動きや大きな基地をつくってそこに各々の作品を配置させたいという幼児も出てくる。こうした動きを見ていると、アニメに出てくる部分を合体させて誕生する巨大なロボットがイメージとして共有化されていることがわかる。また、参加する幼児は圧倒的に男の子が多いことに気づく。こうした動きが出てくると、遊びはとても持続するのである。ブロック遊びもその背景としてテレビのアニメ番組を見立てるごっこ遊びであることがわかる。

　それゆえ、保育者の援助としては、ブロックの活動に幼児たちが集中できるようにノリが停滞しないように見守り、自分（保育者）も、このブロック遊びに参加して、この群の活動のノリに同調することが必要である。そしてこの活動から、アニメ番組に見られるような作品がつくられてくると、合体して大きなロボット装置になっていくのである。子どもたちの中から自分たちのつくる作品についての見立てのつぶやきに共鳴することで幼児同士の合体が成立するかもしれない。そしてここにも幼児同士の人間関係が反映され、またつくることで関係が深まるのである。

6．コーナー以外の室内遊び

（1）踊りのパフォーマンス

　3つのコーナー以外に成立する遊びとして女の子による踊りのパフォーマンスや舞台をつくって始める人形劇ごっこがある。こうした遊びが成立するのは、3つのコーナーの間や積み木のコーナーがそうした舞台に変身することによってである。ここでも、製作コーナーの意味は大きい。つくって遊ぶという形が平常の形なので、踊りに必要なドレスや花飾り、リボン、新体操で使う棒つきのテープなど、幼児たちは、製作コーナーでせっせとつくるのである。次は舞台の設計であるが、図1（p.110）の各コーナーの位置より中央のほうに飛び出すような配置は、保育者の援助で、できるだけ、壁面のほうにくっつけるように配置することを援助すべきである。この空間は「見る⇄見られる」空間なので、自分たちのパフォーマンスを見せたい、見られたいと考えるので、舞台が真ん中の空いているスペースのほうへとせり出してきてしまうことも多いのである。この現象は、積み木のコーナーにもよく見られることである。幼児は自分のパフォーマンスを他児に「見られたい、見てもらいたい」と考えている。とくに保育者に対してはそう思っている。逆にいえば、保育者が「いつも君たちの遊びを見ているよ」というメッセージ性をまなざしに込めているかどうかなのである。保育者が自分のつくることにのみ関心をもっていたり、他のコーナーだけに目を向けていると、積み木づくりの際に、できるだけ目立つところに場を設定するのである。保育者のまなざしがどのコーナーにも、きちっと注がれることで「あなたたちの遊びを見たい」というメッセージを幼児に届けられれば、幼児は安心して、中央にせり出してくることはないのである。それは保育者に向かって、「先生、見て見て」と

いう幼児が多いことは、かならずしも歓迎すべきではないことと同じなのである。

　こうした中央の空間へのせり出しの現象が現れると、既成のコーナーの前に、つまり中央の空間部分に場がつくられることになる。すると、コーナー同士、保育者とコーナーの幼児の間に「見る⇄見られる」という直接的関係が妨げられ、間に別のコーナーが場を占めるため、奥の壁に近い部分のコーナーが保育者から見ると、物陰の位置におかれることになる。これを筆者は場末のコーナーとよんでいるが、こうしたことが遊びがくずれる要因になることも多いのである。

　とくに、踊りのパフォーマンスは、見せたいというニーズの強い活動である。そのため、みんなに見てもらいたいという欲求が大きい。その場合、舞台の前に椅子を並べて、観客席をつくることもある。また、そこに保育者が座ってお客になることもある。しかし、客席がない場合でも、このパフォーマンスをする幼児にとっては、このコーナーの幼児の存在が、お客になっているのである。たとえ各コーナーの幼児がそこの遊びに集中していたとしてもである。一方、各コーナーの幼児たちは、音楽入りの活動が展開されると、たいてい、その踊りのパフォーマンスのほうに目を向けるが、しばらくすると、音楽が鳴っていても、いつもの活動に集中し直すようになるのである。しかし「見る⇄見られる」関係がコーナー同士に確立していれば、コーナーの幼児たちがそれぞれ自分の活動に集中していても、踊りのパフォーマーにとっては、彼らは自分たちの踊りに関心をもっているギャラリーなのである。

（2）人形劇やペープサートなど

　年長児などでは、この踊りのパフォーマンスと同様に人形劇やペープサートの活動が幼児の仲良しグループによって展開されることもよく見られることである。幼児たちは製作コーナーで人形づくりやペープサートをつくると、次に人形劇の舞台を用意することになる。この舞台づくりに

は、保育者の援助が必要な場合も多い。この人形劇には、起承転結のストーリーが求められるが、内田伸子がいうように、5歳児の段階では、自分たちで起承転結をつくる力はない[14]。出来事の始めとそのクライマックスとして終わりくらいまではわかる子もいるだろう。前に、戦いごっこの中で、ライダーごっこをする幼児は、テレビ番組のクライマックスの変身場面しかまねないと述べたように、時系列に沿って順にお話を構成することはできない。ただし、『三びきのやぎのがらがらどん』の絵本のように、同じパターンの筋が繰り返し展開するような絵本であれば、年長児の場合、ストーリーを演ずることができるであろう。また、絵本の読み聞かせで繰り返し、同じ絵本を読んでいる幼児や、『エルマーのぼうけん』の読み聞かせで筋を覚えている幼児であれば、人形劇でも一応のあらすじがつくれるかもしれない。しかし、幼児たちが物語の筋をきっちり演じるということはあり得ない。幼児たちは、漠然とした劇のイメージで半ば即興的に人形劇を演ずることになる。しかし、漠然とした物語のイメージだからこそ幼児たちは、自分の思いつきで劇を展開することができるのである。いったん始めると、クライマックスも各々自分なりに人形を動かしてやり遂げる。

　そんな、あいまいな人形劇もやっているほうは、そのつど思いつきで雰囲気を感じ取りながらけっこう楽しそうにやるのである。なぜなら、見られている、注目されているという気持ちははりきって演ずるのに値するからである。でも、この劇を見ているほうには、さっぱりわからないのではないだろうか。大人はそう考える。事実、現場で人形劇を見せられていつもそう思うのである。ところが、大人からはわけがわからないように見える人形劇を、幼児は真剣な表情をして見ているのである。私は、どうしてこの人形劇の筋がわかるのだろうかといぶかっていた。

　そのわけは、都のある公立幼稚園の劇遊びのパフォーマンスを見たときにはっと気づいたのである。

　その物語の筋は5歳児の担任の先生から聞いたところによると、忍者たちの大切な巻物を動物に奪われていたが、戦うことでその巻物を取り戻す

という物語であるということであった。ホールの舞台では幕があくと、忍者と動物に扮する幼児たちがポーズしながら向かい合ったり、ポーズをとったりしていた。しかし状況を見ていた私にも保育者の解説がなかったら、いったい何が起こっているのかさっぱりわからなかったろう。最後にクライマックスで巻物を取り戻したところだけはわかったのである。そして劇は幕が降りて役に扮した幼児が舞台の前面に1列に並んだときがフィナーレだと思っていた。しかし続きがあった。舞台の年長児は、4歳児が並んで見ている観客席のほうにおじぎをし、一斉に手を振ったのである。すると4歳児たちは一斉に拍手をする。すると、舞台で劇を演じた幼児たちは、拍手に答えてすぐ1列になって舞台を降りて、観客の幼児たちの列の前に並んで近づき、一人一人に握手をしていったのである。そのとき筆者が気づいたことは、この観客となった幼児たちは、観客の役を演じているのだということである。握手はスターとファンが交わす姿のように見えたのである。

　その後、この解釈はさまざまな劇遊びや人形劇の演ずる幼児と観客を演ずる幼児の姿を把握するのに役立った。劇の筋が大人から見てよくわからなくとも、それぞれの役を演ずるごっこに集中できるからこそ、遊びが続くのである。人形劇の展開が途中で混乱しても見ている役の幼児たちは何事もないかのように落ち着いて、客席にじっと座って、舞台を見ているのである。幼児たちにとって、このことは、レストランで料理をつくるコックさんを演ずる人と、お客になる人がいるのと同じなのである。

（3）浮遊する遊びグループ

　最後に、浮遊する遊びグループにふれよう。
　各コーナーに幼児たちがはりついて遊び出しても、依然としてどの遊びにも参加できない幼児たちがいる。幼児の世界は見ようによっては大変厳しい世界である。親しい友達がいないときに、だれも相手にしてくれないときもある。また仮に、声をかけてくれた相手があまり気の進まない相手

だったりすれば、ずっと一人ぼっちのこともある。絵本などに夢中になって結果的に1人でいる幼児と、どこかへ参加したいのだけれども参加できない幼児との相違は明らかである。前者の場合、目線の集中する点が決まっていて、ひたすらそこに関心が向かっていることがわかる。砂場などで砂遊びに集中して結果として一人ぼっちの幼児の場合、目と手が合っているので前かがみ状態なので、こんなとき大人が語りかけることは、余計なおせっかいである。しかし、だれも相手にしてくれないで一人ぼっちの場合、目線が走る電車の吊り革につかまりながら、外の風景を見ているのと同じように、移りゆく外の風景に従って目線を動かすけれど、外の風景は移って消えていくので、目線は、そのつど舞い戻るのである。同様に幼児は、各コーナーのまわりをうろうろして行ったり来たりする幼児の場合、目線は動いて定まらない。そんなとき、保育者がどこかに入れてあげようとしても、その幼児自身しぶるか、拒否するのである。

　たとえば、保育者がある幼児を「入れてあげて」と中の幼児に頼んだことがあった。すると、中の幼児は、先生の手前、高い元気な声で、「いいよ」という。しかしこの「いいよ」の発声は、「いいよ」の最後の音をあえて高く「いいよ♪」と発声するのである。その真意は、「入れたくないけど、仕方がない」ということの表示である。保育者がその場を去ったあと、入れてもらったはずの幼児は実際には、少しも入れてもらえていないのである。事実、保育者不在のとき、「入れて」といった幼児に対し、低いドスのきいた声で、「ダメ」といってきっぱり断っている姿を見てしまった。

　だから、仲間に入るということは、幼児一人一人が努力して獲得することなのである。小田原市の公立幼稚園で、コーナーに入れず、コーナーの周囲をウロウロしている幼児を観察していたことがある。ウロウロしているようではあるが見方によっては、入るために、虎視眈々と入るチャンスをねらっているともいえる。どのコーナーにも入れない幼児2人が何かの出会いがしらに、言葉を交わすとたちまちグループになることもあるし、数日たつと、どこかのグループに参入していることもあるのである。

6. コーナー以外の室内遊び

　武蔵野市の公立幼稚園でのことである。遊戯室の広い空間で、2クラス合同で、各々コーナーをつくって遊んでいたことがあった。そのとき、2、3人の男子がコーナー参加できずに、走りまわったり、ウロウロする姿があった。担任とその姿を追っていたとき、積み木遊びのあるコーナーへの参加を試み、見事に成功した。われわれが担任と共にある驚きを分かち合ったのは、彼らが参入したグループがそのとき、遊びが停滞し、その遊びがくずれかかって、人間関係が薄くなっていたのである。この遊びであったら、自分たちの割り込むすきがあると考えたのではないだろうか。
　逆に、仲間と遊んで関係をつくっている側からすれば、あまり知らない相手を入れたらこれまでせっかくいい関係をつくってきたのにという思いで、「入れて」に対し「ダメ」という場合も多い。「入れて」に対し「ダメ」という意思表示がすべて「いじわる」と考えるのは、大人社会の見方の反映でしかない。遊びにおけるこうした仲間関係を見ていくと、さまざまな形で遊びに参入する幼児の姿が見えてくるのである。先の例のように、ドサクサにまぎれいつの間にか仲間の重要なメンバーのような顔をしている幼児、自分のつくったものをあげるから入れてというリベート型、どの子にもあいそを振りまき入っていく子等々、幼児一人一人が工夫している姿が見られる。
　いつも一人ぼっちでお絵描きしていてみんなからはずれていたが、ごっこ遊びの中でその幼児の描いた絵が認められて正式メンバーとなった子など、そのケースは多様である。いずれにしろ、日本の子どものように群で遊ぶ文化の中では、コーナーのグループが遊びの中に存在することは必然である。とはいえ、室内遊びにおいて、とくに、幼児の数が30人を超えたクラスの場合、各コーナーから流出し、遊戯室にいったり、テラスに出たりする幼児が生まれることは、よくあることである。その中で、部屋のある所を起点とし、部屋を一周したり、部屋から、廊下やテラスを一周して、また起点に戻るといった電車ごっこは、コーナーの遊びと同調している遊びといえる。なぜなら、電車づくりにおいて製作コーナーに回帰する機会があり、部屋の中の他のコーナーとの間に「見る⇌見られる」関係が

成立しているからである。またお客になるメンバーも、コーナーの遊びの間の息抜きになったり、リフレッシュメントになったりするのである。このように、5歳児になれば、お弁当を用意したり、いろいろなグッズを製作コーナーで用意して一緒に外へとピクニックや冒険旅行に出かけるといった遊びも、保育室の製作コーナーや積み木の基地を起点として、行って戻る活動であるかぎり、保育室でのごっこ遊びの発展ないし、延長として見ることができる。ただ、園庭などに幼児の活動が発展し、保育者の見守りが困難になる場合は、他のメンバーに外での見守りを依頼するなど、その活動全体の掌握に努める必要があるのである。

（4）テラスでのごっこ遊び

同じごっこ遊びでも、水とか草といった自然物を使うごっこに色水遊びやジュース屋さんがある。こうした遊びは、水などの自然物を使うという理由からテラスが使われることが多い。テラスということで外遊びととらえることもできるが、ごっこ遊びと見做されるかぎり、室内遊びの延長とみることができる。この場合、その場所がテラスという部屋と園庭の境界である点で、中の遊びから孤立させてしまう傾向も強いが、見立ての世界である以上、他のごっことの「見る⇄見られる」関係を維持すべきである。その場合、製作コーナーにいる保育者がその色水へのまなざしとかかわりを維持することが重要である。

また、それがごっこであるかぎり、色水の色彩の多様性や、容器に入れたときの色の変化をどう見立てるかにこだわるように保育者がモデル性を発揮することが重要である。筆者は、容器に入れた色水を陽光にさらしたときの色の美しさを幼児と共に楽しんだり、ぶどう酒のビンに注がれた色水を、食事をするときの一杯のワインのおいしさに見立てたりすることで、幼児と色水ごっこを楽しんだりしたことがある。

7．室内遊びにおける逸脱する幼児への対応

（1）徒党を組んで走りまわる幼児

　浮遊する幼児たちの中で、もっとも保育者を悩ますのは、徒党を組んで、どのコーナーにも所属せず走りまわる幼児である。あげくの果ては、コーナーの遊びの邪魔に入り、この遊びを壊したり、やがて部屋から出ていって遊戯室で走りまわっていたり、園庭に出ていってしまう。そしてお集まりの時間に保育者が迎えにいかないと部屋に戻ってこない。だからお集まりの時間でも、お集まりの集団から離れて座ったり、寝そべったりすることが多い。

　こういう幼児に対し、保育者としては最初はやさしく接していうことを聞かせようとするのが普通である。しかし繰り返し同じような行動をとられると、保育者の中に次第に被害者意識が芽生えてくる。あの子は自分を嫌っているのではないだろうか。そう思いつつ保育者としての権威も保たねばならないと思う。さもないと、あの子の逸脱行動で、私のいうことを聞いてくれている幼児も、あの子に引きずられて逸脱されると、私の保育もくずされてしまうという不安にかられる。こうした葛藤が続くと、逸脱は結局あの子の性格のなせるわざだと、その資質に問題があるので、あれがなおらないと、あの子の行動は変わらないと考え、その子の資質のせいにして働きかけても無駄だと思うようになる。こうした思考法は、その幼児を問題児というレッテルを貼る考え方につながるのである。担任がそういう見方をしてしまうと、それは、幼稚園の全員の見方にも伝わり、やがて、クラスの幼児たちの見方にもなっていく。こうした傾向が強化されると、クラスの幼児たちもその幼児に対し、同じような態度をとるようになる。筆者の友人の姫路市荒川小学校の本庄多美子教諭はこうした態度を、特定の

幼児に負（マイナス）の評価の雨を降らせることであると述べた。こうした姿勢に自分が陥ることのないよう自分を振り返ることが必要である[15]。

（２）逸脱なのか、居場所がないのか

　とはいえ、上で述べたような幼児の状態は一朝一夕で形成されたものではないことに注目する必要がある。あるエピソードを紹介しよう。都の公立幼稚園でのことである。その日、空が曇っていて、幼児たち（5歳児）は、ほとんど部屋の中にいたのであるが、2人だけ、外に出ていたのである。筆者が園内研究会の講師として訪問したので、私の目線が園庭の2人の幼児に注がれているのを感じた担任保育者が「あの2人はいつも、2人だけで出ていってしまうのです」と私に説明してくれた。私は、「そうですか」と答え、2人の様子を見たいと考え、園庭に出てみた。しばらくして、保育者が園庭で一斉活動をさせようと思ったのだろう。全員、園庭に出てきた。そしてあっという間に、その2人は、クラスの集団が三々五々集まっている場の真ん中あたりにいることになった。しかし、ものの2分とたたないうちに2人は、その集団がゆるい形で展開している群の外へと出ていた。そしてさらに保育者の指示があったのかどうか、その点はよく覚えていないのだが、2人が群からはずれた鉄棒のあるほうに群全体が移動することになった。そのためこの2人はまたまた群の真ん中に入ってしまった。すると、そこからもすぐ群の外へ移動していったのである。そしてこの2人の動きは意図的になされたものではない。無意識のものであった。

　そのとき筆者ははっと思ったことがある。保育者は「すぐ出ていってしまうのです」といったが、この幼児たちは、逸脱したかったのだろうか。本当にそうしたいなら、なぜこの集団からもっと遠くへ出ていかないのだろうか。むしろ、集団の中にいると自分たちの居場所がないので、この集団から外へとはじき出されてしまうのではないかというまったく逆の見方が浮かび上がったのである。

保育者からみれば、勝手に出ていってと思うかもしれないけれど、2人の幼児にしてみれば、集団の圧力に押し出された形でここには自分の居場所はないと感じ、走りまわったり、部屋から出ていってしまったかもしれないという見方も十分検討する余地があるのではないだろうか。そう考えるとこの逸脱する幼児と保育者との出会いや他児との出会いを前章で述べてきたかかわりのあたりから振り返ってみる必要があるのである。

　幼児たちの遊びは、製作コーナーやその他のコーナーで他の幼児とともにモノとかかわることで、ノリを共有し、あるいは、何かを見立てて、他児とイメージを共有して一つの雰囲気をもった場が形成され、そこにごっこ世界をつくって遊ぶ活動が30分以上続くと、幼児たちの群が形成される。そのことはままごとコーナーやブロックコーナーの場を形成している敷物やじゅうたんのところに雑然と脱ぎ捨ててある上履きを筆者がきちんとそろえてあげると、それを見た多くの幼児はありがとうといい、そのあとたいてい幼児の遊びの雰囲気は盛り上がったり集中したりするのである。コーナー保育から浮遊した幼児は、手を使わないので、2人の幼児同士がじゃれたりくっついたり、追っかけ合ったりすることで動きまわるのである。彼らはみんなから「見る⇄見られる」関係から疎外されているとき、1人でいることはさびしいので、2人で親密さを演じようとして、そうした行動に出るのである。

　疎外されている幼児を他児との間で、あるいは保育者との間で「見る⇄見られる」関係へと導入することが重要なのである。そのためには、保育室のすべてのコーナーが「見る⇄見られる」という関係に発展すれば、保育室全体が賑いの空間になり、相互にごっこ世界を演じ分けているとも考えられる。そうなるように、保育者が自らの役割を果たすことが遊び保育をつくることになるのである。

（3）けんかの発生

　昨今、子どものけんかは姿を消してしまったのだろうか。けんかをする

ほど親しくないのだという意見もあるかもしれない。けんかをすると、昔と比べて、凶悪になり、いじめになってしまうので、人々の見えないところで、行われているという見方もあるかもしれない。

　いずれにせよ、大人たちの常識としてあったけんかに対するプラスのイメージ、けんかそのものはいいとはいえないけれど、けんかを通して、仲良くなったり、親友ができたりするものだというイメージは失われかけているように思われる。だから、多くの親たちがけんかを見るとすぐやめさせる。とくに幼稚園や保育所の先生の多くは、けんかが生ずると、すぐわって入ってやめさせ、お互いの訳を聞いて、仲直りさせようとするのである。子どもがけがでもしたら、訴えるという親が多いことを考えると、やむを得ない面もあるであろう。

　昨年、保育現場で私がかかわったけんかの事例を紹介しよう。

　この日、午前の保育の後半、自由遊びが1時間ほどで終わりに近づいたころ、遊戯室で5歳児を中心に、跳び箱や梯子、平均台、マットなどを円形に並べて、その遊具を循環する幼児の動きが展開していた。連結した遊具を1列になってぐるぐる循環する遊びに幼児たちの動きが集中し始めると、日常的に他人の遊びにちょっかいを出したり、他人の遊びに指導権を発揮したがるボスのいる2組のグループは、自分たちがいつも目立ちたいという心情がなかなか発揮されないので、遊具の配列の円環の終点付近に配置されていたリレーに使うポールを走りながら一つ一つ倒し始めた。そのため、遊具の円環の走路がこわされ、幼児たちの動きが妨げられるので、ポールを倒すたびに保育者がそれを立て直した。すると、このグループは、おもしろくなさそうに、遊戯室から外へ飛び出してテラスのほうに出ていってしまった。2つのグループとも、口にこそ出さなかったけれど、こんな遊びおもしろくないぜといった捨てぜりふを吐いているかのようなそぶりで、8人ほどが前後して、テラスの中ほどでたむろしていた。遊戯室の中から幼児たちの群を見ていたら、その2つのグループのボスらしき2人が急に取っ組み合いのけんかを始めたのである。それを見て保育者が慌てて止めに行こうとしたので、私が、「止めないで」と静止して、

彼らの群に近づいていった。殴り合いが少し過激になり、お互いにけがをする度合いが大きいと考え、無言で2人の間に私の身体を入れて、殴り合いを阻止した。すると2人は、猛烈な勢いで口汚く、罵り合いを始めた。ご多分に漏れず、この口げんかは、汚い忌避語の羅列であった。興味を引いたのは、5歳児のけんかにしては、この罵倒語がわれわれの子ども時代とは比べ物にはならないくらい、大人びたものであったことだ。「くそ野郎」とか「しょんべん野郎」といったいい方はけんかの常套語であるが、その表現がなかなか微に入り細をうがっていたことである。

　この口げんかを聞いて、クラスの女の子も、男の子も寄ってきてこれを見物し始めた。するとこの2人はギャラリーを前にしたスターのように、ますますけんかはエスカレートしていった。そして先方のボスの子分（取り巻き）が虎の威を借りて相手に口げんかをしかけたのである。そこで私が、その子分格の子どもに「君、けんかしたいの、ああそう、じゃあ君が出てきてやりな」といった。すると、彼はすぐ首を横に振って、引っ込む。でもまたしばらくすると口を出すのである。虎の威を借る狐という感じである。そこで、再度、「君、やりたいのなら出てきてやれば」というと、また、首を横に振って引き下がる。こうした繰り返しのあと、ギャラリーの女の子たちに、「けんかするってことは、いいことか」というと、異口同音に「だめ」という返事。そこで、私が「じゃあ、けんかなんか見物しないでみんな、引き上げよう」というと、見物はみんないなくなって、けんかの当人2人だけが残されてしまった。すると、お互いの口げんかもいつの間にか消滅し、2人だけがポツンと取り残されてしまった。後に残された2人は見物するギャラリーの面前では、まるでスターのようだったが、誰もいなくなった場では、何かさびしげだった。2人は一緒にいるのがばつが悪いといった様子だった。

　しかし、30分くらいたった後、遊戯室で片づけの時間になり、5歳児が三々五々集まって遊具の片づけをしているとき、この2人がそれとなく接近していく姿が繰り返し見られた。話しかけることはなかったものの、同じ仲間たちがいる場所にそれとなく、寄ってくる姿が見られた。いつも

の仲間の近くに寄り添ってくるという姿は、けんかがこうしてお互いが接近し合う形の中で起こる出来事であり、親しさの表現の一つのあらわれと見ることもできる。むしろ、そうした側面からけんかの効用をじっくり見つけることも必要ではないだろうか。

　この事例からもわかるように、子どもがけんかを始める要因は、当事者だけの問題にあるだけではない。そこには、クラス全体の遊びや人間関係、ときには、保育者のかかわり方もかかわっていることがあり、遠い要因をたどれば、入園当初からということもある。したがってけんかの発生時に即介入してけんかをやめさせようとするのには、クラスの秩序を乱されたくないという保育者の思惑が先行したり、けんかする当事者の性格に原因を求めてしまう傾向も大きく、臭いものに蓋をするといったかかわりになってしまうことも多い。したがって幼児の気持ちになって、不満やストレスの原因をしっかり追求し、楽しい人間関係にしたり、遊びを豊かにする働きかけをしていくことが必要である。

　この事例にあるように、けんかがお互いを傷つけ合わないように配慮しながらも、争いを引き起こす要因にたどりつけるように、ねばり強く見守っていくことが大切である。そしてこの事例から明らかなように、この２つのグループのボスは似たもの同士であり、本当は、２人は遊びたい仲間であることは最後のお片づけの場面に出てくるのである。けんかの処理で、保育者が注意すべきことは、けんかの要因を当事者だけの性格の問題点に帰着させることである。これは自分の保育がけんかをする子どもによって乱されるという被害者意識の結果である。幼児はけんかのあと、けろりとしておしゃべりしたりするケースも多いことを忘れるべきではないのである。

　そしてこの事例が語っていることは、この２つのグループのボス同士のけんかの遠い要因の中には、「見る⇄見られる」関係の中で、クラスから注目されたいと思っていることである。最初の逸脱行為も、目立ちたいと思っていることが一つの要因であり、けんかが盛り上がるのも、ギャラリーが集まってきたからである。そうした目立ちたい、かっこよく振る舞いたいという行為がすべて裏目に出てしまったのである。だから、みんな

から喝采を浴びる機会を保育者がどう用意するかが、今後の保育者の重要な役割になるのではないだろうか。

8. 室内遊びに対する保育者の役割

個々のコーナーに対する保育者のあり方については、すでに述べてきたけれども、室内遊びに対する保育者の構えについて、再確認しておこう。

(1) 遊びの再生者としての保育者

先の章（第1章）で、現代社会において子ども（集団）の遊びは、日常生活から姿を消しつつあることを述べた。だから遊びを再生しなければならない。しかし、遊びを教えること（情報提供すること）だけでは、遊びの再生は望めないことも繰り返し強調してきた。とすれば、遊びの再生を望むとき必要なことは、大人が変わることである。このことを保育者の立場でいうとすれば、保育者は遊びの再生者として自らを自覚しなければならないのである。ところが、保育者はこれまで、小学校教師と比べても専門性が低いとされてきた。そこでお手本とされてきたのが母親である。そして今でも、少子化の中で子育てにおける保育者と共に保育ママの役割を認めようとしている。このことの是非はともかく、それは保育者の専門性が確立していないことを意味している。しかし、3～5歳児の集団保育は、母親の経験知で遂行できるものではなく、まして遊び保育は、遊びを構成するという立場から考えなければならず、新たにその役割を自覚的に構築しなければならないのである。これまですでに述べてきたけれども、その点からここで、総括する必要があると考えるのである。なお、従来の保育者との相違については、別の章で述べることにしよう。

（2）遊びの演出家兼演じ手として

　改めて図1（p.110）を参照してほしい。この保育空間は、保育者と幼児たちによってつくられた秩序をもった総合された遊び活動の雰囲気が生まれること、つまりそこが舞台空間になることが望ましい。保育者は、そうした状況を創造するための舞台装置をつくることに努力しなければならない。この舞台装置の裏方としての役割で環境構成にあたるのである。コーナーを設置したり、遊具や素材を用意するとき、保育者は自分の動きや幼児たちがこのコーナーでどう振る舞うかを想像しながら場をつくったり、素材を用意したりするのである。もちろん、幼児一人一人の動きは、筋書きのないドラマであり、まったく即興的なものであり、具体的な動きがわかっているわけではない。しかし、すでに述べたように、幼児の遊びは、集団の成立が長期的であればあるほど、遊びの展開も長期的なものであり、遊びの変わり方も、時間から日へ、日から週へとゆっくりと変化するものである。また、そうであればあるほど、保育者の活動予測も的確なものになっていくので、そうであれば前もって、遊び環境の構想力も高まっていくはずである。

　また、保育者の役割は、幼児の集団遊びが展開されるように、遊びの全体状況を創出する演出家兼演じ手（player）でもある。演出家であるためには、舞台上の幼児たちの遊びの展開を見守り、その状態を診断しなければならない。同時にこの演出家としての保育者は演じ手でもあるので舞台で幼児と共に遊びに加わり、遊びを自分が自分のために遊んでいるように振る舞いながら幼児の活動を豊かにするのである。すなわちまずは製作コーナーでモノをつくる表現者になることで、幼児たちをつくる活動へと誘うのである。この作用を筆者は『保育援助論』では、つくる行為に「気を入れる」ことで、幼児たちの「気を引く」ことと称した。そして幼児たちの間につくる活動のノリが伝わっていくようになったら、保育者はこのノリにノッてこの動きを活性化することが必要である。これを保育者と

「幼児が気を合わす」と述べてきた。こうした幼児たちと同調したり応答したりする状況が保育室全体に伝播することに関心をもつ必要がある。これは、保育者が身体の構えとして心にとめておく必要がある[16]。

そしてこのつくる活動の表現者でありながら同時に、保育室の遊び全体を見渡す（俯瞰）という演出家の役割をしなければならない。それが保育者の第3の役割である保育者のまなざしへの配慮となる。保育者の身体的構えは、常に自らチェックしていないと、気がつくと弛緩してしまったり、ハビトゥス[17]としてマンネリ化することはまぬがれない。その結果、ノリの同調性や応答性が欠落しかねないのであり、その結果、製作コーナーにただ座っているだけの状態になることも少なくない。

自らの身体の構えをチェックする働きをするのが保育者自身のまなざしである。自ら製作コーナーでモノをつくっているときの「気を入れる」状態が単なるマンネリ行為になっているかどうかは、周囲の幼児が保育者の指先に真剣に注目しているかどうかでわかるし、保育者の製作への集中度が高いかどうかは製作コーナーの幼児たちの製作活動におけるまなざしと手の動きの一体感に見られるノリによっても了解される。言い換えれば保育者はつくる活動をしながら、周囲の幼児のつくる活動とのノリを常に保っていく感覚をもっている必要があるということである。気がついたら幼児がいつの間にか机を去っていたという状態であってはならないということである。

（3）状況に応じて自分を演じ分ける

とはいえ、保育者の役割は製作コーナーだけではない。他のコーナーに対してもまなざしを送ってその状況を診断しなければならない。しかし、この診断は、他のコーナーの遊びを冷静に診断するというのとは質が少し異なっている。先に第2章で、保育者と幼児との人間関係づくりについて述べたが、ここでの他のコーナーへの気くばりは、当初は、「見る⇄見られる」関係の確認といった意味があり、仮に幼児がコーナーで活動に集中

していたとしても、ここでは他のコーナーにも「気を送る」という役割を演ずることなのである。もし幼児のまなざしと出会ったら、そのときは「気が合う」ことになるのである。しかしこうした役割行使は決して容易ではない。なぜなら、製作コーナーでつくる活動を表現として示すときの自分に「気を入れる」という働きとは、異なっているからである。自分の表現に集中することと他者に関心を向けるという行為は、自然体でできることではない。つまり、日常の自分ではなく、自分を演じなければならない。なぜなら、つくるという行為を表現するというモデルの役割が自分の行為に「気を入れる」ことで、幼児の「気を引く」ことだとすれば、他のコーナーの幼児へとまなざしを送るという行為は、前者の「気を入れる」とは逆に「気を送る」ということで、この２つの事柄はまったく逆の事柄なので、この２つの行為を同時には行うことはできないし、交互に行うにしても、それは自然体ではできないことなのである。言い換えれば、保育者が状況に応じて演じ分けなければならないのである。

　ではどういう状況で演じ分けるのであろうか。

　遊び保育が各コーナーで同時に始まって、各々のコーナーがノリを共有して何十分か活動が持続しても、ノリがくずれて、遊びが崩壊し、幼児たちがコーナー離れを起こすことがある。しかも、この状況の変化は日によって同じではない。それゆえ、保育者は製作コーナーでモデルを演じつつも、適時にまなざしを各コーナーに投げることで、遊びのノリの回復をはかることによって、遊びの持続性を維持する努力をする必要がある。それはちょうど、野球チームの監督が、試合の流れをいつも監視し、サインを送ったり、バントを指示したりするときのまなざしと等しいのである。したがって保育者には、さしずめプレーイングマネージャーとして絶えず試合の流れ（ノリ）に注意を払い、たとえ勝っていても、試合の流れが自分のチームに来るように配慮するときのセンスが必要なのである。しかも、この場合は、監督兼プレイヤーであるから、参加しつつ、状況全体を把握しつつ、援助しなければならないのである。

（4）遊び空間を俯瞰するまなざしの確立

　保育者の第4の役割は、黒子になることである。幼児の遊びが豊かなノリを形成し、一見、保育者の気配りを必要としない状況に達するときがある。津守真は、あるとき幼児がよく遊んでいるので、援助者としての津守を必要としないときの感覚を「今日は、私は観察者になることができる」ということをいっているが、この観察者になることができるという発言は保育者の立場における観察することの位置を見事に語っている[18]。

　遊びは幼児の自主性であるといっても、幼児にかかわることが保育者の役割であるという固定観念の強いわが国では、保育者が座って何かをつくるという行為をすることもできず、いわれても座ることのできない保育者が多い。

　筆者のかつての教え子が教育実習で私の指導を受けて座って保育したら、主任から実習生のくせに座って保育するとはけしからんと叱られたという報告を受けている。それゆえ観察者の立場に立つことを躊躇する保育者も多い。しかし、さまざまな遊び集団が異なった遊びを各コーナーで展開しているとき、まずは、遊び空間（保育室全体）を俯瞰する（見渡す）まなざしの確立は、遊び状況の診断には欠かせない。参加者である保育者が観察する者になるということは、状況から一歩身を引くことであり、まなざしをロングショットに切り換えることであり、身体の構えとしては「気を抜く」ことであり、保育者自身が遊び場面から自分をフェイドアウトすることであり、言い方を換えれば、保育室に保育者はいるのに存在としてそこにいない状態、つまり黒子になるということである。

　その修業は製作コーナーで始まる。幼児たちのつくる活動が活性化し、各々の幼児が製作活動に集中し、コーナーの幼児たちがお互いに「見る⇌見られる」関係の中で、同調的、応答的ノリが明らかに見られるようになったとき、言い換えれば、保育者自身の動きに幼児が関心をもたないほど集中が見られるとき、保育者はつくる活動の表現者（モデル）であるこ

とを止め、ゆっくりと立つ。製作コーナーの幼児たちが自分の構えの変化に関心を払わなくなったことを確認し、椅子を引いて、製作コーナーへの視線を維持しつつ、コーナーから2、3歩後退する。そしてその位置でしばらく、状況を見守り、そこから他のコーナーの状況把握に移り、他のコーナーへの参加を準備する。

（5）遊びへの参加による援助

　保育者の役割の第5は、幼児の遊びへの参加による援助である。遊びへの援助において考慮すべきことは、遊びの状況判断と援助のレベルとを常に対応させなければならないということである。そして遊びは本来、幼児自身の主体的活動であるがゆえに、幼児の活動への参与は、最終的には、援助を必要としない状態がもっとも望ましい状態であるということを認識することである。したがって援助の方向もより間接的でなければならない。言い換えれば、幼児が発見する形での援助であり、環境として提示し、幼児が試行錯誤の末に発見するという形が望ましい。直接教授するという機会を否定するものではないが、それは幼児が教授を乞うという意味で、これを筆者は機会教授とよんだことがある[19]。

　保育実践の過程でこの援助の方針を確立するには、援助には適切さだけではなく、適時性（タイミング）が大切であり、タイミングをつかむためには、遊びの診断が欠かせない。とはいえ、観察することができるチャンスはそんなに多くはない。何がしかの形で保育者は保育にかかわっているかぎり、観察者に徹することは困難である。保育者は保育しつつ、援助のタイミングをつかむことを求められるのであり、そのためには、ノリを感知することが大切である。

　先に、保育者が観察者になるためには製作コーナーが修業の場であると述べた。この意味は幼児たちのつくる活動が活性化して、保育者がモデルを演ずることを止めるタイミングを見つけること、つまり幼児たちのノリが盛り上がっている状態であれば、保育者がつくることを止めて、席を

立っても幼児にそのことに気づかれないタイミングを見つけることがその第一歩であるといえる。

　そしてこのタイミングの修得と他のコーナーに参加するタイミングの修得には共通するものがあるのである。それは、幼児の遊びの状態を診断する能力と結びついている。保育者が幼児の遊びに参加するのは、幼児の遊びの展開が思わしくなく、このままでは遊びが壊れてしまいそうな状況である。この状況の診断は大きく2つの観点で行われる。1つは、遊び集団の遊びがスムースに展開しているか、停滞しているかどうかの診断である。まず、そのための1つのめやすは、コーナーの幼児集団の形が求心性をもっているかどうかである。すでに述べたように、目と手の協応する形が見られるのは、素材や道具を使ってつくる活動に集中している証である。とすれば、集団としては頭部が前傾し、集団の形がゆるい三角形をなす円錐形であり、もう1つの作業のノリの共応がある場合は、各人の手が比較的規則的に動くはずであり、このノリは、井戸端会議に見られるように会話における応答や同調と共鳴するのでノリの高まりがうかがわれる。こうしたノリが見られないときは、遊びは停滞するのである。言い換えれば、賑わいの欠如である。

　ごっこ遊びへの介入は、ごっこのイメージ世界を詳細に読み取る余裕のない保育者にとって、長期的な見取りでどんなごっこをやっているかを了解したとしても、刻々変化するごっこの状況に対応するのはきわめて困難である。それゆえ、介入はアバウトになりがちである。しかし、停滞感が伝わってきたときは介入せざるを得ない。

　ではどう入るか、原則は常に間接的介入である。遊びが停滞しているという状況の中では、入り方によっては、保育者の存在自体お助けマン的要素は大きい。場面を活性化する映画音楽のように状況そのものの支えとして介入するのである。「仲間に入れて」をいい、状況に参加すること自体がとてもうれしいという介入の仕方である。それは新参者が仲間になれてうれしいという以外、直接的な発言も指示もしないのである。幼児の群に身をおくこと以外に一切、働きかけはしない。そこにあるのは笑顔だけで

ある。その状況で、次に期待できるのは、何をしているか、何がテーマかを最寄りの幼児に自発的に語らせる。これは、幼児にとってこのごっこ遊びの意識化（自分たちが今、何をしているか）につながる。保育者は一つ一つうなずくだけである。そのこと自体がごっこ再生のきっかけになることがあるのである。

もう1つは、ごっこ遊びの透明な部分、ままごとであれば、使われている道具、素材を保育者ももって入ること、あるいは、コーナーを形成している敷物のところに、散乱している上履きをきれいにそろえ直すことによって、ごっこの中の世界の人間関係やイメージを再活性化させるといった手だてを用いるのである。透明性を通して保育者には不透明なイメージをより可視的にすることなどが考えられる。

一般論として保育者の遊びへの援助は、幼児の遊びの実態との関係の中で決定される。そしてその援助は、一般に「言葉かけ」といったスローガンで語られるものではなく、保育者の身体の構えから援助のあり方が規定される。大まかに一般化すれば、幼児の遊びが活性化していないときは、保育者はモデル性を発揮し、幼児の「気を引く」のであり、幼児の活動のノリがあるときは、保育者はそのノリに「気を合わす」のであり、幼児のノリが盛り上がっているときは、保育者はその状況から「気を抜いて」、観察者の立場に立って、遊びを見取るのである。この関係性は、お片づけにおける保育者の役割と通底しており、モデルとして片づけを活性化させ、活性化が部分的に成立したら、その動きに同調し、援助しなくても動くようになったら、「気を抜いて」見る側にまわるということになる。

9．室内遊びから外遊びへの媒介としてのお片づけ

　お片づけは、保育では重要な幼児の一斉活動である。そしてそれは、保育者にとっても、幼児の遊びの診断と、次の活動への新たな動機づけとして重要な意義がある。筆者はお片づけについて、他の紙面で次のように述べた。以降、それを引用しよう（～ p. 147、2行目まで）。

　幼稚園の教育活動の1日の展開は園によってさまざまである。ただ小学校の時間のように活動時間が設定されていない。筆者は、このことはとても大切なことであると思っている。どんなに、活動時間が決まっていても、その活動に集中したり、おもしろがったりしなければ、決められた時間でも途中であきてしまうことも多い。そのため外側からの強制力で集中させるというやり方もあるのだろう。しかし、幼児というものは一度、興味が見つかり集中すると、あっという間に時間が過ぎてしまう。だから遊びを大切にする園では厳格に始まり、終わりの時間を決めない。そのかわり、幼児たちが集中する活動を見つけられるように環境構成と援助を保育者の責任において配慮しなければならない。言い換えれば、幼児の内的時間を保育者は豊かにする力量が問われているのである。

　お片づけは、保育者がしかける働きかけであったとしても、それによって幼児の遊びの活動の自然な区切りを示す活動になる可能性が大きい。幼児たちの遊びの姿から幼児たちの遊び活動の区切りを保育者が読み取って（診断して）、「みなさん、お片づけにしましょう」とお片づけを指示し、次の活動へと促すのである。その場合、筆者は、原則的に、生活の流れは、室内遊びから外遊びへという流れを想定することが望ましいと思っている。この理由は、幼児の立場からいえば、後述するように、1つに幼小関連からいって、午前は教室で午後校庭でという小学校の教育活動の流れに

沿っていること。もう1つは、室内遊びのほうが個々人中心の活動（つくる活動）中心に展開され、そこから集団の遊びへと展開していること、外遊びは集団による運動中心になりがちであるのに対し、室内の場合、落ち着いた形でモノと人と空間の結びつきの中で、考えたり、役割を演じたりして活動が展開される可能性が高いことなどの理由から、保育者が活動の持続性やその盛り上がりや停滞などの姿を俯瞰し、診断しやすいことがあげられる。それゆえ、保育者にとっては、保育室内での遊びのほうが、子ども全員の活動へのパースペクティブ（俯瞰すること）が取りやすいこと、活動の場が限定されているので個々の動きが把握しやすいことなどがあげられる。

　そこで、幼児たちが室内で遊ぶという形をとっている園での実践を念頭におきながらお片づけの意義を考えてみよう。筆者がよく指導している園では、幼児たちは、コーナーをつくって遊んでいる。製作コーナーは、保育者が座って製作している周囲に幼児たちが教具や素材棚から材料や道具を取り出し、さまざまなものをつくっている。ままごとコーナーでも、比較的人間関係の深い子どもたちが集まり、ままごと道具を出して、料理づくりをしたり、ままごとに必要な材料を求めて、製作コーナーに行ってから自分のコーナーに戻る姿もある。積み木コーナーは壁の積み木をくずし、自分たちの基地づくりを始め、製作コーナーで剣をつくったり、小道具を整えたりして戦いごっこを始めている。その他、じゅうたんの上でブロックづくりを始めている子どもたちもいる。こうしたさまざまな遊びの群がコーナーを中心に遊びを展開し始め、よく遊ぶ場合は、1時間くらいは続く、幼児がノッている場合は、1時間半まで持続する。この間幼児たちは、姿勢を内向きで、座って活動する幼児が多い。しかし、1時間くらい遊ぶ幼児の場合、1時間前後からコーナー内の幼児たちを包んでいた共通の世界を感じさせる雰囲気が少し変化してくるのが感じられる。このときこそお片づけのタイミングである[20]。

　幼児の室内遊びが1時間〜1時間半ごろ（ただし、園によってはそれ以内で遊びが終わるところもあれば、もっと続くところもある）、遊びが下降気味に

なってきたとき、言い換えれば、幼児の室内遊びが保育者の言葉で「盛り下がって」きたとき、それはお片づけの好機である。具体的には製作コーナーであれば、同じリズムで何かをつくる手の動きが感じられなくなったり、コーナーの幼児たちの目線がコーナーの外に向けられるようになったり、遊びから抜ける子どもが出てきたり、遊びの盛り上がりが下降線を辿るように見える。部屋全体の遊びのノリがトーンダウンする感じが見えてくるものである。この感じは、幼児たちにもあるらしいのである。この流れは、いったん始まるとマイナスのイメージを付加させて加速的にカオスに向かうのである。

　この瞬間を保育者は見逃してはならないのである。この保育室全体の空気をプラスに転換させるのがお片づけなのである。ここでの転換のイニシアチブを握るのは保育者である。保育者は、お片づけの動きが目立ち、その動きが象徴的に全員に伝わるために、大きい道具（例、積み木等）を片づけるのである。しかも、元気のよいリズムで、かけ声などは望ましい刺激となる。保育者の動きはモデルである。保育者の後ろ姿に触発され、何人かの幼児が動き出す。次に保育者は保育者と同じ動きをする幼児たちとリズムを合わせ、同調行動を重ねる。保育者を含むこの幼児集団は、片づけない幼児に対してより強力な集団的モデルの役割を形成する。次の段階では、保育者はこの集団を離れ、片づけに未だ参加していない幼児に寄り添い、片づけの協力を求めながら個別に依頼する形で幼児の片づけを援助する。幼児の大多数が片づけに参加したら、保育者はこの片づけから後退し、観察者に徹する。そして最終的には、幼児たち全員で片づけたことを幼児たちに認知させ、「ほら、みんな見てごらん。こんなにきれいになったよ。みんなすごいね」といった言葉をかけることを保育者に勧めている。

　こうした指導の手順は、図式的にいえば、保育者がモデルとして、幼児の先頭に立ち、望ましい片づけ行動をリズムをもってやることで、幼児たちの「気を引き」、その動きにひかれて保育者のノリに乗ってきた幼児たちが保育者と同様のお片づけのモデル集団になることであり、この動きが

まだ片づけに入らない幼児にとって目立つ動きであるためには積み木などの大きいモノを片づけることがよいのである。しかも、保育者のモデル的動きとそれについていく幼児たちの動きのノリが合ったほうが、片づけない幼児にとっては、インパクトが強い。だから保育者は、次の動きとして保育者についてきた幼児の片づけとできるだけ早く同調したほうがよいのである。だから第2段として、保育者の動きに従った幼児とはできるだけ早く気を合わして「ノル」ことがお片づけの動きを集団へと拡大できるのである。このとき筆者の経験では、自分のもった積み木を最寄りの幼児に渡すといったことも、同調性と応答性のリズムを拡大するのである。積み木を渡す際の「ハイどうぞ」といったかけ声も大変有効である。そしてここには、片づける幼児と片づけない幼児との間の「見る⇄見られる」関係が成立するのである。この先端的動きが積み木から製作コーナーへ、そしてままごとへという形で展開することが片づけ運動を楽しくダイナミックにしていくのである。幼児たちは自分の遊んだ場を片づけるという動きが生まれても、保育者の援助の方向は全員が保育者の先導で大きいモノから小さいモノへという方向に誘導すべきである。それはすべての幼児がすべてのコーナーの遊具や場にふれることで、どのコーナーにも参加し、どの遊具にもさわったり、使ったりする経験が重要なのである。なぜなら、それが次の機会にどの遊びのコーナーでも遊びに参加する可能性を拡大させるからである。

　しかし、片づけで保育者がいつまでも、先端を切ったり、先導グループに同調すべきではない。先端的なグループ（いつも保育者の動きに応じてくる）の片づけ行動の集団的動きが見られるようになったら、保育者はそこから身を引いて（気を抜いて）、保育室を俯瞰し、片づけに参加の遅い幼児に寄り添い、一緒に片づけを行うべきである。ここでの援助行動は1つの遊具を幼児と一緒にもって片づける営みを共有することである。これを「気を合わす」という。そして最後の数分間は、外側から幼児全体を見守り、幼児たちの片づけ行動の後の保育室の整理された空間に着目させ、前出のような言葉かけで幼児たちに自分たちが自力でこの片づけを達成した

ことを目で確認させるのである。この援助の一連の手順は、基本的に遊びの援助の時系列に類似している[21]。

　この指導の目指すところは何か。登園時、幼児たちは材料や道具を出し、場づくりをし、自分たちで遊び世界をつくる。そして遊び込む。しかし、遊びがくずれ始めたころ、お片づけに切り換える。遊びの中で、最初秩序をもっていた遊び世界も、くずれかけるとそこに、無秩序のカオスの雰囲気が忍び寄ってくる。それをお片づけによってプラスの世界に変換する。無秩序感の漂い始めた世界はお片づけによって秩序をもった日常世界に立ち戻る。しかもそれをやってのけたのは、幼児たちなのである。この実態は子どもたちの達成感を刺激するにちがいない。加えて、このお片づけは日本人的な生活秩序感や生活倫理感に一役買っていることに気づかされたのである。多木浩二はこう述べる[22]。

　部屋の機能変化は、（日本の場合＝引用者注）そこに出現する机とか布団とかという物＝象徴によって生じる。あらわれる道具がちがえば、そこに生じる出来事はちがってくる。（中略）こうして私たちは物の象徴性と機能性のあいだに厳密な区別をたてにくいのを感じないわけにはいかない。日本の家は出来事（使用）の空間であるが、それはまた使用される物の側からも同様に規定できる。日本の家は、物も一時的に現れ、必要なあいだ滞留し、やがて姿を消す。上田篤氏が日本と西洋の家の中での物の現れ方を区別して、前者を劇場型、後者を博物館型と名づけたのもいま述べてきたことに符合する分類である。しかし、劇場型といっても、物があらかじめ用意された舞台に役者として登場するのではなく、物の登場が空間の始まりであることを忘れてはならない。物にこころがある、という日本伝来の考え方はアニミズムというよりは、こうした物のふるまい、物とのつきあいから生じてくるのではなかろうか。それは物がノエマ的でなくノエシス的（意識に働きかけてくる働き＝引用者注）にとらえられているからである。日常の道具は調度とよばれるが、それは部屋をしつらうものである。部

屋にしつらわれる物は部屋を構えるものである。

　この多木の言説に従うなら、お片づけは物を部屋にしつらえるとか、部屋の働き、物の働きを意識化する行為であり、このお片づけを通して、幼児たちは日本人としての物や家の働きについての考え方を繰り返し、体験を通して学んでいることになるのである。それは日本人としての生活意識を形成する体験だったのである。もし、多木の日本人の家屋についての観念とお片づけの考え方とが深くかかわっているならば、幼児教育のお片づけ実践は日本人らしさを育てていることとなるのではないだろうか。

［注］
1）小川博久『保育援助論』生活ジャーナル、2000年
　　小学校教師の場合、原則的に立って授業を行うので、多くの現場で立つ保育者は多い。しかし、保育は保育者の身体の構えや行動の仕方がメッセージ性をもつ。その点からいえば立つという姿勢は、動き出すことへの予兆であるため、幼児に落ち着いてつくる作業をするためにはマイナスであり、つくる活動において保育者がモデル性を発揮するためには座って作業することが望ましいのである。
2）ここでコーナーとは何かを定義しておこう。コーナーとは、幼児たちがモノ（道具）や素材とかかわりながら、人間関係を成立させ、人とモノと場所の関係性がハビトゥス（→注17））という形で成立している幼児たちの活動の拠点をいう。
3）川添登「幼稚園」川添登他編『学校・体育施設』（建築学体系32）彰国社、1957年、p. 42
4）小川博久「ニュージーランドの文化と社会」TO OMEP日本委員会ニュージーランド研修旅行報告書、2001年、p. 54～55
5）小川博久・岩田遵子『子どもの「居場所」を求めて―子ども集団の連帯性と規範形成』ななみ書房、2009年、p. 120～135
6）小川、前掲書、注1）、p. 174
7）皐月一（小川博久のペンネーム）「亜米利加旅行記」私家版、1997年、p. 53
8）小川博久「モンテッソーリにおける教具の理論とその批判的考察」自由研究

発表、日本教育学会第34回大会、中央大学、1975年
9）このことは、幼児に廃材の形状や、箱に描かれた広告の絵や色彩に関心をもたせ、そこから素材を選択する感覚も育つのである。
10）こうしたスペースや施設の与える心理的意味については、マーサ.C.永田良昭訳『環境心理学序説』新曜社、1979年参照（小川博久「施設環境」平井信義・岡田正章（編集代表）『保育大事典Ⅰ』第一法規出版、1983年、p.129～130）
11）石渡登志江「5歳児のごっこ遊びにおける「ふり見立て」の役割」小川博久編著『遊びの探究』生活ジャーナル、2001年、p.269～272
12）モンテッソーリメソッドでは、使った教具をかならずもとの位置に片づけることを義務づけている。そしてこの教具配例が認知内容の配例となりカリキュラムとなるのである。注8）参照。この原則はモンテッソーリからヒントを得ている。
13）小川博久「＜表出―表現＞系の活動を保障する教師の役割は何か」浜野政雄監修、東京学芸大学音楽教育研究室創設30周年記念論文集編集委員会編『音楽教育の研究―理論と実践の統一をめざして』音楽之友社、1999年、p.34～41
14）内田伸子『ごっこからファンタジーへ』新曜社、1986年、p.242
15）小川・岩田、前掲書、注5）
16）小川、前掲書、注1）
17）ハビトゥスとは「実践感覚として制度の中に客観化されている実践感覚の活性化を行う」とブルデューが定義した用語で、慣習化された実践はその同じ実践を行おうとする傾向のことをいう（ブルデュー、今村仁司・港道隆訳『実践感覚Ⅰ』みすず書房、1988年、p.91）。
18）津守真『保育の体験と思索』大日本図書、1980年
19）小川博久「遊びの伝承と実態」『子どもの遊びと生活』金子書房、1991年、p.187
20）小川博久「「おかたづけ」考（Ⅰ）」聖徳大学児童学研究所『児童館だより』32号、2008年、p.2
21）小川博久「「おかたづけ」考（Ⅱ）」聖徳大学児童学研究所『児童館だより』33号、2008年12月、p.1～2
22）多木浩二『生きられた家―経験と象徴』岩波現代文庫、2001年、p.43

第5章 遊び保育論の具体的展開（Ⅱ）

外遊びを中心に

1. 室内遊びから外遊びへ

　保育の中で遊びを考えるとき、外遊びを中心に考える傾向は強い。それは、遊びというときに、外遊びがまず念頭にあるからである。とくに、冬期、戸外で活動ができない地域では春から秋までは、外遊び中心に考えている園も多い。しかし、ほとんど家の中で親と向き合っていて、外遊びや集団で遊ぶ経験の少ない現代の子どもたちを相手に保育する場合[1]、外遊びから保育を始めるのは、得策とはいえない。幼児たちは分散して、一緒になって何かをしようという発言や行動ができないのである。また、保育者たちも、幼児期に仲間たちと一緒に遊んで楽しいときを過ごしたといった経験のない人が多いのである。

　そして、何よりも考えるべきことは、これまで繰り返し述べてきたように、保育の中で遊びを考えることである。最新の幼稚園教育要領で、幼小の一貫教育という点がより強調されている。もちろん保育が小学校教育の教育方法に合わせるべきだと主張しているのではない。しかし、幼児の発達は小学校の生活へと連続したものであり、幼稚園や保育所の生活の仕方が小学校の生活へと連続することは望ましいことであり、小学校におけるカリキュラムを見ると一般的に理数国社などの教科の学習は室内学習中心で、午後に、体育や音楽などの活動的な教科の学習になっている。そのため幼稚園や保育所の幼児も、午前中は落ち着いた室内活動を行い、午後、戸外活動へと参加するという形のほうが生活の連続性という点からいえば、幼児が卒園して小学校に入学しても適応しやすいという理由がまず考えられるのである。

　しかし、それだけではなく、午前中、室内遊びをするという積極的理由は加えて次の点にある。

　まず第1に、もし室内のコーナー保育において遊びが充実しているとす

れば、前章で述べたように幼児は室内遊びにおいて、つくって遊ぶという活動を展開する。各コーナーが盛り上がるためには、つくるという行為に伴うノリの同調が存在することが必要であるが[2]、またつくって見立てるというごっこにおいては、つくるという行為のノリだけではなく「見立て」るという想像力が必要で、それによって幼児たちのイメージが共有される。しかも、こうした行為が類似した道具や素材を使い、共通の場所で展開されることで、人とモノと場のつながりが生まれ、幼児たちの群の拠点としてコーナーが働くようになると、コーナーが幼児たちの居場所となる可能性が生まれる[3]。そしてもし保育者がつくるという行為によって「モデル」としての役割を果たすことができ、幼児たちの心を保育者に引きつけることができれば、製作コーナーからの各々のコーナーへの目配りによって、各コーナーの幼児たちと保育者とのかかわりには「見る⇌見られる」という関係が成立する。さらにこの関係は、各コーナー相互も、「見る⇌見られる」関係へと発展する可能性もある。こうした関係が各コーナーに成立し、30分〜1時間、こうしたコーナーの遊びが持続すれば、保育室全体が幼児たちの遊びの場として盛り上がるはずである。もしこうした室内遊びが持続すれば、室内遊びを午前保育の時点に設定することが、午後の外遊びにとって有利な条件となる、なぜか。その理由を述べよう。

2．現代の幼児と園庭との出会い

　まず、登園後、幼児たちを外遊びとして解放したとしよう。一般に次のような姿になる。
　まず、幼児たちは好きな場所へとすっとんでいく。ある者は砂場へ、ある者は鉄棒へ、ある者は登り棒へ、幼児たちは各々嬉々として走り出して

いくのであるが、幼児たちの間に人間関係が確立していない場合、10分もたたないうちに、幼児たちは、園庭を手持ちぶさたの様子でウロウロしだすのである。一方、保育者も幼児たちが分散してしまうので、一人一人に対応しようとするが、保育者も、幼児とどう遊んでいいかわからないということと、保育者自身も戸外にいるという気持ちと定型的役割行動の自覚の欠如から、保育者としての役割や責任感を保育室の中にいるよりも感じなくていいという解放感によって、特定の幼児とかかわって一見ぶらぶらしているような印象を与えがちになる。園庭全体に幼児が分散していると、どの幼児を観察すればよいか定まらず、幼児理解もままならない。したがって、幼児にどうかかわっていいかわからないという状態になる可能性も大きい。だから固定遊具の鉄棒のあたりにいる保育者であれば、援助のポーズとして逆上がりを支えてあげたりする姿が見られることが多いのである。

　このように園庭に分散している幼児に何かをさせようとすると、いきおい、強制力を発揮して、幼児に声をかけて一斉活動をしかけることになる。こうした一斉指導に対しては遊びを尊重する保育者には抵抗が強いのでやりきれない気持ちもある。それゆえ園庭の保育は、遊び保育を真剣に考える保育者にとってはどうすべきかが遊びの援助として悩みの種である。外遊びを尊重している園での外遊びの実態をいろいろ見てきた筆者としては、幼児たち自身が群をつくって鬼遊びやドッジボールを展開してほしいし、できるだけ自主的にやってほしいと思っているのである。しかし、保育者がしかけて始まっても多くの場合、15〜20分くらいで遊びが終わってしまうケースが多い。楽しそうに始めても、何かトラブルが発生するとすぐ中断してしまい、保育者によるトラブルの原因探しと、トラブルをなくすための保育者のお説教でおもしろさが半減していくという例を見ることも少なくない。

　そこで改めて外遊びが展開する園庭と遊びとの関係を見直してみよう。園庭は大きく分けて、砂場と、固定遊具が展開する周辺部と、ドッジボール、サッカー、リレー、鬼遊びが展開する中央部に分けられる。そして、

周辺部の固定遊具は、個人個人が取り組む遊びであり、1つの活動が持続する時間帯は、長くて15分程度である。これに対し、中央部で展開される集団遊びは援助によっては30分〜1時間、続くときは、2時間に及ぶときもある。どうすれば、豊かな展開が可能であろうか。

3．幼児の外遊びと取り組むために

　そのために考えることは、まず第1に、先に述べた室内遊びから外遊びへという原則を考えることである。筆者の幼少期の記憶からいっても、日本を含め人口密度が高く、水田耕作などの集約的農業の伝統をもつ、東南アジアや東アジアの子どもたちにとって、遊びが盛り上がる要因の第1は賑わいの原則である。園庭全体が小学校の放課後の校庭のように賑わうことが重要である。したがって、クラスごと庭で遊ぶとか、室内と室外で分かれて遊ぶという形では、豊かな遊びにはならない[4]。遊ぶ幼児たちの数が多いことによってノリの同調性や応答性が見られること、自由な行動の中で「見てまねる」ことが行われること、大人の祭りにも似た祝祭性が成立することである。葬儀に参加する幼児は神妙にしていられるが結婚式に参加する幼児ははしゃぐというのは通例であるが、園庭に賑わいが生まれることがとても大切な条件である。

　次に大切な条件は、この賑わいの中で園庭全体の雰囲気の中に2つの条件がつけ加わるべきであるということである。1つは、園庭空間に展開する幼児たちの間に全体的盛り上がりがあるためには、そこに自由な雰囲気を保障するために、第三者の目で客観的に見れば無秩序で雑然として混乱したカオスの雰囲気が必要である。逆にそれは軍隊の儀式のように整然としすぎていることは、賑わいを生み出さない。

　しかしそのことと一見矛盾するように見えるが、そこに通いなれている

幼児にしてみれば、そこに一定の秩序を感じ取られることが重要なのである。言い換えれば、その空間の中で生活し、その中で行動する者にとってみれば身体感覚でそこを生きているので、そこには、れっきとした秩序があるのである。たとえば、モロッコの古代からあるフェズという町などは外からは迷路でも、内に住む人間には秩序がある。それが賑わいである。固定遊具の配置、砂場の位置、集団的遊びが展開する中央の部分など、この点で仙田満がいうように固定遊具間の関係が遊環構造をなしているべきだという主張は妥当なものである[5]。しかしこの遊環構造を生み出すのは、不特定の幼児ではない。たとえ、遊び出す前は不特定の幼児だったとしても、いざ遊んでいるうちに、遊具で遊んでいる子どもたちが遊具と遊具の関係を発見して遊ぶことで幼児たちの遊びを通しての人間関係ができるから遊環構造が認知されるのである。したがって、園庭における遊具の位置関係がわかっただけでは、秩序は成立しない。先に室内遊びのあと、外遊びに移行するのが望ましいと述べたが、コーナー保育の室内遊びを経験した幼児たちは、多かれ少なかれ室内から外へと出ていくときに、室内遊びにおける人間関係を引きずっていると考えられるのである。比喩的にいえば、大豆まめが園庭に散らばるように拡散するのではなく、幼児たちは、納豆まめのように糸をひいて外に出ていくのである。この幼児たちの群と固定遊具の位置によって、幼児たちの園庭での活動の場が成立する。

　このことは、室内から外遊びに出ていくという流れが幼児にとっても、担任にとってもとても有利な条件なのである。つまり幼児たちがどこで何をしているかがわかるからである。さて外遊びの中心はやはり、園庭の中央で展開する集団遊びである。この遊びが幼児によって主体的に展開されるにはどうすればよいか。

4．集団遊びとは何か
―伝承遊びの構造に基づいて―

　集団遊びは鬼遊びやリレー、ドッジボール、縄とびなどのことである。幼児たちはどうして群れるのか、どうしたら遊び出すようになるのか、すでに第1章で述べたように、見てまねるということが学習の土台であることを指摘した。そしてその祖型としてかつての異年齢集団による伝承遊びがあることを述べた。

　園庭における集団遊びの再興を願うためには再びこの異年齢集団における伝承遊びに立ち戻って考える必要がある。ただし、現在は、この異年齢集団は再生することができないので、学びのあり方を参考にする以外にはないのである。鬼遊びなどの遊びがこの異年齢集団によって継承されてきたとするならば、今の幼稚園や保育所の園庭でこの種の遊びが盛んになるのは無理である。園庭で幼児に集団遊びのやり方を教えるというやり方では、園庭でそうした鬼遊びが盛んに展開することはできないと断言できる。

　なぜか。この問いを解くために、筆者の少年期（昭和30年代）まで残っていた伝承遊びとしての鬼遊びについて述べてみよう。このころ、多くの家庭は子だくさんであった。その中で専業主婦の仕事は大変であった。炊事、洗濯、掃除、衣服のつくろい、子育てなど大変であった。筆者の母の例をあげると、父は小学校の校長であったが、家事を一切、手伝うことはなかった。家庭菜園やにわとりの世話は少し父がやっていた。日常のにわとりの世話は子どもの仕事であった。菜園の世話も母の仕事であった。きょうだい4人の筆者は、1番下の妹とは7歳の差があった。幼少期を過ごした大島には幼稚園はなかったので、妹が3歳くらいからは、母にとっては家事をするときは足手まといになるので、私はよく妹の子守をさせられた。

家にいてもつまらないので妹の手を引いて外に遊びにいくのである[6]。小学校の中高学年になると、そういう友達が数人いて集まるところは、神社や寺の境内であった。おしっこをさせたり、疲れたときは背負うなどの面倒をみるのが子守なのであるが、面倒をみるだけではつまらないので、友達をさそって、集まろうとするのである。そのとき、たとえば「あきおくん、遊ぼうよ」と他人の家の前で声をかけるのである。

　このときのかけ声は、日常にあったときにするあいさつのように、「あきお、オス」といった短いものではなく、抑揚をつけて、ゆったりと「アキオくん、遊ぼうよ〜」といった発話なのである[7]。この抑揚のつけ方には、うたうことに近く日常会話の抑揚と異なるので、友達との間だけに通用する符号に近く、仲間同士の不思議な連帯感が込められているのである。しかもそこには、日常生活とは異なる楽しいことをしようという願いを込めているのである。この時代、大人は生きていくために一生懸命働いていたのだ。子どもも大人のお手伝いをする子はよい子であった。だから小さい子の子守を上の子がするのは当たり前であった。それに対し、遊ぶということはとても楽しいことなんだけれども、勉強したりお手伝いをするという良い行為に対し、遊ぶというのは親の命令に対し、親の目を盗んで悪さをするといういささか罪の意識に属するイメージが含まれていたのである。だから子守をしながら、友達に対し遊びを誘いかけるというのは、日常の出来事に対し、ちょうど悪さを楽しむことに誘うという隠しごと的なニュアンスがあったのである。現代でいえば、学校の授業をさぼるためのお誘いというニュアンスかもしれない。だから子どもたちにしてみれば、大人の仕事を真面目にやらなければならないという抑圧からの解放感を伴い、遊ぶことをより魅力的にしていたのである。

　しかし、子どもたちが境内に三々五々集まってもすぐ遊びが始まるわけではない。小学校高学年の年長者と3、4歳の幼児では、一緒に遊ぶということは、およそ不可能であった。幼児の面倒はみても足手まといの年少児を排除して遊びが楽しくなるメンバーだけで遊びたいのである。そこで、遊び仲間を決める儀式が生まれるのである。年長の児童が人差し指を

高く掲げて、こういうのである。「鬼ごっこするものこの指とまれ」[8]。こうして選ばれるのは、背丈が指に届く年長の児童が中心である。こうして年長の児童を中心に遊び仲間が組織され、参加できない幼児は「みそっかす」といわれ、年長児が楽しく遊ぶ間中、この遊びを見ているしかないのである。しかしこの差別化は、集団によって儀式的に行われるので、当然視されるのである。こうして巧みに遊び仲間が形成されても、遊びがすぐ始まるわけではない。鬼遊びだから、鬼を決めなければならない。鬼は実在しないとしても、年中行事などでは、実際に鬼の仮面をして現れるし、神話や伝説が豊かに残っていたこの時代では、夜の闇が色濃く残っていたこともあり、鬼が夜の闇と共に出現することを信ずる子どもも多かったのである[9]。だから、鬼遊びは夕暮れと共に闇が迫ると、たちまちこわいので止めてしまい家に帰ったのである。昼間、明るい陽の光の中であっても鬼の役になることは、たとえ遊びであれ、少し勇気のいる子どもたちも多かったのである。それゆえ、鬼を決めることも、人が決めるのではなく天の配剤（おてんとうさまが決めること＝運命）であったのだ。だから鬼決めは大切な儀式であった。これも、唱えうたによって展開される。有名なのが、「ずいずいずっころばし」である。握りこぶしをつくり、人差し指と親指の間にできた穴を上に向け、その穴に人差し指をつっ込みながら次々と指をさしていって、この歌の最後のフレーズの「いいっこなしよ」のときに、突っ込んだ指の中の人が鬼になるというようにして決まるのである。

　鬼遊びの一種に「エンガチョ」という遊びがある[10]。けがらわしいものに触れられた者が鬼役で、この鬼役はだれかにタッチしてこのけがらわしいものを移せば、このけがれから解放される。鬼役が相手を追いかけて、自分のけがれを他者に移そうとする。鬼役に追われてけがれをつけられそうになったとき、子の役はエンガチョといって、人差し指と中指を交替させて印を結ぶと防御することができる。このけがれをつけられると鬼役になるという遊び方は、いまわしいものをくっつけられて、わあ気持ち悪いと身体が身ぶるいする感じであり、鬼になるということはそのいまわ

しいものをつけられることを意味している。言い換えれば、鬼の役を引き受けることは、子どもにとって、ハラハラドキドキの事柄だったと想像できる。相手を捕まえるという点では、積極的役割なのであるが、反面、それを引き受けることのいまわしさも伴っていたのである。子どもは、実際の生活の中で、夜の闇にいるかもしれない鬼の存在にいまわしさを感じながら、昼間に遊びの中に鬼になることができるというアンビバレンツ（相殺感情）で遊びの中で鬼を演ずるのである。

そうした鬼の二重性をもっともよく表している鬼遊びが「今年のぼたんはよいぼたん」である。鬼と子の会話のパターンとの終わりの箇所に「お昼のごはんなに」と子が問うと、鬼が「ヘビとカエル」と答える。すると子が「生きてるの、死んでるの」と聞くと、鬼が「生きてるの」と答える。この答えの気持ち悪さが、子が鬼から逃げる引き金になるのである。遊びとはいえ、こうした鬼の役を引き受けるには前述のような鬼決めの唱えうたが必要なのである。

こうしたプロセスを経て鬼遊びへと気持ちが入っていくのである。このように、鬼遊びをする前に、子どもたちは、友達を誘う段階から、ノリを合わせ、集団のつながりを強めながら、遊びへと参加していったのである。なかでも仲間を誘うことから、遊び仲間を決めること、鬼を決めることと鬼遊びを始めるまでのプロセスで遊びうたで、全員が唱和することが集団遊びを盛り上げ可能にしたのである[11]。こうした背景から、園庭の集団遊びの再考を考えてみる必要があるということなのである。

また、次のことも伝承遊びとしての鬼遊びが教えてくれたことである。樋口一葉の研究者であり、都市問題の研究者であった故前田愛が、かつて神宮前の広場で踊りのパフォーマンスをしていた竹の子族や一世風靡たちの集団を見て驚いたことがあったという[12]。この世代はもう昔の伝承遊びを子ども期にやったことはないはずなのに、どうして踊りの動きが伝承遊びの動きと同じなのだろうかということであった。その動きは、基本的に２つある。それは花いちもんめ型とかごめかごめ型の２つである。前者は、相対する１列の子どもともう１列の子どもが近づいたり、離れたりし

て遊ぶ型であり、もう1つは、かごめかごめのように環になって右回りする動きである。3つ目に子とろ子とろ型があるが、これは前二者の統合型であるので、基本型は2つである。

　筆者は、この前田の分析に着目して、前者を対話（応答）型とし、後者を循環型と設定した。この2つの型は、幼児の集団活動のみならず、大人の踊りなどの基礎的な原型（現型）であり、ニュージーランドのマオリ族の子どもが通う幼稚園でも見られるものであった。筆者が、これを対話（応答）型と循環型と名づけたのも、対話（応答）は幼児が誕生後、母子関係で交わす最初の非言語の交流（微笑反応）が対話（応答）であり、かごめかごめ型の循環型は、地球環境そのものの本質に通じており、この対話（応答）と循環という性質を子どもの集団遊びがもっているということは、子ども集団の本質にかかわることではないだろうかと考えたからである。

　筆者はこの仮説に基づいて、この対話（応答）型と循環型のパターンを、鬼遊びだけでなく、幼稚園や保育所における他の集団遊びやその他の野外活動にも適用する実験を行ってきた。そしてこの仮説の妥当性を確かめてきた。この点については、後述することにする。

　さらに、集団遊びが盛んになるための条件は、鬼遊びの構造それ自体が教えてくれている。それは、人間関係の親しさがないと鬼遊びは盛り上がらないということである。例をあげてみると、「だるまさんがころんだ」「狼さん今何時」といった遊びがそれである。鬼遊びの原型は「追う―逃げる」という関係にある。しかし、この鬼が追い、子が逃げるという関係は日常生活において、警察官が泥棒を追うという単純な関係ではない。鬼遊びにおける「追う―逃げる」という関係は、それと相反する感情を含んだ行為である。それを「狼さん今何時」という遊びで具体的に説明しよう[13]。

　鬼遊びは一般に、1人の鬼と複数の子の役によって成り立ち、鬼が子の後を追いかけて捕まえるという遊びである。鬼遊びの基本形は「追う―逃げる」という形であるが、この「追う―逃げる」という形は、遊びとして、鬼の役からみれば、捕まえたい（捕まえたくない）、子の役からみれば、

捕まえられたくない（捕まりたい）という相殺感情（アンビバレンツ）に支えられている。この「追う―逃げる」という具体的行動を潜在的に支えている相殺感情の＜鬼：捕まえたい（捕まえたくない）＞対＜子：捕まりたくない（捕まりたい）＞という動機を具体的な遊びのルールにしたのがこの「狼さん今何時」という遊びなのである。この遊びでは、鬼の役である狼が子のほうに背を向けて目を閉じているときに、子の役の1人が「狼さん、今何時？」と聞くと、子の役の子どもたちは、鬼から一定の距離をとり、鬼役が「昼の何時」とか「夜の何時」と答えるのを聞きながら、少しずつ鬼役に近づいていく。この行為は、鬼が「夜中の12時」といったとたん鬼役が子の役を追いかけて捕まえようとするわけだから、鬼に捕まえられる危険性も、そのための緊張感も増すことを意味する。子の役が「狼さん、今何時？」と聞くたびに、鬼役が「夜中の12時」というかいわないかを疑いながら、子の役の気持ちは宙づり状態で、鬼に距離的に近づくとともに、ハラハラドキドキ感も増大していく。でも「夜中の12時」といわれないうちは、「夜の7時」といわれようと「夜の10時」といわれようと、まだ「夜中の12時」ではないという意味では、緊張感は一時的に弛緩される。いつ「夜中の12時」といわれるかしれないという意味での緊張感はそのつど高まりつつ、鬼にまだ捕まっていないので、ほっとする気持ちが生まれ、子の役は、緊張感の上昇のプロセスを一歩ずつ歩みながら緊張と弛緩のリズムを繰り返すのである。ここには緊張と弛緩の宙づりの感情が繰り返されつつ、鬼が「夜中の12時！」と宣言するまで続く。そして「夜中の12時」を宣言した瞬間から、鬼（狼）が子の役を追うというゲームが始まる。

　この遊びでは、鬼役と子の役が共同して、捕まえたいＶＳ捕まりたくないという追いかけっこの基本体験を、鬼が「夜中の12時」というまでの時間帯に、そのつど、時間を宣言することで時間の短縮化を図る。他方、子の役が両者の距離をつめることで「捕まりたい」という潜在意識を具体的行為として形に表す。すると、鬼役のほうも、まだ「夜中の12時」といわず、たとえば、「夕方の5時」などということで「まだ、捕まえたく

ない」という潜在意識を言葉として表す。こうして鬼と子は遊びに伴う宙づりの気持ちを楽しみながら（ハラハラドキドキする）、遊びの楽しさを「夜中の12時」の宣言が発声されるまで続けるのである。そしてこの宣言によって両者の間で蓄積されたハラハラドキドキ感は一気に解き放たれ、追う―逃げるという動きのダイナミックな緊張と解放（捕まる）のリズムへと変わっていくのである。

　この遊びには、これが遊びであるという前提によって生ずる鬼に捕まえられたくないという感情と、「捕まりたい」という潜在意識の生み出すダブルバインドの構造があり、それがハラハラドキドキという楽しさを演出している。それは鬼遊びや遊び一般がもつ特質となっている。「狼さん今何時」という鬼遊びは、このダブルバインドの構造、捕まえたい（捕まえたくない）という関係を支えている捕まりたくない（捕まりたい）によって生ずる遊びの楽しさ（ハラハラドキドキ）を見事に遊びのルールに置き換えることで、遊びが成り立っているのである。それゆえ、この遊びにおいて、鬼が冒頭からすぐ「狼さん今何時？」という問いかけに対し、「夜中の12時」と答えてしまうと、遊びのおもしろさは半減してしまう。なぜなら、捕まえたい（捕まえたくない）、捕まりたくない（捕まりたい）という葛藤体験を味わうことが少なくなるからである。日本の諺に「恐いもの見たさ」というのがある。恐いものは好奇心を刺激してかえって見たいものとなるという意味である。鬼に捕まりたくないという気持ちをもちながら、鬼に捕まる可能性をより拡大するような動きをとる。この遊びをする子どもたちは、だれも、この遊びをしたいと思えば、遊びのルールに従うのである。鬼に捕まりたくないと思う気持ちとうらはらに捕まる可能性を拡大するようなルールに従うのである。それがみんなでこの遊びの楽しさを味わうことであることを知っているからである。ここで、子どもたちは、追われる瞬間ごとに、「捕まりたくない」という思いにかられたとしても、鬼のいる場所に近づくという行為を止めることはしない。なぜなら、それがみんなで遊びを楽しむためのルールであることを知っているからだ。こうして子どもたちは遊びに伴う恐怖を避けたいという感情を乗り

越えて、ルール（規範）の必要性を学んでいく。この葛藤する体験を通して、集団全体が楽しさを共有するためのしかけとしての規範を守る体験をしていく。こうした形で遊びのルールが獲得されるのである[14]。

　こうした鬼遊びをしたいと思い群をつくるためには、上述の捕まえたい―捕まえたくないという相殺感情が成立する関係が子どもたちになければならないのである。それは何であろうか。その点について筆者は別のところでこう書いている。

　この鬼遊びは、親しい人間関係のある子ども同士の中で成立するといえる。つまり、子ども同士は日常、親しい関係にあり、親しさの規範で結ばれている。言い換えれば、親しい関係のつきあい（社交）はどうあるべきかの規範を身につけている。それはお互いに近接していく関係である。しかし、この感情は慣習化されているがゆえに自覚化されにくい。その関係の中で鬼遊びの「追う―逃げる」という関係は、外面的な行動の上では、相反する関係である。この二重性がダブルバインドの遠因である[15]。

　この筆者の見解が妥当だとすれば、この章の冒頭で述べたように、園庭の中央で展開される鬼遊びが盛んになるためには、幼児の遊びは、室内遊びから外遊びへという方針がますます支持されることになる。なぜなら、室内遊びで親しい関係をつくることが外遊びを盛り上がらせるための必要な条件となるからである。

5．園庭の環境と幼児の遊びの展開

　幼児の遊びが盛り上がり、持続する条件として園庭を見渡してみたとき、まず必要な条件は賑わいということである。幼児数と園庭のスペースとの関係は前者が少なすぎたり、後者が広すぎたりしても賑わいは生まれない。とすれば前述のように園庭利用が各クラスごととか学年ごとに利用するという形式は賑わいを形成しにくい。

　どこの幼稚園や保育所でも、固定遊具が周辺に置かれていて、中央部に、リレーやドッジボールなどを行う広いスペースがあるのが普通である。砂場はたいてい、周辺部にあるところが多い。園庭利用の大まかな原則を室内遊びの展開する保育室との比較でいえば、保育室の場合、壁を利用する形でコーナーが設置されている場合、真ん中にスペースがあって、コーナー相互の「見る⇄見られる」関係が成立することが賑わいの成立につながるのに対し、園庭の場合、それとは反対の空間利用が想定される。つまり、真ん中の広いスペースで、鬼遊び、リレー、ドッジボール、サッカーなどの集団遊びが持続して盛り上がると、比較的利用時間の短い園庭遊具の幼児たちの行動も盛り上がるのである。一般に、固定遊具の場合、1つの遊具に固定して遊び続けるのは、せいぜい15分程度である。スベリ台、ブランコ、ジャングルジム、雲梯、タイコ橋、登り棒、鉄棒はいずれも、個人技を対象とした遊具であり、ある民族にとっては伝統的道具であるブランコを除いて、遊びの楽しさが機能性にある。とくにジャングルジム、その他の遊具は身体訓練的意義もある。それゆえ、幼児の運動能力で達成できてしまうと、活動は終わってしまう。幼児たちに相互にノリが伝わっていくには、つまり賑わいを伝える力は弱い。それに対し、集団で遊ぶドッジボール、サッカー、鬼遊びといった活動はノリの伝播力も強く、しかも中央で展開されるので、ここでの集団活動が盛り上がると、周

辺部の固定遊具の活動も盛り上がる傾向がある。かつて小田原市の公立幼稚園でのことである。4歳～5歳の混成でエンドレスリレーが盛り上がって1時間半も続いたことがある。途中からも入れて入れてと列に並ぶ幼児が現れ、走る幼児の列が長くなることが続いた。1時間くらいたったころ、園庭に飛び出してきた女児（4歳児）がエンドレスリレーの横に立つと、もってきたボンボンを振りながら「ガンバレ！　ガンバレ！」と叫んで応援をし出した。そしてここでも、中央の集団活動と周辺部の活動との間に「見る⇄見られる」関係が成立したことがわかる。中央で遊ぶ幼児にとって固定遊具で遊ぶ幼児は、ゴルフプレイヤーにとってのギャラリーと似た役割を果たすのである。

　これに対し、砂場の盛り上がりは、園庭の他の遊びとは無関係とはいえないけれども、「見る⇄見られる」関係での相互の影響は少ないようである。しかし、この園庭での相互性も、国立大学の附属幼稚園などで附属小学校に隣接し、大変広い園庭をもっている施設ではこうした相互性は希薄にならざるを得ない。また、施設によっては、園庭の一部を盛り上げて小山をつくったり、砂場の脇に小屋をつくったり、電車の遊具を設置したりしている園もある。こうした施設は、幼児の遊び世界を豊かなものにしたいとする施設者側の想いが感じられるものであるが、活動の面での独立性が強いので後に改めて論ずることとしたい。

　この他、施設によっては、園庭の一隅に畑、ビオトープ、林、樹木に囲まれたネイチャートレイル（歩行路）をもっているところもある。これについても後に論ずることにしたい。

6．集団遊びの環境構成と遊び方略

（1）個々の集団遊びにおける幼児の自発性と保育者の援助

　今から30年ほど前、教育実習校訪問で東京都文京区のある幼稚園を訪問したことがあった。そのとき、ちょうど、5歳児2クラスが運動会をひかえて、集団で踊りをやるのに、隣接する小学校の校庭を借りているということで、幼児たちとそこへ赴いた。幼児の中に障害児が参加していたが、みんなが踊っているときに少しテンポが遅れても、動きに多少ぎこちなさはあっても、ちゃんと参加して楽しそうに踊っていて、園長と私は異口同音に「障害があっても、みんなと一緒にちゃんとやれるんですよね」と語り合ったことがあった。その後、小学校1年生が運動会に大玉ころがしをするので、その準備の活動が行われていた。担任教師が大玉に貼りつける紙を1枚1枚糊の液に浸し、それを1列に並んで待っていた生徒に渡すと、1年生はそれをもって大玉のところに行き、実習生（小学校の教育実習にきている実習生）に指示されていたところに貼りつけ、戻って来て元の列に並ぶという活動であった。それを見ていた園長は私に「あのくらいのことだったら、うちの5歳児であれば、もっと自主的にやれるんですよね」[16]とつぶやいていた。そのとき、筆者は、幼稚園の指導の仕方と小学校の指導の仕方の相違について考えさせられたのである。

　幼児期における遊びの指導は、つまり遊び保育論の原則は、こうである。

　幼児の遊びは自発性に基づかねばならない。しかし幼児同士の関係性が希薄になっている今、幼児の自発性を発揮するには、集団性をまず育てなければならない。そのためには、保育者が教える人ではなく、幼児たちのモデルにならなければならない。保育者のモデルとしての力で幼児たちの

同調性（ノリ）を高めなければならない。しかし、幼児集団のノリが自力で維持されるようになったら、保育者は、彼らの一員になるか、あるいは、集団から一歩引いて、観察者にならなくてはならない。そしていつまた、どんなときに、どのような援助をするか、そのタイミングと参加の仕方を見極めることが必要である。この保育者と幼児集団の関係は、モデルになる（自分自身に「気を入れる」ことで幼児たちの「気を引く」）、幼児たちと同調する（「気を合わす」）、幼児たちから身を引く（「気を抜く」）、幼児たちを援助する（「気を合わせて」、場に「気を入れる」）というように定式化できる[17]。事例をあげると、リレーなどがマンネリの走りになりかけたとき、保育者が全速力で走ることで幼児の喚声が起こったり、ドッジボールで保育者の速い球が幼児に向けられたときなど保育者のモデル性が一番発揮される瞬間である。

　しかし、保育者がモデル性を発揮する前にすべきこととしてしなければならないことは、幼児集団が遊びに集中して楽しめる環境構成である。この環境構成は園庭の場合、集団遊びの種類によって異なってくる。その環境構成の主体は、活動場面をチョークで線をどう引くかということである。ちなみに、多くの保育者は今、この仕事を慣習的にあるいはテキストどおりに、あまり考えずにやっている傾向が強い。しかし、幼児の集団遊びを楽しくするためには、幼児集団の集いの楽しさが実現するような環境構成が必要なのである。それは、集団のノリが持続するような群れ方を確保することであり、伝承遊びにおいて貫かれていた対話（応答）型あるいは循環型の原則を想い起こすことである。

■ 事例1 ── 円形ドッジボール

　これは年中・年少の幼児がする集団遊びである。まず、上述した2つの原則のうち、円形ドッジボールは、円形の中にいる幼児集団に向かって、外にいる幼児がボールをぶつけて当たった幼児が外に出る。外にいる幼児は、幼児同士でボールを投げ合って、タイミングを見て円内の幼児にボールをぶつけて円内の幼児が全部当たって外に出され

たらゲーム終了という対話（応答）型の遊びである。そこで上述の2原則を適用すると、投擲力（投げる力）の弱い幼児でも届くほどの円周の円を描く。するとどんな幼児でも円の一端からもう1つの端へとボールのやりとり（応答性）が確立する。そしてその円の中に幼児集団が入る。狭い空間なので押し合い、へし合いしても、ボールの動きに沿ったノリで動かざるを得ない。だれに当たるかわからない。投げるほうも投げれば当たる状態なのですぐ投げられる。こうすると、幼児群の様子は押し合いへし合いで、だれに当たるかわからないことへのハラハラドキドキ状態で賑わう。

かくて、当てられた幼児はすぐ外に出る。投げる人数がどんどん増えて、円周のまわりを取り巻くと、投げる役を引き受けるチャンスが減っていく。ターゲットになる幼児数はどんどん減るので当たらない確率は増えるが、円の大きさは小さく設定してあるので、ボールの投げ合いのスピードが速ければ、全員当たりという終局にたどりつく時間が早くなる。当てられて外に出された幼児は、人数がふえるので、ボールをゲットして円内の幼児にぶつけるチャンスが減ると、当てられて外に出た幼児の多くが他児のボールの投げ合いをただ見守る時間が長くなる。しかし、円を小さくすることで当たる確率が高くなれば、ゲームが終わるまでの時間が短縮されるので、遊びを離れたり、退屈する時間が少なくなるので遊びの持続性が高くなる。

■ 事例2 ── ドッジボール

　ドッジボールも円形ドッジボールと同様に、対話（応答）型の遊びである。相手陣の幼児に向かってボールをぶつけることで2つのチームが攻撃したりされたりして、ぶつけられて陣内にいる子どもがいなくなることで、勝負がきまる。これまで幼稚園のドッジボールは図1で展開されるのが普通である。この図の［1］と［2］でドッジボールを行う場合、［1］が攻勢のとき、［1］の内側と（ロ）の間でボールのやりとりをする場合と（ホ）と（ヘ）のやりとりの場合がある。

一方、［2］が攻勢の場合、［2］の内側と（イ）のやりとりと（ハ）と（ニ）のやりとりが想定される。そして多くの場合ボールの投げ合いの頻度が低いのは、（ホ）と（ヘ）と（ハ）と（ニ）である。このゲームでボールをぶつけられた幼児は［1］のチームであれば（ホ）と（ヘ）に出ることになり、［2］のチームでならば（ハ）と（ニ）に出ることになる。その結果、その場所の幼児はボールにふれる機会が少ない。だんだん退屈してきて、そこにかがみ込んで砂いじりをしたりする幼児の姿が多く見られるのはここである。しゃがみこんで砂いじりしたりする幼児がふえれば止める子もふえやがてみんながやめたという声とともにこわれる。だから、遊びを活性化し、全員が遊びに参加するためには図2が望ましい。もしこのスペースでドッジボールをやると、［Ⅰ］と（ロ）、（2）と（イ）でボールをやりとりする幼児がほとんどであり、ボールに当てられて長方形の短い辺に出る幼児はまずいない。幼児がそこに出てはいけないというルールがあるわけではない。もちろん、確率の問題なのだが、この距離感が短い辺のところに幼児を出たくなくさせるようである。すると、ボールのやりとりは、上の2点で頻度の高い形で行われるので、スピード感が出て、どの幼児もボールにふれる頻度が高くなる。

～～～～～～～～～～～～～～～～～～～～～～～～～

■ **事例3 ── サッカー遊び**

　少年サッカーチームの場合、最初からルールに従って基本技術のトレーニングから始める。それはまさに大人と同じサッカーのやり方であるが、幼児のサッカー遊びは、技量がまったくバラバラの幼児

によってボールを蹴りたいという一人一人の要求から始まる。すると各々が勝手にけり合うのでボールはあらゆる方向に飛んでいって、サッカーのルールやサッカーのフィールドを決めている線などが無視される。そこでいちいち、線外に出たボールをチェックしたりすれば、遊びは絶えず中断される。

　そこでサッカー遊びの基本のおもしろさはボールの蹴り合い（応答的関係）にあると考えるとそれは、伝承遊びの対話（応答）型にあるといえる。そこで、遊び始めは年長組の幼児数人に円いスペースができる円陣をつくって立たせる。そしてその円陣の中で小さくボールを蹴り合う遊びをやってもらう。すると、このボールの蹴り合いは、野球のキャッチボールや、円陣を組んでバレーボールの球をトスし合うのと同じように楽しい遊びになる。ボールの蹴り合いが続くことで、この応答のイメージが幼児の中に形成されると、日本の正月に京都の神社で行う蹴まりのやり方と同じ遊び方になる。この応答を導入として、その後幼児の自由に任せると、幼児たちはひたすらボールを追い続け、集団でボール蹴りを続けるのである。この場合ボールは、サッカーのフィールドの線（ライン）を無視してあらゆる方向に進んでいくが、先の応答のイメージを回復したいために、それでも幼児たちはボールを追い続けるのである。

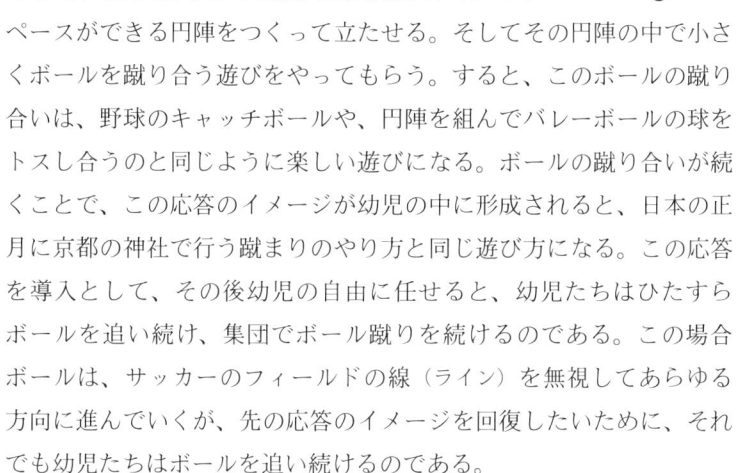

　このアイディアは筆者が園内研究会の講師として現場に通っていたころに考えたものであるが、その園でサッカー遊びに参加したことがあった。サッカー遊びは、幼児たちの中にサッカークラブの選手などがいるとかえって遊びが続かないのである。なぜか。この選手は自分は選ばれた選手でまわりの幼児は下手だという蔑視をもっている。そのため、自分がボールを獲得するために、スライディングタックルを見せたり、自分のキック力を誇示したりするので、集団としてのサッカー遊びが成り立たないのである。この幼児は自分の技術をうまく見せようというイメージしか頭にないのだ。そこで筆者が試合に参加す

る場合、攻める側の私はボールを小さく蹴って前進する。幼児と比べて大きい私の身体を守る幼児のほうへ寄せていくのである。すると、幼児はボールを大きくキックするより、私の身体の圧力に対抗してボールに身体を寄せてくる。結果として、最初遊び出しで、小さな円陣でボールを蹴り合ったように、ボールをめぐってスクラム状態になってボールを蹴り合うことになる。そこで気づいたのは、サッカー遊びの楽しさは蹴ることによるボールの応答に始まって、ボールをだれがコントロールするかの競い合いがスクラム状になるのだということである。こうしてサッカーゲームの起源であるボールの奪い合いという本質に辿り着くのである。

　幼児たちは、果てしなくこの遊びをやるが、年長児になるとサッカーゲームに近い遊びになることを喜ぶので、ゴールを設定してやると、ゴールキーパーになりたい幼児もでてくる。保育者が参加してボールのほうにめがけて攻め、ときにゴールに蹴り込んでやるとキーパー役は自分の役が発揮できるので喜ぶし、参加者全員がヤッターと喚声をあげる。ちなみにこのレベルではチームを2つに分ける必要も、メンバーの数を合わせる必要もない。勝ち負けとかチーム分けは関係ないのである。

以上、対話（応答）型の事例をあげてきたが、循環型の事例を紹介しよう。

■ 事例4 ── エンドレスリレー

　この活動は年少、年中の幼児が5歳児の競技としてのリレーをまねてするリレーごっこで集団で走って遊ぶ活動である。

　幼児たちは、年長児クラスのリレーや運動会のパフォーマンスを見て、自分たちもやりたいと思うのである。幼児の要求を知って保育者はまず、図のような環境構成をするのである。まず（ア）（イ）は出発ラインとポールの距離を10 m前後とあまり長くしないことである。

理由は、幼児が繰り返しやるので、疲れないように10m前後にすることと、この長さが、繰り返しのリズムを参加者に保障するとともに、参加者が多い場合にあきないうちに、自分の走る順番がまわってくるという意味で適切なのである。

またこの（ア）と（イ）の間隔は1m〜1.5mくらいがよいのである。理由は、年中児以下の年齢の場合、年長児のように、競うことの楽しさをゴールのところで感ずるというより、相手の幼児と最寄りの距離で競い合いを感ずるのである。だから、4歳児など、いったん走り出しても、相手が来ないと、相手が走ってくるまで待っているといったケースもある。相手と競うというより相手と一緒にかける状況を楽しみにしているのである。ヨーイドンでバトンをもって走り出し、ポール（標識）をまわって戻ってきて、次の走者にバトンを渡し列の後尾につくというのが1回目の一巡である。

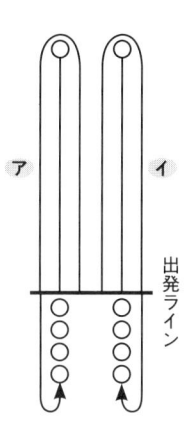

この遊びにおいて幼児は、前の走者が走ってバトンをもって帰ってくるのを身体を前のめりにし、バトンを手渡ししてもらいたくて手を前につき出してひたすら待っている。気がつくと、この幼児の早く走りたいという気持ちは、前にせり出していく。だから出発点のラインは保育者が絶えず注目して線内にとどまっておくようにするためにも、このラインをしっかり引くことが重要である。幼児たちの要求の強さ（早くバトンを受け取りたい）が出発点のラインをしっかり守るという約束（規範）を守ることで幼児たちの要求は鍛えられ、ルールを守るという意志力も強くなる。そして、このリレーをしたいという幼児が列をつくる。この列はこのリレーを持続させるのに重要な意味をもっている。実は、この遊びを見ていた幼児が「入れて」といってこの列の後尾につくからである。だからこのリレーを見ている幼児にとってこの列がきちんとしているかぎり、この遊びは楽しそうだということの表示になっているのである。また、この列に並んでいる幼児

にとってみれば、列からはずれて、走る様子を見たい幼児もいる。すると この気持ちが列を乱す。すると、外で見ている幼児にとってはこの遊びがくずれていく象徴にもなる。また中の幼児は、はやる気持ちを抑えてじっとがまんしてきちんと並んで待つ。やがて出発点に立つ。そして走者になる。このリズムがこの遊びのテンポを維持することになる。そして、このリズムを幼児に伝えることが保育者の役割になる。

　保育者の役割は、１．適切な環境を用意する（ラインを引く）、２．一員になってリレーに並ぶ、列の秩序を保つ役割をし、前の走る幼児にエールを送る、後列に並びながら入れてという幼児を自分の後ろではなく、状況によって自分の前に並ばせることも必要である。３．保育者も走者になり、モデルの役割を果たす。

　5歳児になると、楕円形のグラウンドの走路をつかってのリレーを楽しむことができるようになる。このリレーがエンドレスリレーの延長上に展開できればリレーをやろうといって集団をつくり、２組に分かれる。そこで5歳になって同数の人数をそろえて並ぶ→スタートラインに並んで立つ。同時にスタートする。バトンをきちんと相手にもらう。走路の線路の外側をきちんと走る。相手にバトンを渡す。自分の組の末尾に並ぶ。リレーを見守る、応援する、といったことをきちんとやりながらゲームを楽しむ。そして同じ数をメンバーで争うことを確認できる（１対１対応で10前後の数がわかる）などということを学んでいくと、5歳のリレーは自主的にできるようになる[18]。

■ 事例5 ── 巧技台を使った遊び

　巧技台やマット、跳び箱でそれを一巡するサークルをつくる。これは循環系の遊びである。ここで一番大切なことは、遊具による環境構成である。つまり遊具をどう連結させるかがポイントである。幼児の場合、運動競技的な配慮よりも、一巡するときのプロセスを楽しむという視点である。たとえば、梯子を跳び箱にわたして渡るという設定の場合、ゆっくりと緊張感をもって渡るプロセスなので、次の遊戯は

急ぎ足でスピードを生かせる遊具を配置する。また積み木などで走って渡る道をつくったあとは、マットを寝ころがるといった緊張と弛緩のリズムを考えて配置する。そして出発点と終点と合わせて循環のシステムをつくる意味は、幼児にとって繰り返し循環することによって、楽しみのアンコールの意味をもつからである。われわれの暦にクリスマスや正月があるように、遊具循環を1周してきて終点に達すると、気分が更新されてもう1回、という気分になるからである[19]。

　この際、保育者が幼児の動きに参加する場合、この遊具循環に多くの幼児が参加し、列をなし、この遊具循環が賑わい、遊具配列に沿って幼児配列のシルエットが生まれるようになればなるほど、この場はよく遊ばれるようになる。保育者はこの場合、自分が先頭になって動くよりも、そこに参加する幼児のフォロワー（追従者）になることが必要である。たとえば、A児がこの遊具に加わるときに、保育者が「Aちゃんの後ろについていっていい？」といって、A児の後ろにつく、保育者はA児が次の段階に少し躊躇したときに、「Aちゃん、さあ、先生も一緒にいきますから、行き方教えてくださいね」などということで、A児のリードでA児と一緒に保育者と行動しているという姿を他児に示すことで、他児の動きを誘いながら、この場での賑わいを演出することが大切である。

　ちなみに沖縄の公立幼稚園の遊戯室で大規模な巧技台の円環をつくったところ、50〜60人の園児全員がこの環を渡ることを楽しんだ。沖縄には、エイサーなどの踊りで環になって踊るという伝統があり、これが反映していたと思われる。

■ 事例6 ── 縄とび

　縄とびは昔からある幼児の遊びである。が、普通、どの幼稚園や保育所でも2種類の縄とびがある。1つは個人用であり、もう1つは集団用である。小学校での体育の授業につながるものとしては個人用であり、個人個人の運動能力を高めることを目的としている。そして

保育者の援助も個人用であると考えられている。しかし、集団遊びの遊具としては、集団用の縄とびを優先すべきだと考える。理由は幼児一人一人が個別で取り組むとき、保育者の立場として、幼児一人一人の取り組みに対しそれを盛り上げていく援助の仕方を工夫することが困難であるからである。集団としては、保育者が当初、縄の片端をもち、他の片端をたとえば、鉄棒やジャングルジムの一端に結びつけて、幼児たちを並ばせ、順々にまわして渡らせるという仕方がある。保育者が片端をもってまわす理由は、幼児のとび方に能力差があるため、それを調整するのは保育者の役割だからである。しかし、多くの実践例を見てもあまり続かないで、10分か15分ほどで終わってしまう場合が大変多い。ここでもう一度、伝承遊びの知恵に学ぶべきことが多い。それは、先に伝承遊びのところで述べたように遊びうたの存在である。うたの効力はリズムの調整にある。保育者はうたに合わせて縄をまわす、その縄に合わせて、幼児がとぶ。それだけではない。待機して待っている幼児も唱和することで、縄のまわすリズムに同調する。このことは、とぶ前にすでにノリを合わせることで、とぶタイミングにスタンバイするだけでなく、まわす人、とぶ人、待つ人が全員唱和することで、縄とびのグループ集団が1つの遊びの世界を形成する。それはそこにいない園庭の他の場所にいる幼児（つまりギャラリー）との間に「見る⇄見られる」関係を確立し、それが他児をそこに誘う力にもなるのである[20]。最近、このうたを伴う縄とびが失われつつあることは、縄とびの魅力と持続性を失わせているのではないだろうか。これは外遊びを個々の運動能力の向上という点からのみとらえがちで、集団でノリを共有するという観点が失われつつあるからではないだろうか。

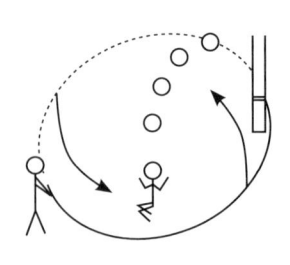

■ **事例7 ── 鬼遊び**

　鬼遊びの種類は実に多い。しかし幼稚園や保育所で行われる鬼遊びは比較的限定されているようである。ここでも保育者の考えることは、伝承遊びのところで述べたように、これらは、すべて、親しい人間関係があることを前提にして、「追う（捕まえる）─逃げる」という役割を演ずることで展開される遊びであるということである。だから年少児や年中児の場合、保育者が鬼役を演ずることが上手にいく秘訣である。とくに2歳児の鬼遊びなどになると、幼児にとって鬼役の保育者から逃げることは、むしろ喜びであり、保育者に捕まえられるのを期待して逃げている様子がうかがわれる。幼児は興奮してくると逆に、自分のほうから捕まえられたいという思いで抱きついていき、最後は、幼児全員が保育者に抱きついていく姿を見たことがある。捕まりたくないという気持ちと捕まりたいという気持ちが混在して、最後は好きな先生に全員が抱きついていくのである[21]。環境としては、追いかける幼児たちの安全地帯と鬼のいる場所を設定する場を設ける必要があるが、両者の距離は保育者が幼児一人一人の顔を区別できることが必要である。2歳児の鬼遊びはむしろ室内のほうがふさわしい。なぜなら2歳児にとって全員が庇護されている空間で動きやすく安定している床のほうが自由に走りまわれるのである。

　3歳児になると「おおかみと七匹の子やぎ」といった鬼遊びを行うようになる。鬼遊びは親しい人間関係の中で、追っかけ、捕まえる役と、逃げて捕まえられない役になりきるためのイメージづくりから始めなければならない。だから3歳児は狼役になるとき、その役になるためにお面をつけたり、しばし、狼としてウォーと吠えてみることでごっこ性を発揮することも必要である。4歳児で「アリとくも」という鬼遊びをしたときに、くもがアリさんを追いかけてきて、アリさんが巣に入ってしまってくもが捕まえられなくなったときに、くも役の幼児が自分の役割を自分に納得させるように、「先生、くもは大きくてアリさんの巣には入れないんだよね」という発言を聞いたことがあ

る[22]。このように自分をその役に見立てることで初めて相手を追いかけられるのである。とすれば年少児の場合、保育者がこうした役割の見立てをていねいに語ることも大切なことである。そして、鬼遊びを展開する出発点の鬼のいる場所と、子役が逃げた安全地帯との関係も単純に1対1にして、あまり複雑にすべきではない。なぜなら、ターゲットが2つになると、遊び集団の群も分裂してしまうからである。また両者の距離に関係しては、鬼役が相手を追いかけるとき、逃げる幼児は、鬼役の場所と安全地帯の間で逃げる際、幼児の動きが外にふくらんで逃げるにしても、無限にふくらむことはあり得ない。円錐型に広がって動く確率が高い。したがって二者の距離が近すぎると、鬼役が相手を捕まえにくいし、遠すぎると捕まりやすくなる。こうした幼児の展開の様子を見ながら場を設定する必要がある。

　また鬼遊びとして年少児であればあるほど相手を捕まえるとき、直接タッチする方法が一番わかりやすい。それに対して、高鬼などは、追うほうも逃げるほうも、相手の位置関係を見て、逃げたり、捕まえたりするので、幼児の人間関係が確立して、幼児の遊び方が認知的に場所と人の動きとの関係を読むという遊びになる。類似した遊びとしては影ふみ鬼は、同じ人と位置関係の遊びでも太陽の位置から見て相手の動きと影の関係を読むことで捕まったり、逃げたりする。これと類似した遊びとしてしっぽ取りの遊びがある。自分の後についているしっぽを気づかいながら逃げるという遊びであるが、以上のいずれも、逃げるほうの知恵が必要になり、直接、捕まるという実感が、間接的なので想像力を使うことが求められ、年長児の遊びとして一人一人が工夫する余地がより大きくなる。この種の鬼遊びは、保育者の環境構成と幼児同士の人間関係のかけひきでおもしろくもつまらなくもなるので、幼児集団の親しさが深まらないと持続しないし、おもしろさが生まれない。

■ **事例8 ── ドロケイ**

　前述の遊びに対して、集団としての楽しさを共有できるのが、この遊びである。ドロボウとケイサツの陣地に分かれて遊ぶので、陣地の距離の設定が大変重要である。年長児ともなれば、その距離を全速力で駆け抜けて逃げたり、捕まえたりする。ここでも集団としてのまとまり感と、人間関係の親しさが遊びを大きく左右する。というのは、クラスで疎外されている子は捕まえてもらえないことがあるからである。この遊びを遊び込むようになると、ドロボウのほうが魅力的になる。とくに手つなぎ鬼の要素が加わり、ケイサツに捕まり、ケイサツの陣地に捕まった幼児たちが手をつないでいるとドロボウが、2人で連携してケイサツを襲い、その1人が捕まえようとするケイサツを挑発し、陣地から相手をおびき出し、もう1人がこのケイサツに捕まっている仲間に反対方向からタッチして解放するというスリルに満ちた遊び方をするようになる。

　しかし、こういう遊びで一人一人がこの遊びを楽しんでいるかどうかを見極める保育者の役割は重大である。ある事例で、ドロボウ役の幼児が自分の仲間を助けようと、校庭の植え込みの中をかくれるように近づいて、仲間にタッチしたのだけれど、その幼児がクラスのメンバーとして十分認知されていなかったために、捕まった連中は1人として解放されたと思っていなかったという事例を目撃したことがある。日常のクラスの人間関係づくりの中でこうした幼児が生まれないような配慮が必要である[23]（第3章の人間関係、参照）。また、ある事例では、ドロケイでドロボウを捕まえるケイサツの役割だったある女児の場合、その女の子は運動能力が少し劣っていたので、あらゆる努力にもかかわらず、1人も捕まえられない状態にあって、終盤に近くゲームがもう終わりではないかというムードが生まれ、敏速な男の子の動きがゆるんだ瞬間に相手をしっかり捕まえたことがあった。こうしたケースに対しては、保育者がその幼児の動きを見てその努力を評価することが必要であり、すべての幼児が遊びを楽しむ条件を考えて

いく必要がある。

■ 事例9 ── 砂遊び

　砂遊びは園庭の遊びの中では、比較的独立性が高く、室内遊びから室外への活動へと幼児が移動する際にスムースに移行しやすい遊びである。とくに年少児や室内遊びの好きな幼児にとって砂場はもっとも近づきやすい外遊びの場である。とはいえ砂遊びは、砂と水という素材を使うという点から規定される。そして砂に含まれる水の配分によって遊び方が規定される。まったく水を含まない砂はさらさらして上から振りかけるといった活動や、ふるいにかけて、より細かい粒子の砂を選び出すといった活動をする可能性が大きい。

　砂が水を含むと、握ることができるようになる。つかむ、握るという働きかけが可能になり、おだんごづくりや型抜きが活発に行われたり、山に盛るとか穴を掘ってトンネルをつくるという行動が見られるようになり、プラスの造形とマイナスの造形（穴といった空間をつくる）といった二面性が現れる[24]。しかし、砂に含まれる水の量が増加すると、マイナスの造形（空間をつくる）への志向が拡大し、池や水路をつくる動きになり、関心は砂から水に移行する。やがて、砂のもっている反造形（くずす）の動きが拡大し、水の動きが顕在化すると、山をくずしたいという動機が一気に加速する[25]。水が流れることへとノッて行きたいという幼児の気持ちはやがて、どんどん過激になり、蛇口から水をバケツに入れて、水面をパチャパチャさせながら、走ってきて水を水路に注ぐ。やがて幼児たちは、足まで水路にひたりながら、腰まで池に身体を入れたりする。水の含有量が少ない状況では拡散する状態の砂は、水を含むにつれて、おだんごや山といった造形へと集合するが、水の含有量が増大するにつれて再び拡散へと移行すると、それにつれて幼児の集団の動きも変化するのである。

　砂にふれたり、握ったりする活動の場合、とくに年少児は、2〜3人の集団が多く、向き合って、しゃがんで頭を前傾に寄せて黙々と手を動かす。あるいは、型抜きなどでは、カップに砂を入れ、砂場のコンクリート

の縁で型を抜く、容器に砂を入れ、ひっくり返して、砂をつめた面を逆さまにしてコンクリートの上に伏せた段階で、砂の姿は、容器に包まれてブラックボックスとなる。型を抜いたとき、容器の型がきっちりできているか、それともくずれているかはまさに丁半バクチの結果のようにハラハラドキドキである。もし成功であれば「やった」となる。そしてこの喜びを再確認したくて再度挑戦、型がくずれて失敗すると「しまった」、今度こそという気持ちで再度挑戦。この気持ちの繰り返しが続くと、コンクリートの縁に型抜きの作品が1列に並ぶことになる。

　砂場での年少児、年中児は、前述のように2〜3人が向き合って砂に向かい、目と手を協同させるので集団の形が前傾の三角錐状になり、手の動きは、無意識にノリが合った状態になることが多い。年長児になると、集団は大きくなる場合も多く、5〜6人の大きな山や川や、トンネルづくりが登場する。砂の可塑性に伴って、幼児たちの動きの自由度も拡大する。また砂場では、ごっこ遊びの延長として、砂と水を合わせ、ドロ状にしたものをチョコレートとかアイスクリームなどと見立てる遊びも生まれる。ただ室内のごっこ遊びと異なり、つくり手を見立てて、自分をコックさんとかお母さんに見立てるということがほとんど見られないのが砂場の見立ての特色である。

（2）園庭における保育者の役割

　園庭における保育者の役割について総括しておこう。まず環境構成に関して必要なことは、前述の賑わい原則を確立するための方略の第1は、空間の利用における恒常性である。園庭に賑わいが生まれるために必要なことは、幼児集団の遊びが持続するように、遊びのスペースを変えないことである。それはつまり幼児の遊びの歴史性を確立することである。たとえば、リレーが盛んになり、それが盛り上がると、そこにはギャラリー性が発生する。つまり、「見る⇌見られる」関係が生まれる。これが賑わいを生むことは再三述べてきた。それが年中児、年少児の記憶に残るのであ

る。とすればその遺産を次の年、年中児が年長児になったときその記憶を再現しようとすれば、リレーは毎年、園庭のその辺りで始まる。

　このように、幼児が遊ぶ場所を固定化することによって、遊びという無形の文化は、ギャラリーの記憶に蓄積されていくのである。この前の年の遊びの盛り上がりの記憶が次の世代の幼児の活動に活力を与えるのである。筆者の記憶では、かつて私が奉職していた東京学芸大学の附属竹早幼稚園のリレーは、毎年、園舎を1周する形で展開されていた。この遊びは幼児の自発性によって展開されていたのである。こうした伝統は地域ごとに毎年、同じ時期に行われる祭りという文化を継承するのと同じなのである。

　保育者はこの原則をどう実現するか。まず、砂場や固定遊具は、場所が固定化されている。しかし、仙田がいうような、固定遊具の遊環構造を保育者が構想することは重要である。そして遊環構造をつくり出すのは、結果的には幼児であるが、その導入をするのは保育者である。たとえば、固定遊具の中で、スベリ台や、ブランコは入園した幼児がすぐやりたがる遊具である。個人でもやるけれども集団でやることで倍加する遊び方もある。スベリ台は初心者向きなので、入園当初、すぐとびつく遊具ではあるが、飽きやすい点もある。登る努力と滑る開放感を楽しむ遊びであるが、保育者が参加することで参加する幼児が増え、幼児の集団が列状になることで循環のノリをつくり出すと、集団遊びとして賑わうこともできる。またブランコは基本的に1人で、上方に登ることで緊張し、下方に降りることで開放される宙づり感を楽しむものであるが、「ノンタン」の絵本のように並んでやることで、集団の遊びにもなることができる。また年長児などは、立ちこぎを競い合うという事例もある。幼稚園などでは、日ごろ年長児が独占していることが多いので、年長児が園外保育で不在になったとき、年中児がブランコをゲットしようとする熱意はすさまじい。

　ジャングルジムは木登りなどと比べると、はるかに魅力が乏しい。年少期、少年期に木登りが大好きであった私は、方向の異なる枝ぶりを渡って登って行くときの楽しさは抜群で、高さの変化と共に、見渡す世界の変化は、天守閣の頂上から東西南北の景色を見るように、枝を渡るごとに東西

南北の風景の変化を体験できた。それに比して、ジャングルジムは単調である。ただ、ごっこ遊びのフィールドとしては、その高さを上手に利用できるのである。基地や城として見立てるために板を渡したり、一部を布で遮るといった工夫で、豊かなごっこ世界にすることも不可能ではない。

　雲梯、太鼓橋、登り棒、鉄棒といった固定遊具群は、一定の運動能力が要求される遊具で、個人的でかつ時間をかけて習熟することが要求される。しかし、1人でやるより好きな友達と一緒にやることで、ギャラリーがいることになり、幼児たちの口ぐせで「ねえ、見て見て」といいながらパフォーマンスを見てもらいたいという気持ちが満たされるのである。そして保育者の役割がここでは必要になるのである。なぜなら、鉄棒など保育者が幼児の身体を支えるなどして技能の獲得の手助けが必要だからである。そして幼児たちの技能が獲得されて初めて集団活動も生まれるのである。去年、小田原市の幼稚園で5本の登り棒のてっぺんに5人の幼児が一緒に登り切って、上でお話を楽しむ姿などを見ることができた。このように固定遊具の各々の特色と援助を考えながら、この遊具の各々を幼児たちがどのように経験していくかについてのイメージが把握できることと、その全体を幼児たちが一つ一つクリアすることで、固定遊具群のすべてを征服するという物語が幼児たちに生まれたとき、初めて固定遊具の遊環構造が見えるということなのである。

　次に中央部の集団遊びの場合、空間利用の恒常性は、鬼遊びのスペース、ドッジボールのスペース、縄とびのスペースを同じ場所に定着させるとともに、綱引きの場合も前回のラインを使い続けることである。幼児の動きは、いつの場合でも多様であり、この動きは、第三者が見れば混沌（カオス）に見えても、ここを使い慣れた幼児にすれば、ここにある秩序は判別できる。つまり、これが賑わいの空間づくりである。

　保育者にとっての第2の園庭利用の原則は、保育者のこの空間へのアプローチである。保育者は、園庭保育にかかわるとき、テラスから、しばらく俯瞰することである。そして頭の中に、園庭空間を1つのランドスケープに見立てて、どこにどの遊びが出ているか、遊び集団と場所との関係を

見定めることである。そしてその上で関与すべき場所と遊びを特定するのである。

　第3に保育者のかかわり方について、園庭の遊びに対しては全員が園庭にいるという前提に立つのであれば、各々の遊びのスペースの幼児はクラスを越えて、結果的に異年齢ということになる。とはいえ、砂場は年少児、年中児中心とか、リレーは年長児中心ということはあると考えられる。したがって年少児クラスの担任は、まず砂場からということはあるであろう。しかし、保育者はすべての遊びのスペースを見取る必要がある。それゆえ、1週間単位であるいは2週間、もちろんそれ以上続くこともある。その間、他のクラスの担任とチームを組んで、各々の遊びのスペースに張りつくべきだと考える。この1週間というローテーションは、週を境として遊びが変わることを念頭においている。それは、保育者が担当する遊びのスペースにおける遊び集団の把握をできるだけ長期的な見通しで把握する必要からであり、週を境にして幼児集団の遊びの変化があれば、それに対する援助が見られる頻度が大きいからである。

　一般的に、保育者、とくに遊び保育を支持する保育者は、幼児を園庭に出したがる傾向が強い。理由の1つは、遊びの重視という考え方から、幼児を戸外に出すということは、幼児を解放させたいという気持ちと、幼児を室内に閉じ込めておく状態から解き放ちたいとともに、自らもそうした役割から自由になりたいという心情があるからである。

　しかしこうした考え方や態度を吟味せず肯定することは、園庭での幼児たちの動きを無秩序化し、保育者の援助の責任を放棄することになりかねない。こうしたモチベーションで始まった園庭の幼児の動きは、園庭の状況を混乱状態にしてしまう可能性が大きい。なぜなら、幼児が遊びを楽しむためには、1．どこで遊べば遊びを楽しむことができるか、2．どんな遊具を使えば十分遊びを楽しめるか、3．だれと遊べば遊びを楽しくできるか、こうした点について経験の積み重ねがあるはずである。経験が不十分なときは、周囲の遊びから見てまねていくしかないのである。しかし、現代の幼児は、家庭ではきょうだい数が少なく、テレビやゲーム機で過ご

すことが多い。また施設保育でも一斉指導が多い。それゆえ、幼児たちが何らの方略をもたないまま、勝手に園庭に展開することになる。結果としてどうなるか。異なったクラスの幼児もいるので、この混乱は、大都市の盛り場状態になる。しかし、この混乱状態は、盛り場以下である。大都市の雑踏の中の人々は、各々目的をもっている。雑踏状態の幼児はいわば迷子状態になりかねない。愛知県のある私立幼稚園で3歳児80人が園庭に展開したとき、ある幼児が友達を見失ってパニックになったことがある。しかし現実は何のことはなく見失ったと思った友達は、列車を形取った固定遊具の反対側にいたのである。その周囲に3歳児が密集して混雑状態がピークに達していたのである。

　以上のことから、遊びの種類によってスペースを固定化し、鬼遊びのスペースはどこ、ドッジボールはどこと指定しておくと、幼児の遊びに歴史性が生まれるのである。また、室内遊びの経験による集団性が、豆が納豆になるように生まれると、園庭の遊びに集団のイメージが形成され、保育者の援助のターゲットが明確になるので、どのグループを援助すべきかが明確になる。さもないと、保育者も雑踏状態の中で、だれを援助していいのか不明のまま、一個人と対応し、家庭教師のように個別指導に終始して、分散して動く幼児への対応を無視する結果になるのである。集団の動きに対応した援助と、そこから逸脱する幼児への対応をしっかり見据えることができるようになるには、園庭における群の成立とその持続が実現することで初めて、保育者の援助は可能になるのである。すなわち、群の遊びの状態が停滞しているときはモデルになり、群のノリが生まれつつあるときは同調するノリを加え（「気を合わす」）、集団のノリが活性化しているときは、遊びから後退して、観察する（「気を抜く」）という対応が可能になるのである。

　最後に、遊具の選択について述べておこう。園庭で、活動を展開する際に遊具庫を開けて、必要な遊具を出すとき、幼児が自主的に遊具を取り出したり、片づけたりすることは大いに奨励すべきことである。重いマットなど、友達と協力して運ぶことやサッカーのゴールをみんなで工夫して取

り出すことは、幼児だけの協同や協力にとってどれも大切な機会である。しかし、遊具の数などの選択に関してはそのつど、保育者が責任をもって決定することが大切であり、必要以上に道具を出すことで、集団遊びが妨げられることがある（例、サッカー遊びなど）。幼児一人一人がボールをもってしまうと集団遊びにならないこともある。また砂遊びなどでビーム管等を先に出してしまうと、砂遊びに水が最初から導入され砂遊びにおいて砂を盛るとか、穴を掘るといった造形的活動が発生しないことにもなる。幼児の集団遊びが盛り上がるための道具とは何か。それが何個あればよいかは、環境構成の視点で保育者が構想すべきことなのである。

（3）外遊びの意義——異年齢交流の重要性

　この章の最後に、外遊びの意義としてとくに取り上げておきたい点は、外遊びが異年齢交流に有効であるということである。すでに述べたように、外遊びの場合、広い園庭に少数の幼児が投げ出されても何をしていいかわからないものである。かつて筆者が自分のゼミのテーマに公園の遊びを選んで、最寄りの公園の子どもの遊びの展開を見て回ったとき、広い公園のどこで遊ぶかが問題になった。何か所か訪ね歩いて気がついたことは、公園の真ん中で遊んでいる姿は皆無であり、多くは、公園の四隅の周辺で遊んでいた。それも、道路に沿った場所で遊んでいたのである。なぜか。道路は人通りがあり、人に見られていると思い込めるからである。また、タイヤなど公園の遊具で遊ぶ子どもたちに対し、公園の周辺に1列に植えられた夾竹桃の植え込みと公園の壁との間に小さなトンネル状の空間があり、そこで、悪ガキ風の小学校上級生が5、6人こそこそと屯（たむろ）していた。その子たちは、ときどきちらちらと公園の遊具群で遊ぶ幼児に視線を配っていた。あたかも、遊具群で遊ぶ子らに見られていることを意識しているかのようであった。ここには、「見る⇄見られる」関係があり、賑わいがあるからこそ、自分たちのグループをそのトンネル状に身を隠すことで、自らを誇示していたのである。注目されていると思い込めるからこ

そ、そこに隠れられるのである。

　園庭の遊びにおける遊び展開の空間的配置については、すでに述べた。そこには、「見る⇄見られる」関係があり、とくに、中央の集団遊びは、固定遊具群の幼児たちと「見る⇄見られる」関係になることで盛り上がることを指摘した。

　こうした関係が異年齢交流や年長児の遊びが年中児や年少児に伝承されるよい条件を提供しているのである。5歳児が鬼遊びやドッジボールで盛り上がっているとき、固定遊具や砂場にいる年中、年少の幼児はどこかでこの盛り上がりを注目し、かっこういいなと考えて見ている。そしてそれにあこがれて、自分たちもどこかでやりたいと思い始める。当初その動きは5歳児が夢中になってドッジボールをやり、それが盛り上がっているとき、年中児や年少児は固定遊具や砂場で遊びながら、見るとはなしに見とれている。これがやがて、年長児になったときのドッジボールへの動機を形成する。

　我孫子市のめばえ幼稚園でフィールドワークをしている博士課程院生の原子の論文には[26]、ドンジャンケンごっこをやる年中児の遊びの記録がある。4歳児は5歳児のようには、ルールにのっとってドンジャンケンの遊びはできていない。しかし、ドンジャンケンのジャンケンの勝負が勝つか負けるかで、相手の陣地に攻め込めるかそれとも攻められるかの攻防が決まるというドンジャンケンのおもしろさは、5歳児の遊びを見て、何となく覚え込む。そしていざ、ゲームになると全員がジャンケンの場面に陣地から飛び出していってしまう。誰かがそれを修正し、だんだんにドンジャンケンらしくなっていく。これは明らかに年中児が年長児の遊びを見てぬすんで、やってみる姿である。この園では遊びという子ども文化が伝承されているのである。

　ではどうすれば、そうした文化の伝承は可能なのか。再び原子の別の論文がその手がかりを教えてくれる[27]。それは、ブランコで遊ぶ子どもの姿である。5歳児が立ちこぎでブランコを揺らしながら、揺れが一番遠く達しようとした瞬間に自分の靴を遠くへ飛ばす。それを仲間と競い合う。

そこへ年少の幼児がやってくると、「かならず、代わってあげようか」という。同じ年齢同士だと、「10数えたら交代」といって代わる。こうした動きが見られ、1学期は5歳児がそれをやっていたのが2学期になると、年中児が立ちこぎに挑戦して、やがてそれをマスターする。やがて3学期になると、年少児の中にも立ちこぎに挑戦する子が出だす。

　伝承遊びについて書かれている柳田国男の叙述の中に、子どもの遊びに大人が参加するわけではないが、若い大人たちが子どもに面倒見がとてもよいといった箇所があった。筆者が明らかにした伝承遊びの集団でも日ごろ、子守をしてくれている年上の子どもが、遊びになると年下の子どもたちを「みそっかす」にして自分たちだけで遊ぶということがあった。要するに、年長児は日ごろ、年少児に対して心配りがあって、ブランコに年少児がやってくれば、譲ってやるのである。年少児は同じ年齢同士なら、もっと乗っていたいのに、10まで数えたら交代というルールで交代しなければならない。「年長さんは、自分たちが、ブランコ乗りに行くと譲ってくれる」のである。つまり、年長さんは自分たちを仲間に入れてくれるのである。年長さんだけでやっているあの立ちこぎ靴飛ばしは自分たちにはできないほど、とってもかっこいい。そう思っているうちにあこがれるようになり、やがて見てまねるが始まるのである。年長児が自己発揮して遊び込む、その年長児が日ごろ、また行事などで、とてもやさしく年少児の面倒をみる。この動きは、一方で差をつけてとてもかっこういい姿を見せ、他方でとても親しいかかわりで接するという両極的な動きである。この関係を土台として、園庭の遊びが「見る⇄見られる」関係として成立していれば、やがてそこに5歳児から4歳児、そして3歳児へという幼児の文化が再生する可能性が開かれると思われる。その意味で外遊びのもつ意義は大きい。

［注］

1）小川博久「子どもの遊びと環境の変化―変りゆく「子どもの遊び」の意味と環境の変化」環境情報科学センター編『環境情報科学』27巻、3号、1998年
2）岩田遵子『現代社会における「子ども文化」成立の可能性―ノリを媒介とするコミュニケーションを通して』風間書房、2007年、p.108～109
3）小川博久・岩田遵子『子どもの「居場所」を求めて―子ども集団の連帯性と規範形成』ななみ書房、2009年、p.128
4）幼稚園によっては2階に保育室があるところがある。遊び中心の保育の場合、登園直後に遊び出すときに、保育室と園庭に分かれてしまうと、2階の遊びを見ていると、園庭の遊びを見ることができない。逆に園庭に出ていった幼児を見守ろうとすると、2階の幼児たちの遊びを見取れなくなる。このことは平屋の保育室でも起こり得ることである。
5）仙田満『こどものあそび環境』筑摩書房、1984年、p.140
　　仙田は、さまざまな固定遊具は、それぞれの遊具で遊ぶことで、その全体を一巡りしたくなるように固定遊具が配置されるべきだと主張する。これを遊環構造と呼んでいる。
6）小川博久「遊びの伝承と実態」無藤隆責任編集『子どもの遊びと生活』金子書房、1991年、p.187～188
7）小川博久「鬼あそびうたと鬼あそびの関係―鬼あそびの規定要因として」『日本保育学会第36回大会研究論文集』1983年、p.232～233
8）小川、同上書、p.464～465
9）小川博久「鬼遊びの構造に基づく分類―鬼遊びにおける呪術的魅力からゲームの魅力へ」『日本保育学会第43回大会研究論文集』1990年、p.510～511
10）飯島吉晴『子供の民俗学』新曜社、1991年、p.42～106
11）小川、前掲書、注8）
12）前田愛「遊びの中の子ども」山口昌男・前田愛・中村雄二郎・川本三郎・H.B.シワルツマン編『挑発する子どもたち』駸々堂出版、1984年、p.33～51
13）小川博久「日本の伝承遊びの現代的意義」『野外文化教育』野外文化教育学会、2007年、p.80
14）同上書、p.81
15）小川・岩田、前掲書、注3）、p.218
16）小学校における教授活動のやり方では教師がやり方を子ども一人一人に教え

るのに対し、幼稚園では幼児一人一人、他児のやり方を見てまねて自主的にやることができることをいっているのである。

17）小川博久『保育援助論』生活ジャーナル、2000 年、p. 239
18）小川・岩田、前掲書、注 3）、p. 162 ～ 178
19）小川博久「遊びの伝承についての再考―集合的記憶の視点から」小川博久編『「遊び」の探究　大人は子どもの遊びにどうかかわりうるか』生活ジャーナル、2001 年、p. 15 ～ 21
20）第 4 章 室内遊びの章参照
21）前田、前掲書、注 12）、小川、前掲書、注 13）参照
22）小川博久・渡辺雅美・河邉貴子「鬼遊びにおける「ごっこ性」の機能―「ごっこ性」から「ゲーム性」へ」（1）（2）『日本保育学会第 36 回大会研究論文集』1983 年、p. 460 ～ 463
23）第 3 章で人間関係づくりについて述べたのは、こうした事態が生まれるためである。
24）小川清実「砂遊びの構造―出会いの種々相」小川博久編『「遊び」の探究―大人は子どもの遊びにどうかかわりうるか』生活ジャーナル、2001 年、p. 140 ～ 161
25）粕谷亘正「遊びにおける子どもの「壊す」という行動から見えるもの―砂にかかわる子どもの遊びと潜在化された砂の本質」『発達』28 巻、110 号、2007 年、p. 82 ～ 88
26）原子純（未発表論文）「幼児にとって集団遊びとはなにか―「ドン・ジャンケン」の事例を通して」2009 年、p. 1 ～ 15
27）原子純（未発表論文）「幼児の主体的活動による遊びの展開―ブランコ遊びを通して」2010 年、p. 1 ～ 10

第6章

遊び保育における教育課程の考え方とつくり方

生活の流れに基づいた
カリキュラムの構成

1．生活の流れに基づいたカリキュラム構成

（1）螺旋カリキュラム——遊びの歳時記

　幼稚園も保育所も、現代の社会制度・教育制度として成立している以上、保育活動は幼稚園教育要領・保育所保育指針に準拠して展開される。公的保育施設における幼児や幼児集団の生活の過程は、幼児・幼児集団の経験や学びの過程を保育者が前もって構想し、その内容を計画的に作成したものが教育課程であり、具体的には年間指導計画といわれるものである。この指導計画を遊び保育においてどう立てれば、保育者が幼児の遊びの豊かな展開を保障し、一人一人の育ちを見極めることができるのであろうか。それを論ずることが本章の課題である。

　これまで、遊び保育論を語るにあたっては伝承遊びにおける学びを参考にしてきた。そこで、指導計画を具体的に考えるまえに、もう一度、伝承遊びの中での、子どもの生活を振り返ってみよう。かつての伝承遊びの中では、とくに、戸外遊びは、四季の変化に左右された。そのため、遊びの歳時記などという言葉が生まれた。子どもの年齢によっても異なるが、集団遊びなどは、秋から冬にかけて盛んに行われた。それは、寒さに負けず、自力で自分たちを保温する意味もあった。「おしくらまんじゅう」などは身体をぶつけ合うことで、身体が温まるのであった。またこの歳時記は、子どもの遊びのカリキュラムの意味もあった。ブルーナーのいう螺旋カリキュラムであった[1]。毎年、季節ごとに季節に合った遊びが流行するので、年齢とともに同じ遊びでもレベルが上昇する。先（第1章3．）に筆者の体験談としてコマまわしの例を述べたが、そのように、毎年めぐる遊びの流行に自分の力量を合わせて徐々に遊びをマスターし、楽しむのである。これが遊びの螺旋カリキュラムであり、遊びの歳時記がもたらしてく

れるものであった[2]。この現象は、遊びを中心とする伝統のある幼稚園では見られるものである。千葉県我孫子市のめばえ幼稚園の4歳児のドンジャンケンは、5歳児のルールに合ったドンジャンケンに比べれば、ルールからはずれた遊び方をたくさん含んでいる。5歳児の遊びを実際に見てまねているだけだからである。でも5歳児になれば、ルールに沿った遊びを楽しむことができるのである。この園の遊びの伝承には螺旋カリキュラムが含まれている。

遊び保育のためのカリキュラム（教育課程）づくりは、この前例に従えば、まずは、当該の幼稚園の3、4、5歳児の遊びの歳時記の確認から始めるべきである。つまり1年の幼児たちの遊び活動の展開の過程を振り返ることから始めたい。

（2）年間の生活暦の節目——園行事

もう1つの要素は、保育者と幼児・幼児集団がつくる生活の流れである。これは、かつての伝承遊びの年間に展開する遊びの歳時記の背景に、大人たちの年間の生活誌の展開があったのと同様の関係である。とくに、江戸時代の農業中心の社会では、農民たちは、四季の変化に応じて生産活動が展開され、生活誌も、四季の変化に伴うさまざまな行事に支配されていたのであり、子どもの遊びもこれをまねたのである。

もとより、その時代の大人の生活と子どもの生活との関係と、現代の幼稚園・保育所における両者の関係とは同じではない。しかし、両者の緊密な関係を築く必要があるという点では、われわれは、かつての時代を参考にする必要があると考えるのである。そこで保育施設の園行事を大人と幼児のための年間の生活暦の節目として考えてみよう[3]。

この園行事が、幼稚園・保育所における大人と幼児のための共通の生活の節目である理由は、1．保育者と幼児とが一緒にこの行事をつくっていく必要があるからであり、2．父母などの参加の機会でもあるからであり、3．この行事は、基本的な環境構成や、企画・運営に関しては、保育者が

主導するからである。それに対し、遊びの流れは、幼児・幼児集団が主体性を発揮しなければならない。そしてこの年間行事と日常の幼児の遊びとの関係を考えると、年間の生活の流れの大きな節目は行事であり、そうした年間の行事の節目の間で、遊びの流れが展開するという形になっているのである。このことは、大人たちの1年間の生活のリズムの中で、親たちに庇護され、養われて子どもたちは生活していることから当然といえば当然のことである。そして子どもたちは、この大人の生活のリズムに参加して暮らすのである。たとえば、大人にとっての祭りは、大人の生活のハレとケのリズムのハレの行事である[4]。ここには子どもも、晴れ着を着て参加する。子どもが祭りでは重要な役割を果たすこともある。子どもが参加して御輿を引くこともある。祭りは大人と子どもの共同の行事となる。

　こうした生活のリズムの中に、子どもたちは大人と離れて子どもたちだけの遊び集団をつくって自分たちの遊びの集団生活が展開するのである。これが伝承遊びを成立させる子ども集団であった。

2. 本来の行事を節目とする年間指導計画

(1) 遊び保育を中心にする園生活を構築する原則

　現代の幼稚園・保育所の生活は、幼児の保育のために設計された施設の中で展開される。保育者は幼児の成長・発達を助成するための職務を遂行する専門職である。その専門職である保育者が幼稚園教育要領や保育所保育指針に則り、幼児の集団生活の展開の計画を立てるのである。だから年間指導計画の立て方は大人の側から一方的につくるかのように見える。たしかに、近代教育制度や福祉制度の仕組みからいえばそのとおりである。しかし、この保育活動が、遊び保育を中心にする生活を構築しなければな

らないとすれば、前述の伝承遊びの成立する生活の仕組みは、参考にすべきなのである。それには次の原則が必要である。

　1．幼児の園生活の1年の流れが、四季の生活の流れを反映する遊び中心の保育であるべきであるならば、幼稚園・保育所の1年の指導計画は、祭りの行事のように、日常の遊び保育をケとするならば、そのハレとしての行事を中核として、保育者と幼児の共通のものとして展開されるべきである。つまり、両者がハレの行事の主体者となるべきである（現在、一般には、保育者が一方的に引っ張る行事が多いのである）。

　2．日常保育における集会、片づけ、食事、睡眠等の集団的慣習行動ならびに、個人個人の生活習慣行動においては、保育者のリーダーシップのもとに、幼児の主体性が徐々に発揮されるようにすべきである。

　3．日常保育の中心となる遊びについては、幼児の主体性を発揮するとともに、保育者は環境構成者として、またモデルとして、ときに援助者としての役割を果たすべきである[5]。とくに遊びは、保育者をモデルとしながらも、遊びの展開における主体性が幼児になければならず、幼児自らが遊びの流れの中で、ハレを創り出す体験をしなければならない。

　こうして、保育者と幼児集団における共通する生活の流れが生まれることが望ましいのである。そこで長期指導計画にはこれらのことが盛り込まれていくことになる。長期指導計画について前に述べたことを引用しつつ記述する[6]。

（2）長期指導計画の作成と展開の基本的精神

　保育施設も広い意味でいえば、近代教育施設、近代福祉施設に属しており、未成熟期にある存在を「子ども」として家族から公共施設に投入し、集団生活を強要して共同生活をさせる機関であり、そこでの生活秩序を集団として遵守させるためのきまりが「長期指導計画」である。長期の指導計画を作成する際には、季節などの周囲の状況の変化を踏まえ、幼児の生活の流れについてのおおよその見通しをもつことが必要である。周囲の環

境の特徴と幼児の生活の流れとの関係を見通しながら、具体的なねらいや内容、環境を構成する視点を導き出す。その環境を構成する視点は、以下のものである。

・幼児の発達の過程を踏まえる。
・幼児の生活の流れを見通す。
・この時期の自然や社会の事象の特徴を活かす。
・生活の中の出来事や文化などに出会えるようにする。

以上の考え方を参照しつつ、筆者は長期指導計画を次のように規定した。

① 長期指導計画は、幼稚園・保育所における幼児と保育者がつくる集団生活の全体像をイメージとして構成したものである。

② 幼稚園・保育所の集団生活は、それが生活であるかぎり、集団としての慣習性に拘束される。幼児一人一人の主体的な生活を確立することが保育者の営みであるとしても、その生活は、幼稚園・保育所という大人のつくった制度やそこで生まれた保育者の慣習性や幼児集団のつくった慣習性に拘束されているという面をもっている。そのことを自覚化する営みが長期指導計画づくりである。

③ したがって、この長期指導計画は、幼児が主体的に取り組むための環境構成に対応したものである。なぜなら、環境構成も幼児一人一人の取り組みに先取りした形で行われるからである。後者が幼児の空間的環境であるとすれば、前者は幼児の時間的（歴史的）環境といえる。その意味では、保育における環境構成は、長期指導計画の一部ということもできる。（中略）

④ したがって、短期指導計画が集団的な遊びの進行を念頭におきつつも、その中での幼児一人一人の立場に立って、幼児の主体的な活動への取り組みを助成していくための案だとすれば、長期指導計画は、幼児の集団生活やそれが展開される状況（生活の流れとそれが展開される環境）を明らかにし、前者における幼児一人一人の環境への取り組みが、いかに集団的生活状況（慣習性）に影響され

つつより自立的になっていくかを理解するためのものである。

　遊び保育において長期指導計画を構想するにあたって、イメージとして頭に浮かべるべきは、保育者と幼児とがつくる保育施設における行事なのである。しかしこの行事は現在、一般に行われる園行事ではなく、行事本来の生活の節目としての行事なのである。そして、その行事の教育的意義は次の2点にある。

1．集団の「生活」を重視するということは、季節の変化やそれに伴う生活の節目としての行事を重視するということであり、幼児の環境を大切にするということも、幼児たちの集団「生活」が空間の状況と深く結びついていくということである。それはかつての共同体と通ずる「集団」生活なのだということである。したがってそれは1年間でやるべき活動のタイム・スケジュールではなく、これまで園生活の中で蓄積されてきた慣習性や習慣性によって、保育者や幼児の中に伝承されてきた生活感覚を明文化し、記載したものである。

2．もう1つの柱として、子どもたちの環境との結びつきにおいて幼児たちの「生活」の流れを重視するということである。言い換えれば、毎日の時間の流れは、子どもの側の時間の流れとして縛られるというのである。幼児の発達の過程を踏まえるという意味にも言い換えられる。しかし、この発達の過程は発達心理学における「発達段階」とは同義ではない。それは園生活の特色によって規定される。とはいえ、幼児教育における発達の視点は幼児にとっての発達課題であり、幼児にとって達成動機を形成すべきものであるということである。たとえば、5歳児の第Ⅰ期（4月上旬から5月上旬）であれば、「年長になったことを喜び、年長としての生活の仕方を身につけていく」とある。ここでも、筆者は「発達」概念が直線型の単純な幼児の変化のイメージとしてとらえられぬよう、「生活」との結びつきを強調している。この「生活の流れ」に従って指導計画を立てるという考え方は、季節変化とそこで展開される生活のさまざまな要素とは不可分の関係にあり、年中行事も季節やそれに伴う生活スタイルと不可分の関係にあって相互に切り離せないということ

を意味している。落ち葉を集める活動は季節の変化なしには考えられず、どんぐり拾いも同じである。そして、そうした生活の流れを尊重する指導計画はそうした生活時間の固有性と深く結びついている。幼児たちは、そうした時空間のステージをくぐり抜ける形で経験する。こうした指導計画の考え方は、前近代的な共同体社会の時間感覚であり、時の流れは、そこに生きる人々のくらしの内実と切り離せない。そして幼児期の子どものくらしも同様である[7]。

　われわれ現代人は、幼稚園や保育所の行事が、園児募集や人気集めのために行われるものと本来の行事の相違がわかりにくくなっている。しかし、アメリカ人にとってクリスマスは、12月にならないとやってこないことを周囲の雰囲気で感じられる世界である。日本人にとってのお正月と同じである。時の到来は周囲の環境も変え、周囲の人々の気分もクリスマス気分になる。日本における七五三の通過儀礼も同じである。親も子も親族もみな関係者が子どもの成長を喜び祝う気分に包まれるのである。だからこの通過儀礼は、子どもを中心とする集団の行事なのである。これに対し欧米の発達観は一人一人の発達の目安に過ぎない。

　こう考えれば、園行事として毎月行われるお誕生会は、その月に生まれた幼児たちをまとめて祝う会であり、その月生まれる園児だけではなく、保育者も、祝う園児たちを含めて園全体で幼児の成長を祝うという意味がある。その点からいえば、お誕生会は、日本の伝統的な七五三の通過儀礼や年中行事の伝統を引き継いだということができるのである。同様に、5月5日の子どもの日を園行事にするということは、園行事として考えるには、極めてふさわしいものといえる。この日が男子の節句であるという制約はあるものの、しょうぶ湯に入るとか、「柱の傷はおととしの5月5日の背比べ、ちまき食べ食べ、にいさんが……」という歌をうたうということは、季節を含み、この時期にふさわしい食べ物を味わい、お互いに背の高さを昨年の柱の傷と比べながら、自分たちの発達を喜び合うということであり、このセンスは、行事を集団のメンバー全員が祝い合って、さらな

る成長の励みとするという日本の通過儀礼の伝統的な行い方が継承されたものである。

　園行事は保育者にこれを企画・運営する基本的責任はあるものの、そこに幼児自身の積極的参加の余地を用意し、幼児自身がその中で自分の役割を楽しむことができるようにするというしかけは、長期指導計画の作成と展開の基本的精神である。

（3）長期指導計画をどのように組み立てるか

　ではどのように、長期指導計画を組み立てていけばよいのであろうか。これまで、幼稚園の教師たちのコモンセンスからすれば、年間指導計画を立てるのは、ベテラン保育者の役割とされてきた。しかも、その保育者の当該の施設での経験が重要だとされてきた。だからベテランでも、新たな幼稚園に移動してきた場合は、この仕事は任されるべきではないとされてきた。その理由は、その保育者には、その園での経験が少ないからである。

　この常識には、すべて正しいとはいえないとしても、それなりの理由がある。幼児の集団生活や遊びはハビトゥス[8]として歴史性をもっており、それは、その園の環境とも結びついているからである。1日の時間の展開の仕方、遊びにおける環境の利用の仕方には、歴史があり、それを修正するしないにかかわらず、まったく無視することはできないのである。とくに1年の生活の流れのあり方や、遊びのコーナーの設定など、幼児の遊びの歴史がつくり上げたものは、無視するわけにはいかないからである。とくに、行事は季節変化と対応しており、幼児の遊びや活動も季節的変化と結びついて展開されているもの（たとえば、プール遊びや園外保育など）は、毎年、同じ時期に設定されざるを得ない。また畑における収穫活動などは、空間的にも固定化される。しかしそうした活動だけでなく、その他の自然との活動も、特定の場所にかかわって展開されることが多いのである。

　たとえば、かつて都内の公立幼稚園の園内研究にかかわったときのことである。この園は、園庭と市街地が隣接する車道との境界に、多くの樹木

が植えられ、その樹木の並木に沿って自然のネイチャートレイル（歩行路）がつくられていた。多くの種類の落葉樹や果樹が植えられているので、春夏秋冬で異なった活動が想定される。花の咲く時期、葉の茂る時期、果実の実る時期、さまざまな木々の植えられている場所で、観察したり探索したり、風景を楽しんだりする。筆者が先生方にしたアドバイスは、模造紙にこのトレイルと樹木の種類、植えられた場所のマップをつくってほしいこと、そしてそこで各々の樹木の新緑の時期、花の咲く時期、果実の実る時期、落葉の散る時期と落葉の形や色などを書き込んでみようということ、そしてその四季の変化に応じて展開された前の年の幼児の活動を思い出し、そのマップに書き込んでみよう。たとえば、4月は桜の花を眺めて花見をしたとか、秋10月末〜11月初旬には、銀杏の落ち葉を拾って画用紙にのりづけする、というようなことをである。もしこれが完成すれば、このマップは今年のこのネイチャートレイルをめぐる活動を予測する年間カリキュラムになるはずである。また同じように、園外保育にもマップづくりは適用されるべきである。保育所などでは、近隣のお散歩は恒例の行事であり、園に帰ってマップづくりを園児と一緒にやり、散歩の途中で幼児が気づいたことを保育者がその日の活動修了後に保育記録にすることで、来年の幼児理解の手がかりになる。

　このようにして、今、勤務している幼稚園・保育所の保育者たちがこれまでのその園での経験歴に基づいて、4月から次年の3月までの年少児、年中児、年長児の担任の経験を思い起こしながら、始業式から、幼児集団の生活の流れをイメージし、幼児たちの生活の流れはどのようであったかを話し合い、その大まかな流れを記述していく。そしてその際、行事はそうした日常の生活のリズムの節目としてどんな役割をもっていたかを話し合いの中で共有していく。そしてそれに対する保育者たちの心構えはどうであったかを職員全体で共有していく。その中でとくに、新人の保育者にとってその施設の中での保育者と幼児の関係はどのように見えたかを語らせる。このことは、年間指導計画を書式として記述するまえに、話し合いの中で、大まかなイメージとしてつかむためには大切である。この場合、

新人保育者から「私の立場からすれば、無我夢中で園生活についていくのがやっとでしたが、やっと落ち着いてきて、先生方と幼児たちとの間に、目に見えない了解し合う関係があるので、あわてなくとも、最後はうまくいくといった感じがあるのではないかと感じられるようになりました」といった実感が得られたら、年間指導計画は、保育者と幼児の生活の流れとしてうまくいっているのである。こうした実感が生まれないのに、指導計画の書式として、やたらと詳しく、きっちり書かれていても実際の保育の指導や援助の手だてにならないことのほうが多い。こうした筆者の考え方は、これまでの一人一人を中心とする発達観や援助の視点を無視することなく、結果的にはそのことが生きるような集団保育論への根本的転換をめざすものであり、その中核的思考は園生活における集団生活のハビトゥスをどうつくり上げていくかという点にある。しかしこのことは、一人一人の発達や援助を考える前に、まず、優先すべきは幼児集団の生活の流れ（リズム）をどうつくるかという点にある。それはすでに述べたように、保育者1人に幼児が多数という学級を対象にした保育という現実に対応するものである。

　長期指導計画の立案の観点として、生活の流れに従うということと、もう1つの柱に幼児の発達の道筋に従うという観点がある[9]とされている。この発達上の目安は、指導計画作成上にどのように働くのであろうか。保育者の立場からして、4歳児のごっこ遊びと5歳児のごっこ遊びの相違はたしかにあり、この相違は無視できない。しかし、幼児一人一人の相違として明確に意識されるというものではない。むしろ一人一人の個人差として意識されることもあるが、意識されないこともある。ただ問題は、その発達上の相違に応じて、援助の仕方の相違を保育者が自覚できるかといえば、その点は困難なことのほうが大きい。なぜなら、この発達上の相違には個人差も加わるからである。むしろ保育者の側でよくいわれるのは、集団遊び（ままごと）や、運動競技などに見られる発達上の差異である。

　したがって、発達段階における差異が集団遊びなどに多く意識され、このことがカリキュラム作成上で意識されなければならない場合、それは年

間指導計画の生活の流れということの付帯事項として考慮すべきである。結論的にいえば、長期指導計画によって、当該園のこれまでの実践を跡づけ、その歴史の上に、来るべき年の大まかな予測と見通しを保育者がもつことができることが大切なのである。それゆえ、その具体的内容を詳しく記述することは、保育者の自由な発想も幼児の自由な創意をも抑えてしまう可能性も大きいので、大枠の目安を構想するものにしたいのである。保育者にとっても、幼児集団にとっても、年間指導計画によって大まかな方向づけと見通しが得られることが大切なのであろうと思われる。

3．短期の指導計画をどうつくるか
―遊び保育を展開する手だてとして―

　一般に短期指導計画といわれるものとして、週案、日案、時案（細案とか部分細案ともいう。1日の中で特定の活動をするための指導案で、遊び保育では使わない）の3つがある。そして、この計画することをなぜ案というかについて辞書的には「思いめぐらすこと」「それを出すこと」であるといわれている。したがって、週案、日案、時案は、幼児一人一人の1週間の活動について、あるいは1日の活動についてさらには、1時間の活動について思いめぐらすこととなる[10]。そして週案は、週末の金曜日に、日案、時案は前日につくることになっている。この実情からいえば、前の週の月～金までの幼児の活動の流れを総括し、幼児たちは今週、このような活動を展開したので、この流れでいけば、来週からの幼児の活動はかくかくのようになるのではないかと予測する。それを週案に書く。また日案は、先週の幼児の実態から今週の週案が書かれ、もし水曜日の保育の日常であれば月曜日と火曜日と幼児の実態を見てきて、明日の水曜日の日案や、また明日10時半〜11時15分までの細案もその前日までのその実態に基づい

て書かれる。
　このように短期の指導計画も、より長いスパンの幼児の生活や活動の実態を振り返って、将来の生活や活動の見通しや予測が立てられるのである。
　以前、筆者は、「指導案」についてこう書いたことがある。

　指導計画を立てるという仕事は、保育者が一人一人の幼児の明日の活動をどう予測し、それにどう備えていけるかを、過去の幼児の行動を振り返ることで構想することである。それは幼児一人一人の遊びに対する要求（志向性）に応えられる援助をするためのイメージトレーニングである。過去の状態がもしもこのようであるならば（if～then）、その要求が実現し、その活動に充実感をもつよう、～のことを指導したいと考える。こうした一連の思考活動が「指導計画」を立てるという行為であり、そこで書かれた形式が「指導案」なのである[11]。

　ここで述べていることは、原則的に正しい。ただし、遊び保育について一部、修正しなければならない。それは、保育者の指導計画についての予測は、最終的に一人一人の幼児の活動の予測であるとしても、まず予測すべきは、遊び集団としての活動の予測である。まず、金曜日の保育後、明日の土日は幼児の家族保育の時間であり、今日までの保育室や園庭の幼児の遊びが来週の保育においても持続するだろうか、どう展開するだろうかを予測するのである。多くの幼児を抱える保育者にとって特定の幼児は別として幼児一人一人の遊びの動きのすべてを観察し、その動きを読み取り、さらに幼児の内面まで読み取ろうとすることは不可能に近い。それゆえ、保育者としては、まずは幼児集団の遊びの動向を把握し、それぞれの遊びにクラスの幼児たち全員が参加する状態を保障し、その展開を見守り、それを援助できるような保育案が考えられなければならない。それには少なくとも１週間、遊びが持続すれば、週案を書くにあたり、遊びの予測はより確実なものとなっていくと考えられる。幼児の集団遊びが続けば続くほど、保育者は幼児の動向を読み取る余裕も出てくるので、週案から日案へ、時案に具体化するにつれて、幼児一人一人の姿が保育者に浮かび

上がってくることが望ましいのである。週案を立て、それに基づいて日案を立てながら、幼児の集団遊びの流れを確実に把握し、ふさわしい援助を考えていくためには、園の日常の保育の流れを確実に把握するための指導計画の工夫が必要である。その1つは、週案、日案などにおける日常的に保育者側から働きかける一斉指導の箇所である。たとえば、登園時の指導上の留意点に、幼児を視診するとある。あるいは降園時の集会、またお片づけという形で指導内容が簡潔に書き入れられる。そして毎日の行為であるからして、保育者の関心は、主なる活動のほうに向かっていく。そして保育者も経験を重ねてくると、いつもの活動をするという意識からここに関心をもつことを止めてしまう傾向がある。

とくに新人保育者の場合、この毎日ルーティンワークとして慣れてしまい、マンネリズムになりかねない点こそ、指導計画の中で保育者が関心をもって記録しなければならない点なのである。

その理由としては1つには、この機会こそ、幼児一人一人への関心と配慮が可能な場合だからである。たとえば、登園時の視診においては、そうである。とくに月曜日の登園時の視診は幼児理解の重要な情報獲得のチャンスである。なぜなら、土、日の家庭での経験は、園生活の経験と異なっており、前の週での遊びの楽しさや人間関係の経験をもち続けているだろうか、また、家庭における父母との関係や土日での家庭生活は楽しかったのだろうか、さらにまた、担任である保育者とのかかわりにわだかまりはないだろうかなど、多くの情報が幼児との出会いから得られ、その日のその幼児の活動への取り組みがよりよく予想されるからである。

2つには、絵本の読み聞かせ、保育者のお話、片づけにおける指導など、一斉活動の機会において、保育者のクラス集団全体を掌握する学級経営能力を反省し、留意点を一つ一つ点検するための観点を指導計画の中に毎回書き込み、工夫するための1つの指針として週案、日案などを利用することができるのである。たとえば、「先週は、幼児たちが、なんとなく落ち着きがなく、クラス全体がざわついた雰囲気があった。今週は、落ち着いた雰囲気を生み出すために、まず保育者がイスに座り、ゆっくりと

じっくりとした話し方、幼児一人一人とアイコンタクトをする雰囲気で、お話をワンフレーズごとに、その言葉を幼児に送ることを意識しながら語りかける。そして一拍おき、幼児たちのうなずきを待って次のお話をすることを心がけよう」といった反省を書き込みながら、指導案を書いてみようというようにである。

　3つには、この一斉活動の場面はクラス全体が集団的に動く。このような活動の場合に、目立つのがこの集団的動きについていけない幼児の存在である。したがってこの機会こそ、その幼児をしっかり把握し、援助の仕方を探ることができる。たとえば、手遊びなどの場合に、全体の動きのノリに乗れないために、逸脱しがちな幼児を意識にとらえることである。しかし、こうした幼児を「問題児」というレッテルをはって排除したり無視することなく、まずは受容するまなざしで受け止めることである。そして、すぐ手を差し伸べてしまうのではなく、どう援助すれば自力で適応する力が身につくのか、また周囲の幼児がお互いにどう助成し合うかなど見極めるための留意点を指導案に書き込むことが大切なのである。

4．遊び保育の展開に必要な週案・日案の条件は何か

　すでに前の章で論じたように遊び保育は集団として展開されることは繰り返し述べてきた。とすれば、遊び集団は1つではなく複数であり、保育者はそのすべてを把握しなければならず、また各々の遊び集団の展開も頭に入れなければならない。つまり保育者の頭の中には、どこでどんな遊びグループがどのように遊んでいるかが明確になっている必要があるのである。これまで教師主導型の保育においては、保育者からの働きかけが重要であるため、時間経過に従った保育者の働きかけを書き込む形で指導計画

が立てられるのが常識であった。遊び保育は、幼児たちが、集団を形成していたり、もちろん1人でいることも許容されるにしても、環境にあるモノや場所を使って、好きな仲間と自分のしたい活動に取り組むことを目指しているのだから、そうした営みにふさわしい指導案は、幼児たちがどこで、だれと、どんな道具や素材とかかわっているかが一目で保育者の目でとらえられることが必要なのである。つまり、幼児たちの遊びの展開を俯瞰できることが大切なのである。そしてそのことを前の週からの幼児の遊びの過程や前日までの子どもの遊びの展開から予想して次の日の展開図を書くのである。次ページの図1の形式は河邉貴子によって考案されたものである[12]。この図1は、筆者が園内研究会を行っている小田原市立矢作幼稚園の日案である[13]（河邉の考案した形式をこの園でも使用している）。

　この展開図について河邉は、環境の構成と保育者の援助という題目をつけているが、この図によって幼児がどこで何をしていたか、環境とのかかわりは何か、どう援助すればよいかが具体的に示されている。しかし、この図は、前日までの幼児の実態に基づいて書かれたものであり、前の日の実態と次の日の実態とが異なっている場合、この指導案はすべて実態にそぐわないことになり、この案は役に立たないものとなる。言い換えれば、この案は、先週の幼児の実態や前の日の幼児の実態を反映して、幼児の遊びが連続した姿で展開しているということを反映しているかぎりにおいて有効なのである。

　保育者の頭の中に保育室の各コーナーや園庭でいつものように遊びを展開する幼児たちの姿と場所と遊具とのかかわりがイメージされることが、この図示された案の効用性の決め手となる。

　以上のことから、遊び保育の指導案は、日案という極めて限定されたものであっても、週案やさらに長い長期指導計画で示されている生活の流れを反映すればするほど、保育者には、遊びの流れが読み取れるのである。たとえば、「1学期のころのごっこ遊びの仕方がこのところ変わってきたように思う。幼児たちの遊びにストーリーが現れるようになってきた」と

4．遊び保育の展開に必要な週案・日案の条件は何か　207

＜中型積み木＞（もぐれるお家、道路）

☆ 3、4名で、自分たちの場を構成して、楽しんでいる。周りを囲った平面から、立体的な構成に変わってきている。T男、K男らが中心になって、作り始めることが多い。もぐれるお家、迷路、道路など、自分たちの中で動いて遊べる場を作ると思われる。

♡・場を作り始めるときは、勢いがあり、友達と「どこに置くの？」「ここに置いて」など、思いを伝えながら楽しんでいるので、その姿を見守る。「○○ちゃんは、こうしたいんだ」と動きの確認をしたり、工夫していることを認めたり、「どうなるんだろう？」と期待を伝えたりしながら作る過程を十分に楽しめるようにする。
・「ここは○○ね」「わたしは○○」と、イメージやしたいことを出していることを受け、それが周りにも分かって、一緒に遊んでいる楽しさにつながるように「そう○○なんだ」と繰り返し、イメージに合いそうな物を出したりする。

♡・遊びの様子を見ながら、なかなか動き出せない幼児がいたら、「夏休みのしおり」で紹介している動く船を作って、遊べる場を用意する。

＜製作＞（車作り）

☆（空き容器や色画用紙、折り紙などを使って、いろいろな物を作ることを楽しんでいる）1週間ほど前に S子 が車を作ったのをきっかけに、3、4名の幼児も車を作りだした。そのときは、手で押して動かしていたが、今回は動く車なので、さらに、興味をもって作り始めると思われる。

♡・作りたいと思った幼児が、自分から作りだせるように、タイヤ、竹ひご、片手で扱えそうな大きすぎない箱などの材料を、製作コーナーの目につきやすいところに出しておく。
・ほとんどの幼児は、友達や教師の動きを見て真似して作ったり、自分なりの工夫を加えたりしているので、その取り組みを認め「自分の車」ができたという喜びにつなげていく。
・やりたい気持ちはあるのだが、技能が伴わずにあきらめてしまいがちな幼児 M子、I子 には手を貸したり、うまくいくポイントを知らせたりして最後まで作りあげ、それで遊んで楽しめるようにする。
・作った物で遊ぶ楽しさを味わえるように、動かして試せる場を積み木などで作ってみる。
・自分の作りたい物を黙々と作っている幼児には、周りの動きを知らせるが、無理に車作りに誘わずに、その子なりの思いを十分に満足させられるようにする。

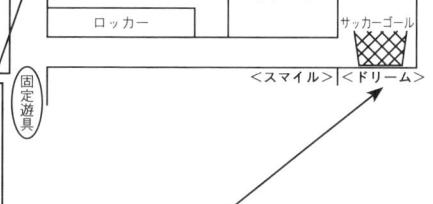

（室内配置図）
ピアノ／中型積み木／材料棚／引き出し／＜ファンタジー＞／絵本コーナー／製作／テーブル／水道／＜フレンズ＞／飼育物／ままごと／ロッカー／サッカーゴール／大型積み木／固定遊具／＜スマイル＞／＜ドリーム＞

＜サッカーごっこ＞

☆ ワールドカップの刺激もあってか、5歳児がしていたときに、自分から仲間に入れてもらったり、そばで見ていたりした。ゲームになると入れてもらえないこともあったので、ゴールが空いているときに、思い思いにボールをけり入れたり、キーパーになったりして楽しんでいる。

♡・サッカーの真似ごとをする。ボールをける、シュートして点を入れる、友達や先生と動くなど、楽しんでいることは様々なので、まずは、十分にできるようにボールの数やゴールの場所など工夫する。

＜5歳児の宇宙船ごっこや
　OHPの遊びに興味をもつ＞

☆ 前々週に宇宙船ごっこにお客さんとして入れてもらったり、誕生会でOHPを使った出し物を見せてもらったりして、興味をもっている。誘われると、やってみたいという気持ちをもつと思われる。

♡・互いの遊びの状態を年長組の担任と話し合いながら、参加の仕方や、かかわり方を決めていくようにする。人数が少ないので、互いに盛り上がれるようにしたい。

図1　環境の構成と保育者の援助（4歳児）
☆ 前々日までの様子と予想される幼児の動き　♡ 保育者の援助

（小田原市立矢作幼稚園4歳児クラス指導案）

いうようにである。言い換えれば、遊び保育における指導計画は、日案のように短いものであっても、そこに週案の流れが反映するように、幼児の遊びの歴史性がそこに現れることが望ましいのである。

5．指導案における「ねらい」のとらえ方

(1)「臨床目標」とは

　以上、述べてきた指導案の特質はこれまで指導案において考えられてきた常識と大きく異なる点がある。それは、指導計画でもっとも重要な点は教育目標（幼児教育では「ねらい」というので、以下「ねらい」とする）の設定なのである。保育者も教育する立場にある存在であり、だとすれば、「ねらい」（以下、原則として「　」をはずして使う）が念頭にあるはずだからである。しかし、ここでは、ねらいについての言及をしないで指導案について語ってきた。その理由は次の点にある。筆者は『保育援助論』の中で「援助」についてこう述べた。
　「『援助』とは、幼児に対し、どうかかわることが可能なのかを見極めた上で、子どもが望ましい状態に達してほしいという大人の願いをもって子どもにかかわることである」[14)]と述べた。そして「この文の前後の部分（傍点部分）の子どもへのかかわりの可能性を模索する行為が幼児理解である」と述べた。この援助の原則に従えば、幼児の遊びは、保育者がモデルとなり、環境構成（コーナーや素材、遊具を備えて）によって、幼児の集団的・個人的な活動の成立を促すことはできる。しかし、一度、ごっこ世界が成立し、幼児たちによって活動が展開し始めると、この活動は幼児たちによって展開されることになる。われわれ大人は、保育者といえども、容易に介入はできない。まさにこの遊びの展開を見極めることが必要にな

る。指導計画における遊び保育の指導案の役割はこの幼児自身の遊びの展開を維持させ、この遊びの展開における幼児たちの果たす役割や、人間関係、遊具とのかかわり、場（空間）の利用の仕方を見極め、この遊びを通じて幼児たちが何を学び成長するのかを把握することなのである。

とすれば、保育のねらいは、この遊び保育においては、どこに位置づくのであろうか。

幼稚園・保育所が幼児の人間形成の場であり、保育者の役割はそれを助成することが課題であれば、年間指導計画の中に、幼稚園教育要領や保育所保育指針のねらいや内容が幼児の発達に従って表示され、年間指導計画や日案の中に設定されるのは当然のことである。とくに、行事や日々の一斉指導の局面では、保育者が直接に幼児を指導する部分もある。たとえば、着脱衣の指導など、明確な達成水準を立てて、一人一人指導の結果を見極める点もある。しかし、遊び保育におけるねらいは、幼児の集団遊びに直接介入して、言語的に一つ一つ指示、命ずる形での指導にはなり得ない。遊びは多くの場合、集団で展開され、その達成水準を短期的に評価できるものではないからである。この点について筆者は、他の論文で次のように論じている。

ねらいの内容について３つの区別を設定している。１つは「行動目標 (overt behavior)」（可視的目標として達成が確認されるもの　例：50ｍが完走できたか）、２つは「認知目標」、認知的目標の達成が確認されるもの（たとえば、１：１対応の操作で、10の集合の確認ができる）、３つ目が「臨床目標」[15]である。これは「子どもにおける態度の望ましさを見るために設定される。しかし子どもの態度の望ましさを見極めるということは、子どもの外的行動でわかるというものではない。（中略）ねらいの記述の仕方という点からいえば、この態度の望ましさの記述は、比喩的なあるいは内包性の豊かな言葉でなされる。たとえば、「好きな遊びに自主的に取り組んで遊ぶ」とか、「当番の仕事を責任をもってする」「粘土製作に熱中して取り組む」等の文がそれである。（中略）一定の客観的に確認できる行動の積み重ねとし

て説明することが困難である。にもかかわらず教師はこれらの言葉の意味（概念内容）については経験的に了解済みのことであるとして、それに基づいて子どもの行動（態度）を評価する。（中略）教師は子どもたちの動きや、表情からそうした評価をするのである。それは、そうした教師の評価「表情の読み取り」が教職において共有されやすい人間観、児童観、一人一人の子どもの人物評価に依存している。（中略）だから教師たちがこれらの評価を絶対視すると子どもについての新しい発見もなくなり、子どもに固定したレッテルを貼ることになる[16]、と述べた。

したがってこのねらいは常にある時点の子どもの実態についての解釈にすぎない。それゆえ、幼児の実態を継続的にこの解釈をそのつど加えることで、幼児の実態に合わせて修正していくことが必要なのである。幸い幼児の遊びの展開は、これまで論じてきたように、環境的配慮をするならば、持続性をもっている。幼児集団の遊びは、遊び込めば遊び込むほど、場所とモノと人との関係が緊密になり、ハビトゥスが形成されるため、持続性を帯び、遊びの変化も保育者に予測可能になるのである。そうした遊びの状況を診断し、援助の方向を模索するために、設定されるのが臨床目標なのである。

（２）臨床目標による幼児の実態の診断

まず、後掲の日案（p.214～215）のねらいとして「好きな遊びの中で、友達とかかわることを楽しむ」という臨床目標が掲げられている[17]。そして週案（p.216～217）には、次ページに抜粋したねらいが書かれてあり、日案には、２つのねらいが書かれている。ちなみに、幼稚園教育要領にある内容は、ねらいをより具体化したねらいということができる。この週案、日案のねらいの中で、週案で、内容の３番目は「水遊びに必要な身支度や後始末の仕方を知り、できることは自分でする」という文の中で、前半は前述の行動目標に近く、保育者が幼児一人一人の行動を観察することで、その達成度を確認できる。しかし、後半の「できることは自分です

る」というところは、幼児の態度を持続的に観察し続けることで了解されることであるからして臨床目標ということになる。そしてその他、ねらいも内容もあとは臨床目標であって、この目標が達成されているかどうかは、持続的観察と多くの保育者による間主観的評価[18]が決めることである。次に日案のところでは、ねらいの2つ目の「手洗い・うがいの仕方がわかり、丁寧にする」というのは、一見、行動目標のように見えるが「うがいの仕方」がわかるかどうかも、継続的観察による診断によって決まるのである。そこで前週の幼児の姿の記述を見てみよう[19]。

この幼児の姿の中で、下線の部分はねらいに合った幼児の実態が見られた点であり、波線の部分は前の週で課題になっており、実現できなかった幼児の姿である。したがってこの点については援助の手だてを考えなければならないとしている。今回「手洗い・うがいの仕方がわかり丁寧にする」というねらいを改

週案のねらい（p. 216 より抜粋）

ねらい	○いろいろな遊びに興味をもち、取り組んで遊ぶ。 ○友達とかかわりながら一緒に遊び、好きな遊びを楽しむ。
内容	○いろいろな素材に興味をもち、使って遊ぶ。 ○友達とふれ合って遊ぶ楽しさを感じる。 ○水遊びに必要な身支度や後始末の仕方を知り、できることは自分でする。 ○やりたい遊びに取り組む中でやっていいことといけないことがあることがわかる。 ○友達と一緒にリズムに合わせて歌ったり踊ったりすることを楽しむ。 ○静かに話を聞いたり順番を待ったりする大切さを知る。 ○栽培物の水やりをし、生長を楽しみにする。 ○梅雨期の身近な自然の様子に興味をもつ。 ○家の人に感謝の気持ちをもつ。

日案のねらい（p. 215 より抜粋）

○好きな遊びの中で、友達とかかわることを楽しむ。
○手洗い・うがいの仕方がわかり、丁寧にする。

週案の「前週の幼児の姿」（p. 216 より抜粋）

前週の幼児の姿	○少しずつ登園時に泣くことが少なくなってきている。自分から所持品の始末やシールを貼るようになり、室内で好きな遊びを見付けて遊び出すようになってきた。 ○気の合う友達が出来て、一緒に過ごす楽しさを感じている。教師のしていることに興味をもち、「やってみたい。」といって来たり、友達の様子に刺激されたりしているが、遊びが見付からず、なかなか遊び出せない子もいる。 ○戸外では、砂の感触を味わいながら遊んでいる子もいる。クラス全員で「あぶくたった」を経験する機会をもったところ、たくさんの友達と一緒に過ごす楽しさを感じるようになってきた。 ○集まりの時、教師の方を見て静かに話を聞く大切さを繰り返し確認している。また、トイレのサンダルの使い方や手洗い・うがいの仕方を雑にしてしまうことがあるので、クラス全体に知らせたり、個別に声を掛けて知らせたりしている。 ○ハツカダイコンの生長を楽しみにして、水をやったり図鑑を見たりしている。

（下線、波線：引用者）

めて立てている。

　このように、臨床目標は、幼児の活動の展開をより継続的に診断しながら、そのときどきの幼児の実態を把握しつつ、援助の手だてを考えるのである。したがって、このねらいや内容は、幼児の遊びの展開に応じて幼児の実態から生み出されるものである。要するに、保育におけるねらいは、幼稚園教育要領においては、領域ごとに設定されるが、そのねらい自体からねらい達成の活動を設定したり、特定の活動にあてはめたりするのではなく、幼児の遊びの展開を観察しながら、4歳児で、今、展開されている遊びであれば、その遊びの展開や幼児の動きから、どのねらいを設定すれば、その遊びにおける幼児の発達をよりよく診断できるかという観点から、ねらいを設定して、幼児の学びを継続して診断し、援助を考えるのである。

　たとえば、小田原市の矢作幼稚園の4歳児の6月の遊びの実態に対して、「いろいろな遊びに興味をもち、取り組んで遊ぶ」というねらいの設定は、この日の各コーナーの遊びの実態を診断し、幼児たちの遊びへの取り組みに視点をあてて、遊びに興味をもっているかどうかを見極め、援助のあり方を考えていくのである。幼児の実態からねらいを設定し、診断し、援助し、ねらいを設定し、診断し、援助するというサイクルになるのである。ねらいとはそういう性質のものであり、小学校の教育目標とは、根本的に異なっているのである。それゆえ、始めに幼児の遊びありきであり、遊びが幼児集団によって生み出され、その活動が幼児たちによってより主体的に展開され、それが持続的になればなるほど、保育者は遊びの歴史性が予測できるようになる。もしこうした遊びの過去から現在への流れがわかればわかるほど、またその流れを記録として保育者が残すことができれば、それだけ、ねらいによって幼児の実態を確かに診断することができ、援助の方向も見えてくると思われる。これまで遊び中心の保育施設で記録が指導計画頼りになっていたところもあり、ねらいは、幼児の遊びの実態を把握することなしには、意味をなさないのである。

［注］

1）J. ブルーナー著、平光昭久・大沢正子訳『認識の心理学（下）』明治図書出版、1978年、p. 158
2）小川博久「遊びの伝承についての再考―集合的記憶の視点から」小川博久編『「遊び」の探究　大人は子どもの遊びにどうかかわりうるか』生活ジャーナル、2001年、p. 15 ～ 21
3）小川博久『保育援助論』生活ジャーナル、2000年
4）民俗學研究所編『民俗學辞典』東京堂出版、1951年、p. 447 ～ 452
5）本書、第2章6. 参照
6）小川博久「保育者にとって「カリキュラム」を作るとはどういうことか―保育者の「時間」と幼児の「時間」の関係を問うことを通して」『幼年教育研究年報』第27巻、広島大学大学院教育学研究附属幼年教育研究施設、2005年、p. 39 ～ 51
7）同上書、p. 43
8）本書、第4章、注17）参照
9）小川、前掲書、注3）、p. 86 ～ 96
10）同上書、p. 76 ～ 77
11）同上書、p. 77
12）小川、前掲書、注6）、p. 50
13）小田原市立矢作幼稚園園内研究会資料
14）小川、前掲書、注3）、p. 5
15）このねらいの設定によって、幼児の行動を継続的に観察することが可能になり、その行動の経過の観察を通して幼児の現在の実態が診断される。このような幼児に対する診断の方法は、カウンセリングなどとも共通する点から、こうした名前をつけた。
16）小川博久「幼稚園教育課程編成の問題―「指導計画」における記述のしかた」『東京学芸大学紀要』第1部門教育科学、第28集、1977年、p. 80 ～ 82
17）本書、第6章「図2　4歳児日案」p. 214 ～ 215 参照
18）保育者一人一人の主観的評価をもちよって共通の評価をつくり上げることをいう。今は科学でも客観的評価といわずに、間主観的評価というようになっている。
19）本書、第6章「図3　4歳児週案」p. 216 ～ 217 参照

| 4歳児　　　　　組　　日案　　6月8日（月）　天気（　　　）|

○登園（8:50～9:00）
・所持品の始末・シールを貼る
・登園時の様子を見取り、安心して入ってこれるように、慌てずに受け入れる。
・ハツカダイコンの水やり
・ハツカダイコンの成長を一緒に見て、楽しみに出来るような声を掛ける。
○室内で遊ぶ
・片付け（10:00）・用便
○園庭で遊ぶ
・片付け（11:00）
・手洗い、用便
・手首まで丁寧に手を洗うことを伝えながら、手洗いの大切さに気付くことが出来るようにする。
・みんなで一緒に片付けると早くきれいになることを知らせて自分から行動出来るように声を掛けていく。
◎弁当（11:40）
・いろいろな友達と一緒に食べることが出来るようにする。
・準備・食べる・歯磨き・片付け
○集まり
・紙芝居
○降園（14:00）

【製作コーナー】
○ 牛乳パックを使って、自分のイメージした物を作ろうと、[I][H][K]が座り、Tの周りで作って遊ぶことで安定していた。作って満足すると、前日に友達が作っていたカエルのことを思い出し、作りたいといって準備を始めた。[M][Y][H]が友達に作り方を教え、壁面に飾って嬉しそうにしていた。まだ作っていない幼児が作りたいといっていたので、色画用紙（緑・黄緑）を用意しておき、作り上げる嬉しさが味わえるようにしていく。Tも一緒に作りながら、イメージしたことを作って表現することで楽しさが味わえるように、声を掛けたり、材料や用具を知らせたりしていく。
○ [I]が折り紙で紙飛行機を折りたいといって来ると、それを見て[Y][M]が折り始めた。意外と上手に折れるので驚いたと同時に、友達に教えてあげたり、「すごいね！」と声を掛け合ったりする姿が見られ、嬉しく思った。一人一人の幼児が作ることを楽しんでいる様子を見守りながら、頑張っていることを認めることで自信につながるような働き掛けをしていく。

【サッカー】
○他の遊びに参加していたので、サッカーに参加する幼児はいなかった。遊びの興味のもち方を見ていく。

【砂遊び】　[I][K][J][HU][YU]
○大きな穴を掘って、何度も水を汲みに行って運び、海が出来上がった。友達と協力して作りあげたことを喜んでいるようだった。ジョウロを使いたくて、友達に「貸して」といえずにいた幼児もいたが、少しずつどうしたらよいのか気付くようになり、友達と一緒に使うことが分かってきた。また、タライから水を汲むように声を掛けてきたが、蛇口から直接汲んでしまいやすい。水の使い方を確認し、タライの水の量を調節しながら、遊びの様子を見取っていく。

【アスレチックごっこ】　[I][MZ][HO][MY]
○Tがどうやって並べたらいいのか考えていると、[I]が一緒に考えを出して並べ、遊びが始まった。流れが出来ると、遊びに参加してくる幼児も増え、体を動かして遊ぶことを繰り返し楽しんでいた。遊具の置き方や流れを一緒につくるようにする。

図2　4歳児　日案

5．指導案における「ねらい」のとらえ方　215

| 欠席（　　） | ねらい | ○好きな遊びの中で、友達とかかわることを楽しむ。
○手洗い・うがいの仕方がわかり、丁寧にする。 |

ままごと　　HR　HO　N　J　HY　HU　R　HK　NA

○男児が興味をもち、お父さん役になってご飯を作って遊んでいた。「お仕事行ってきます！」「お土産買って来たよ！」といい、イメージをもって遊びに参加していた。HK　R
○ NA　HO が新聞紙をちぎってご飯を作り、友達と一緒に食べる準備をしていた。男児が参加してきても嫌がる様子もなく、HY がハンバーグを作って、友達とやりとりをしていた。イメージをもって遊びに参加してくるようになってきたので、どんなイメージがあるのか見取りながらTも一緒に遊ぶことを楽しんでいく。

ブロック・積み木　　YU　HK　R　I　J　MZ　S　E　RI

○自分なりのイメージをもって車や飛行機を作って遊んでいた。自分の物が出来上がると、積み木を使って道路に見立て、つなげて遊び出していた。一度作った物を工夫して作り直して遊ぶこともあり、こだわりをもっているように感じた。積み木をつなげる時にビニールテープを使っていることがあったので、すぐにはずれてしまった。どうしたらよいのか知らせたり、用具を大切に使うことに気付かせたりする。また、友達と一緒に過ごす楽しさが味わえるように、かかわるきっかけをつくるようにする。
○製作コーナーで作ったボールを使って、積み木の坂を転がしたり、ボーリングのようにしたりしていた。遊びが変化していく様子を見守りながら、一緒に遊ぶ楽しさを共感していく。

葉山　　**砂場**

色水　　S　I　HA　HK　M　Y　HR　T

○枯れている花が少なくなってしまったことで、花を探して採ることが難しいのか、何度もTに声を掛けてきていた。枯れていない花を摘んでいる幼児もいるので、花を大切にすることも声を掛けて知らせる。

リレー

○参加することが少なかった。Tが率先して参加し、遊びの楽しい雰囲気を出していく。

（小田原市立矢作幼稚園　4歳児クラス　日案）

4歳児　さくら組　週案

前週の幼児の姿

- 少しずつ登園時に泣くことが少なくなってきている。自分から所持品の始末やシールを貼るようになり、室内で好きな遊びを見付けて遊び出すようになってきた。
- 気の合う友達が出来て、一緒に過ごす楽しさを感じている。教師のしていることに興味をもち、「やってみたい。」といって来たり、友達の様子に刺激されたりしているが、遊びが見付からず、なかなか遊び出せない子もいる。
- 戸外では、砂の感触を味わいながら遊んでいる子もいる。クラス全員で「あぶくたった」を経験する機会をもったところ、たくさんの友達と一緒に過ごす楽しさを感じるようになってきた。
- 集まりの時、教師の方を見て静かに話を聞く大切さを繰り返し確認している。また、トイレのサンダルの使い方や手洗い・うがいの仕方を雑にしてしまうことがあったので、クラス全体に知らせたり、個別に声を掛けて知らせたりしている。
- ハツカダイコンの生長を楽しみにして、水をやったり図鑑を見たりしている。

ねらい

- いろいろな遊びに興味をもち、取り組んで遊ぶ。
- 友達とかかわりながら一緒に遊び、好きな遊びを楽しむ。

内容

- いろいろな素材に興味をもち、使って遊ぶ。
- 友達とふれ合って遊ぶ楽しさを感じる。
- 水遊びに必要な身支度や後始末の仕方を知り、できることは自分でする。
- やりたい遊びに取り組む中で、やっていいこといけないことがあることがわかる。
- 友達と一緒にリズムに合わせて歌ったり踊ったりすることを楽しむ。
- 静かに話を聞いたり順番を待ったりする大切さを知る。
- 栽培物の水やりをし、生長を楽しみにする。
- 梅雨期の身近な自然の様子に興味をもつ。
- 家の人に感謝の気持ちをもつ。

月/日

	6/8（月）降園 14:00	6/9（火）降園 14:00

予想される遊び

室内遊び
- 製作（折り紙、絵を描く、廃品製作、遊びに必要な物を作る（キャンディー・おにぎり・カエル等）、粘土）
- ままごと、お店屋さん
- ブロック・積み木・ころがしゲーム
- リズム
- プレゼント作り

戸外遊び
- アスレチックごっこ
- リレー
- 砂遊び
- 色水
- サッカー
- 弁当

当番活動
- 欠席報告
- 梅雨期の小動物や田の様子を見る
- オタマジャクシ・カタツムリ・田んぼ
- 植物の生長を見る
- アサガオ・ハツカダイコン
- 水やり

＊歌・手遊び…『つばめになって』『かえるのうた』『歯みがきしましょう』『時計のうた』

備考

- 園内保育研究会（小川博久先生来園）
- 実習生
- プール準備

図3　4歳児　週案

6/8（月）～6/13（土）　　　担任（　　I先生　　）

環境・援助	○一人一人の遊び出しの様子を見守り、どんなことをしたいのか見取りながら、自分から遊びに入れるように寄り添ったり、楽しさを共感したりしていく。 ○教師がしていることを見て興味をもったり、一緒にやってみようとしたりすることもあるので、いろいろな遊びを幼児と共に楽しむようにする。 ○友達とのかかわりの様子を見守り、遊びに必要な言葉のやりとりを知らせたり、気持ちを代弁したりする。また、いろいろな友達とかかわることが出来るように、きっかけをつくったりクラス全員でする経験を大切にしたりする。 ○暑い日には、水を使ったりプール遊びをしたりすることを楽しめるように、準備して、手順や片付け方等を知らせていく。 ○梅雨期の自然の様子に興味がもてるように、小動物のことを話題にしたり、絵本を見たりしていく。 ○雨や暑い日等、天候が変化しやすいので、遊びや生活の流れを考えて時間配分等をする。 ○いつもいろいろなことをしてくれる家の人に感謝の気持ちをもてるようにし、プレゼント作りに誘っていく。

6/10（水）　降園 14:00　　6/11（木）　降園 14:00　　6/12（金）　降園 14:00　　6/13（土）

水遊び　──　プール
　　　　　　　支度・準備の仕方を知る

『ねずみの歯磨き』『でんでんむしどこだ』『水鉄砲』

絵本屋さん

持ち帰り：上履き、カラー帽子、クッション

（小田原市立矢作幼稚園　4歳児クラス　週案）

第7章

遊び保育に取り組む保育者の役割

「見る⇄見られる」関係の中で

1. 大人と子どもとの共生感の危機

（1）子どもがわからない大人の増加

　本書の最終章として、保育者のあり方についてとくに論ずべきだと考え、この章を設けた。理由は、子どもの生活の中から集団遊びが姿を消しつつあるということであり、遊びを育てる役割を担っている保育者も幼児期や児童期に集団遊びの経験をもたない人が増えているということである。もっと一般化していえば子どもがわからない大人が増えているという事実である。学校の授業内容として教師が子どもに遊びのルールや遊びを教えたとしよう。そして教え方が上手で、しかも言葉で教えただけでなく、ワークショップ形式で、この時間中、この授業を受けた児童たちも楽しんだように見える。しかし、その後、この児童たちは、自分の発意では決してこの遊びをやろうとしない。こうしたケースは、児童館などの講習会ではよくある話である[1]。これは、楽しい学校の授業とまったく同じことでしかないのである。

　他方、遊びが教えるということでは伝わらないからといって、幼児の遊びや、児童の遊びに関して、見守るだけでもいいのだろうか。遊び保育をうたっている保育者や冒険子どもの遊び場で、こうした態度をとる指導者（保育者）も少なくない[2]。その結果、楽しく遊ぶこともできず、ただ暇をもてあます状態になっている姿を見ることも多いのである。とくに、遊び保育を標榜する幼稚園や保育所における園庭での保育者と幼児との関係にそのことが現れていると思う。具体的にいえば、100人を超す幼稚園・保育所の場合、園庭の広さにもよるが、幼児たちは、豆をばら撒いたように園庭に広がっている。しかも幼児たちは、動いている。この状態では、幼児一人一人や群を掌握することさえ不可能である。小学校の休み時間と同

様の景観である。そこには、教師はいない。教師は、職員室である。しかし幼稚園・保育所の場合、この時間は保育時間である。だから、保育者は、外遊びの時間を援助するため園庭にいなければならない。一般的なケースとしては、実習生や新人保育者などの場合、どうしてよいかわからず、立っているだけであり、実習生の目線は定まらず、中空をうつろうだけである。なぜなら、動く幼児はとらえられないからである。もう1つの場合は、たまたま、出会った幼児を相手に、個人レッスンのようなかかわりをするだけなのである。結果として、園庭の幼児たちを把握することなどは無視される結果となる。ここには、保育者の環境構成や集団の動きを生み出す工夫などが欠落しているという点もあるかもしれない。しかし、それ以前に、もっと根本的な欠落があるのではないかということが疑われる。それはわれわれ大人と幼児との間の共生感の欠如ということである。言い換えれば、ノリを共有する感覚の欠如である。

(2) 共生感「ノリ」の喪失

われわれ日本人は、祭りや日常生活においてもこの「共生感」を育んできた。たとえば、祭りのとき、神輿をかつぐ、「ワッショイ、ワッショイ」のリズムでノリを合わせ、神輿を運んでいく。そしてこのノリのリズムは、神輿を運んでいる人だけではない。まわりでこれを見ている観客（ギャラリー）も、声は出さなくともこのノリを共有して、心の中で「ワッショイ、ワッショイ」といっている。その証拠に、この神輿の軍団が観客の群に突っ込むと、この群は後方に引いていくが、この神輿が群から引いていくと、観客群は、神輿を押し返すかのように、いったん引いた群は、神輿のほうに押し戻していく。ここには応答のノリがある。

このノリを合わせるという感覚は、手作業で労働するかつての生活には生きていた。1列に並んでする田植え、江戸時代の駕籠かきのように、棒の真ん中に重い物をぶらさげ、棒の両端を2人で担いで運ぶとか、皆で魚網をかけ声とともに「エンヤ、コラ、エンヤ、コラ」と引き上げるとか、

さまざまに行われていた。

　こうした手作業の文化は、家事労働にもあった。たとえば、夫婦で餅つきをするときは男が杵で餅をつけば、女がその餅をこねる。この両者のかけ合いはまさにノリを合わせる作業であった。またこうした作業は、母と子、祖母と孫娘との間で、古いセーターから毛糸をほぐし、戻すなどの共同作業はいろいろとあったのである。こうした身体的にノリを共有する応答や同調のノリは、地域社会でうたわれる民謡などにおける共同の掛け声や合いの手（～ハイハイ、～ドッコイショ、ドッコイショなど）に表現されている。今こうした共同作業におけるノリを共有する体験が家族の生活、地域の生活の中から喪失しつつあるのである。そしてこの兆候は近年、増加する家庭におけるわが子を虐待する事例に顕著である。自分の身体から誕生した血を分けたわが子を虐待するということがあり得るであろうか。それはわが身を疑うことであり、男親にしても自分が愛した妻の産んだ子であれば、愛おしくないはずがないという常識が今や破られようとしている。

　この事実は、理性や認識の問題を越えて、生物体としての共生感の欠如というしかないのである。これは、言葉を変えていえば、われわれ現代人が環境に適応して生きる力を喪失しつつあることを意味している。人間は一人では生きられない。またこの共生感は、自然環境を保持すること、生物の多様性を守ることとも通じているのである。私はかつてこのことを「環境適応教育」とよび、学校事故で、不用意な行為で相手の人間を傷つけてしまうというのは、「環境適応教育」の欠如であるとして、次のように述べた[3]。

　この「環境適応教育」は2つの方向で考えられる。その1つは、中学生が自分たちの生活を取り巻いているさまざまな物的条件（さまざまな施設、道具）の位置を知り、その性質を認識し、それを使いこなすことができるように教育すること、たとえば、ナイフを使うことを禁止するのではなく、それを適時、目的に応じて、他人や自分を傷つけることなく上手に使いこなすこと、そしてそれによって自分の能力や自分の世界を拡大してい

けるよう指導することである。別の言い方をすれば、遊具が自分の能力で処理できるものかどうか、どういう場合に危険があるかを十分知っていることである。つまり道具の使い方を学ぶことである。

　もう1つは、自分のことだけでなく、仲間の命の重さを知り、それを大切にするために訓練することである。言い換えれば、仲間である他の人間とともに生きているという感覚を育てることである。偶然に振り回したバットで他人を傷つけてしまったといった事故が意外に多いことを考えるとき、他人とともに暮らしている共通の空間の中でどう行動すべきかを頭ではなく、身体で身につける訓練をするべきなのである。それは言い換えればノリの共有なのである。この観点こそ共生感覚のことである。ではこの共生感の喪失は回復可能なのであろうか。この共生感（ノリの共有）のルーツをさぐることにしよう。

2．共生感のルーツはどこにあるか

（1）生物体に共有される「いのちの波」

　大澤真幸は『身体の比較社会学』の中で、われわれの身体は、一人一人個別的にお互いに、区別された存在として、第三者には認知されているけれども、そうした見せかけの姿とは別に、どの人間の身体にも通底する点を原身体とよび、その原身体は、可視的に見える個別の身体とはうらはらに、「過程身体」という特質をもつという[4]。この「過程身体」とは「志向作用に伴う二重の双方向的操作を同時同種的に作動させている身体の諸相」をさす言葉である。そしてその例として乳児（2〜3か月）の微笑をあげる。「幼児は『自己』が『外部』から観察している他者の表情を、言わば自分の身体の『内部』の反応の如く、『錯認』し、それを『自己』の

身体のほうに宿らせてしまうのであろう」[5]　また、対象を直覚的に表情を宿したものとして再覚してしまう表情知覚（例：相手がすっぱいものを味わって顔にすっぱそうな表情をすると、つられて見ていた幼児も、思わずすっぱそうな表情をしてしまう）も「対象を知覚する（求心化作用）まさにそのときに遠心化作用が協同し、知覚された対象そのものの場所に志向作用の能動性が帰属せしめられる[6]ことによって成立するとされる。筆者は岩田遵子の主張するノリという言葉をこれまでしばしば伝えてきたが、渡り鳥がお互いに何の前ぶれもなく、一斉に飛び立ったり、他人のあくびが自然と自分にも伝わるという働きはまさにこの「過程身体」の作用によるものだということができる。

　そして前述の共生感のルーツは人間の身体、いや人間にかぎらず、生物体のすべてに共有される身体の機制ということができる。とくに哺乳動物においては、この共生感は、新生児の誕生とともに母子関係の中で有効に働き、新生児の安全な養育が可能になると考えられるのである。しかし、生物の歴史をたどるならば、この共生感の歴史をさらに過去に遡ることができる。

　周知のように、ヒトも含まれている哺乳動物は胎生である。卵と精子は体内受精され、多くの精子は無駄になるにしても、受精卵は母体の子宮の中で安全に生育できる。つまり親も子も犠牲を伴うことが少なく、安定して生育が可能になる。個体発生（誕生）は、個体である子どもと母親という個体がお互いに犠牲にならずに誕生を迎えることができる。だから、胎生動物の親と子は少なくとも、母体内で生育するかぎり、安全が保障される確率が非常に高く、それを生理的に「共生」が保障されているということができる。

　そしてこの胎生の歴史を紐解いてみれば、哺乳類それ自体の発生まで遡ることができる。三木成夫は『胎児の世界―人類の生命記憶』[7]という著書の中で、哺乳動物発生の気の遠くなるような長い歴史をていねいに追跡しながら、胎児の成長の中には、「個体発生は系統発生を繰り返す」という原理が働いていると述べている。すなわち、胎児の生活する環境が羊水

であり、この羊水が古代海水であるという確信から、比較解剖学の研究を通して、魚類→両生類→爬虫類→鳥類→哺乳類への動物の進化の過程が凝縮されて、胎児の生活そのものの中に再生されている事実を指摘し、胎児は羊水の中で、気の遠くなるような進化の過程を短期間に生き直すのだという。それを三木は「生命の記憶」とよび、胎児が母親の子宮の中で成長する過程で示す解剖学的な顔面の形態の変化が魚類から始まって哺乳類に至る過程と酷似していることを指摘している。そして次のようにいう。「こうして見ると、新生代における人類の宗族発生は、他の霊長類の、否、哺乳類のすべての宗族発生と系統的に繋がりがあることを考えないでは、話は進まなくなる」「このことは哺乳類の起源が新生代の地層を越えて中生代の、それもかなり奥深くさかのぼれることを人びとに教える」[8]という。

　そしてこの「生命の記憶」の長い長い歴史を貫いている生物の二大本能が「食」と「性」の生活相であり、生物はこの２つの本能によって「個体を維持」し、「種の保存」を可能にしてきたのである。たとえば、サケの一生は、川の上流で産卵が行われ、そこで孵化した幼魚が川を下流へと下り、そこから海へと出て４年後に生まれた川に帰ってくるまでの間はひたすら自分の身体を大きくするための食の生活が続き、そして上流にのぼり、産卵と生殖の生活相へと変化し、１匹のサケの個体生存のサイクルは終わりを告げる。しかし、種の連鎖は果てることなく存続する。三木はこの性と食の位相の交互を「いのちの波」とよんでいる。つまりこれはノリであり、リズムである。

　三木はこうした「波」とよばれる現象は、身体の現象のあらゆるところに現れるという。細胞には電気的に「細胞波」があり、集団としては「脳波」として記録される。血管も、臓器も、心臓も、呼吸も一定の連動をつづける。波は生命現象そのものである[9]。そして、この波動（リズム）は、動植物の行動レベルになると睡眠と覚醒の波となり、鳥の渡りや魚の回遊の波となり、地球という環境が太陽系を回り、自転して、季節的変化や昼夜の変化という波と深く関係していることがわかる。したがって胎児の子宮の中で

の動きもまたそうした宇宙の波動と無関係ではないはずなのである。というのは、女性の排卵の周期を月経というがこれは月の公転と一致して左右の卵巣から1個ずつ体内に排卵されるからである。

（2）養育者と乳幼児のリズム（ノリ）の共有

　こうした母体や胎児の生命過程のリズムが宇宙のリズムと連動しているということは、胎児が子宮の外に出て養育者に育てられていく過程においても、さまざまなレベルで養育者と乳幼児は生活のプロセスの中で、リズムの共有を通して相互にかかわり合っていくことになるのである[10]。言い換えれば、共生関係を通して乳幼児は成長していくのである。たとえば睡眠と覚醒のリズムは、初めは胎内体制をひきついで夜・昼に関係のない赤ちゃんの生理的リズムに従って、睡眠がなかば自動的になされているが、しだいに昼は目をさまし、夜は眠るという私たちの文化にあるリズムに沿って確立されるようである。このことは、母体や胎児の生命過程のリズムが宇宙の営みのリズムと本来、連動される形で始めからセットされていた。あるいは、融合的につながっていた段階から、人間の創造した文化の中で新たな関係として生まれたリズムであり、共生関係なのである。つまり、人間が文化を創造して以来、乳幼児と養育者との間でつくり上げられた共生関係なのである[11]。

　それは、養育関係のさまざまな場面に見られるのである。そしてこの共生関係の基礎にあるのは、養育者と乳幼児の間に成立するリズムであり、これを共鳴動作と呼んでいる。たとえば、赤ちゃんが機嫌のよいときに、赤ちゃんをそっと抱いて、顔を見合わせるようにして、大人のほうから静かに口を開いて、ゆっくりしたリズムで開いたり閉じたりする動きを示してやる。赤ちゃんはこれをじっと見つめていて、やがて赤ちゃんのほうでも口の開閉をし始めるのである。やがてこうした赤ちゃんの能力が、親と子のコミュニケーションを成立させることになるのである。たとえば、すでに第1章で述べたことであるがあえて繰り返すと、赤ちゃんがお

しっこでおむつが気持ち悪く泣いたりするとき、お母さんは、まだ赤ちゃんには言葉がまったくわからないのに、赤ちゃんの泣きをなだめるために、「ほらほら、泣かないでね。いまおむつとりかえるからね。ほーら気持ちよくなったでしょ。泣かないでね。いい子ね」などといって笑顔を向けて、こうした語りかけを思わずやってしまうのが普通である。もちろん親がストレスがあったり、子どもに愛情をもてなかったりすれば別であるが、実はこうした無自覚な語りかけが母と子の（あるいは父と子の）豊かなコミュニケーションを成立させるのである。幼児が親の語りかける言葉の意味がわからないにもかかわらずである。それは、前述の共鳴動作によるのである。言葉がわからない赤ちゃんへの語りかけは、養育者の口の開閉が赤ちゃんに向けられることになる。赤ちゃんはこれをじっと見守るのである。そこで母親の言葉かけが口の開閉と共に笑顔で終わると、赤ちゃんは、その開閉の終了後に手足を動かしてこの働きに対応するのである。

　この応答的関係こそ、養育者と乳幼児とのコミュニケーションの成立なのである。養育者と乳幼児は言葉の意味に関係なく、両者の間でコミュニケーションのスタイルをつくり上げているのである。こうした両者の相互関係について、2008年に日本で開催された国際小児科医学会総会のシンポジウムがNHKの教育テレビで放送され、エジンバラ工科大学のC．トレヴァーセン教授は、新生児と母親との同調や応答の関係は可視的にはとらえにくいが、そこに明らかに相互関係があり、この関係をcommunicative musicalityとよんでいたのである。これはまさに両者にノリがあるということである。ちなみに倉橋は保育において共鳴ということを重視していたのである[12]。

3．文明の発達と共生感の喪失

（1）共生感の喪失を生み出す「文明」

　しかしこの「共生感」（ノリの共有）は幼児にあったとしても、第1節に述べたようにそうしたものが、生活の中で失われることもあるのである。たしかに人間は、共生感覚（ノリの共有）を本質的に失ってはいないし、その証拠に、あらゆる民族は、民族芸術の中で、独自の音楽や舞踊を育ててきた。アイリッシュダンスやコサックダンス、日本の盆踊りなどに、各々の民族のノリの共有が見られ、共生感が現れている。若者たちのロックミュージックへの熱狂の中にノリの共有への感覚は失われていない。しかしこの感覚は、今や芸術や音楽に特化されて表現されてしまっていて日常生活では潜在化してしまっている。

　また、他面、民族紛争などで起こる大量虐殺においては人間としての共生感覚の喪失が見られる。その喪失は、文明そのものが生み出したものである。その象徴的な現象は、上述のように争いという現象に現れている。少なくとも、共生感覚をもっている野生動物においては、メスの獲得をめぐっての争いにおいては、熾烈な争いを繰り広げることはあっても、最終的に相手を殺すというところまではいかない（ただし、新しくボスになったオスが自分の種の保存のために追放された古いボスの子どもを殺すことはある）。そこには共生感覚が生きているからである。しかし人間は高度な文明を創造した。そこには、自然のリズムを越える文化が創造される。手の巧みな操作は、すべての面ではないにしてもそれにも勝る工作機械をつくり出した。足による歩行能力をはるかに超える速さの車や列車をつくり出し、目や耳や嗅覚、触覚、味覚などの五感についても、その感覚を拡大する装置を発見し、GPS機能のように、自分の足と目で目的地を辿る努力は、人

工衛星の助けで、簡単に指定するポイントを見つけることができるようになった。こうした文明の装置は、極大の世界、極小の世界など人間の認識世界を拡大化することを可能にした。

　しかし、その代価として、われわれの生身のもっている五感の世界についての直感力を磨くことを怠る結果となった。たとえば、爆撃機の機上から、ミサイル攻撃のターゲットをピンポイントでねらいうつことはできても、カーナビゲーターを頼りに運転している人が、徒歩で、目当ての住所を探し当てることはますますできなくなってしまうということは最近よくいわれることである。

（２）親の生活ペースと幼児のペースのずれ

　このように生身の身体の五感を使って、自分の直観力を使って周囲の状況の有様を判断したり、周囲の人々と身体で、そして言葉でコミュニケーションをとる能力が低下しつつあるといわれているのである。幼児は、幼ければ幼いほど、マクルーハンのいう感覚増幅器や拡大装置を使う能力をもたない[13]。誕生直後であればあるほど、文明未発達期に誕生した幼児と変わらない状態にある。こうした幼児を援助し、交流する役割を与えられている保育者には、保育者が同じ世代の友人と携帯電話で交信するのとは異なった対応を迫られることになる。保育者ではなくとも、結婚し、子を産み育てる親になれば、次のような悩みと遭遇する。それは、親の生活のペースと幼児のペースとのずれである。言い換えれば、両者のノリが合わなくなってきたのである。私はそのことを別の論文で以下（〜p.236、8行目まで）のように論じた[14]。

● 幼児の「生活」の必要条件としてのカップリング

　「生活」は英語でいえば、Life。このLifeという語は「生命」という意味もある。そこで、幼児の「生活」を幼児が生命を維持する活動であると、まず規定しよう。しかし、幼児は自力では生命維持活動は

できない。そこで、幼児の生命維持活動を助成する大人（親や保育者）の役割が一対になった状況（これを養育者と幼児のカップリングと規定しよう）を幼児の「生活」と規定しよう。このカップリングが幼児が生育するには必要である。このカップリングは時代を超えて不変であるはずであると考えるとき、それを幼児の「生活」ということができる。もし、近代の保育史を振り返るとき、大きな変貌を生み出したものがあるとすれば、それは、この幼児の生命活動とそれを助成する保育者ないし、このカップリングに影響を与えている周辺的条件である。まず第1にあげられるのは、養育者と幼児のカップリングを大きく規定している家族構成の変化であろう。第2はそうした家族の経済を支えている生産活動と消費活動の関係であろう。第3の条件は、そうした家庭生活を支えている運営手投の変化（手作業から省力化）であろう。言い換えれば、より自給自足的生活から消費生活へという変化であろう。こうした変化は、近代社会へと日本が変化して以来、起こってきたことである。

● 文明社会の影響——親のニーズの多様化

この変化の中で親と子のカップリングにもっとも影響を与えたのは、生物としての生命維持活動に与えた文明社会の影響の仕方である。乳幼児であればあるほど、その影響は小さい。大人の歩行という行為一つとっても、明治初頭の人々は、毎日歩いて生活していたのに比べて、現代人は、歩く代わりに車や電車、飛行機などを利用して移動する。したがって1日の時間意識も大きく変化する。幼児や子どもの時間意識も、子どもが成長するにつれて現代の大人の時間意識に近づいていくけれども、大人と乳幼児の時間意識の時代的へだたりは昔に比べてはるかに大きいことだけは確かである。ということは一般論として、養育者と幼児のカップリングが共同的に営まれる場合、両者の間に同調と応答の関係がスムースに展開することが必要になる。その場合、上述の時間意識のズレの拡大は、その関係を悪化させる条件になってくることは否定できない。

このように考えていくと、近代史上における幼児と養育者の「生活」のカップリングは歴史的な変遷の中で次のように変化してきていることが仮説として設定できる。すなわち、家庭における保育をめぐる生活状況の変化は、幼児の養育者の「生活」上におけるカップリングのプロセスと大人たちやその他の家庭の成員の生活プロセスとの乖離の拡大の歴史ととらえられるのではないだろうか。少なくとも、明治初頭から、高度経済成長の発生する以前までは、家族成員の家庭生活を運営するスタイルは、手作業を中心とする労働に依存しており、家庭における消費生活も、生産生活も（都市サラリーマンの生活や、知的労働者の生活は別として）、肉体労働に支えられていたといえよう。それゆえに、とくに子育てをめぐる生活スタイルと家事スタイルは、生活過程において連続性が高く、大人たちの時間意識も連続性が高かったといえたであろう。食事を支度するペース、子どもの世話をするペースは連続的であったと思われる。それゆえ、そこから育児も家事も一連の仕事としてとらえられたと思われる。しかし、高度経済成長後の家庭生活は、賃金労働に参加するための時間、家事労働に参加する時間、家族のメンバーが各自、自らの活動に参加する時間・空間が分割され、家族の成員が一緒に共有する時間さえも消失しつつある現実となっている。

　こうした中で、子育てのための時間、言い換えれば、養育者と幼児の相互関係において成立する「生活」は、とくにその担い手である大人の側に特化された時間・空間として意識されるようになり、家庭生活の機能が個別化されるにつれて（例、ショッピングにいく、スポーツジムにいく、子どものことで塾や学校にいく、仕事にいくなど）、こうした多様化された生活機能の充足のために、時空間が分割され、細分化されるようになる。そうした大人の生活時間の多様化に合わせて保育の「生活」のカップリングを行わざるをえず、「保育のニーズ」あるいは「親のニーズ」の多様化という文言が生まれる結果になったと思われる。

● 養育者と幼児の生活リズムの相違の拡大

　こうした状況の中で、幼児の「生活」は親と子のカップリングを強いられる過程として、家庭を運営する大人にとって、省力化、合理化が不可避な現実として浮上してくるのである。明治時代、大家族の生活の中で嫁として農家に嫁ぎ、子を生み育てるという母親の意識は（女性が人間としての自立した権利を奪われていたという現実はあったにせよ）家族の生活過程と連続的であったといえる。しかし、現代の核家族で省力化された消費生活においては、子育ての「生活」というカップリング過程は、両親が協力的に展開するにしても、家庭生活の多様化の中で、ますます特化されたものとして意識されるがゆえに負担感を増大化させる要因となっている。そして、この家庭生活の多様化が消費経済への依存度が増大するにつれて、自由度のきかないものとして意識されることになる。

　上述のことをこのカップリングの過程に参加する養育者と幼児の関係でいえば、生活のリズムの相違の拡大ということができよう。岩田遵子は、ノリという言葉で説明している。一例をあげると、かつてどこの家庭でも、暮れの餅つきは、家族の恒例であった。夫婦の1人が、あるいは親子のどちらかが杵で餅をつくと、片方の人は餅を裏返してこね直し、手を離す。すると相方が杵をつき直す。このやりとりがスムースにいくには餅をつく人、こねる人の応答関係のノリが合わないと、うまくいかない。このノリは、農作業や家事に従事する過程でメンバー同士がノリを共有する経験を通して蓄積されたはずである。この作業共有の体験が、親と子の養育過程におけるカップリングの過程に、連続性を与えていたと考えられる。

　したがって、農作業や家事などにおける道具操作の手順や連携の習熟は子育てのカップリング過程における応答、連携のノリにおいても連続性は高いと思われる。このように、養育における親と子のカップリング過程への参加は、見てまねる形でスムースに新しい親との関係へと移行していったと考えられる。

こうした幼児の「生活」は高度経済成長の進展とともに大きく変わってしまってきたといえよう。前述のように、消費中心の生活による現代人の暮らしのテンポは、賃金労働のために使われる時間性を中心に規定される。会社やその他の職場に通勤する時間や会社で過ごす時間は、自律的には使えず他律的に規定されている。そして、その時間支配に従うことなしには、消費中心の家庭生活の時間も過ごしえない。

　収入が得られなければ、いかなる消費生活も成立しえないからである。また、給与所得者でない家庭の成員も、家庭生活の中で、公共の施設を利用することがあるとすれば（例、学校に通学する、文化施設の教室を利用する、塾にいく、病院にいく等々）、そこに選択の余地があるとしても（予約する）、また家庭生活において、テレビを見るといったことも、そこに選択の自由があるとしても、そうした行為の断片を選択し、切り替え、日々の生活の流れをやりくりするという生活スタイルは、分断的であり、ノリという点でいえば、気忙しさをまぬがれるわけにはいかない。こうした大人たちの生活のテンポは、明らかに、幼児の「生活」、つまり、養育者と幼児のカップリングにとっては、異質な時間の流れが周囲を取り巻いているということである。しかも、養育者＝親が家庭の日常において、親以外の多様な役割や意図をもっているかぎりにおいて、育児行動へのストレスになる可能性は大きいのである。大人の「生活」の過ごし方から幼児との「生活」の仕方への変換がしばしばなければならないからである。

● 育児の保育施設への委託化

　やがて、多くの若い世代の親たちは、できるかぎり、このカップリングから逃れたいと思う。それにこたえるのが、保育施設である。現在の家庭生活は、市場経済に支配される割合が多くなっている。家庭を運営するための耐久消費財のハードウェアはもとより、娯楽や教育というソフトウェアも消費行為として処理される。たしかに、テレビやCDといったものは、家庭内で使用されるものであっても、その中

味は外で生産されたものを家で消費しているにすぎない。家族の成員がメンバー相互でつくり出したりすることによって生まれる行為ではない。同様に、家庭の中での幼児との出会いも、養育者と幼児のカップリングにおける相互作用の中で、自前でつくり出すというよりも、このカップリングから逃避したいという気持ちのほうが大きくなり、このカップリングを拘束的に考える傾向を生み、できるならば、他の消費行為と同様に必要経費を負担し、外部の保育施設にあずけてこの責任から解放されたいと思うのである。もちろん、幼児との出会いに喜びを感じることがあったとしても、幼児との日常的な過程を持続させていく慣習性が獲得されていないので、保育施設に預けるほうが解放されるという気持ちになってしまう。そして、消費生活中心の家庭生活が行き着く最終局面の姿が現出するのである。

　まず、ハードウェア、つまり耐久消費財の購入に始まって、衣食住の面での材料を消費財として購入することへと進み、日常の食事も外食にする方向に発展する。この拡大は、住から衣へ、衣から食へと進む。耐久消費財の修復（再生産）の中で、住居面では、日用大工道具、衣では針と糸が、高度経済成長期を境に次第に使われなくなり、最後に残っていた食も家庭における消費財の加工再生産過程の側面が減少し、惣菜屋からの購入によって食事が展開され、家庭で食事を用意することが行われなくなるにつれて、家族が同時に食事をとるという習慣も分断化され、孤食を生み出していく。家族が食卓を囲む、家族の団欒を楽しむという家族の成員の人間関係構築の最大の機会も失われがちになり、各人の賃労働のための生活時間の外在化は、家庭内の成員の精神生活保持のための共通時間を奪い、外在化させてしまう。

　こうした現代家族の現象は、各個人個人の生活時間の多様化とともに、子育てのカップリング過程に影響を与えずにはおかない。乳幼児の立場に立って考えることが困難になる。養育者と乳幼児のカップリングの過程は、大人の側が、一方的に生活のプロセスを子どもに強要したり、言語コミュニケーション中心の生活の中で、対人関係に存在

するノンバーバル（非言語的）な身体的関係性の重要性に関心を向ける余裕を失ってしまうと、大人は養育の過程で幼児の生命活動を助成する立場にあって、幼児との相互関係性に無自覚になりがちになる。たとえば、ミルクを与える行為一つとっても、乳幼児の吸引過程に一定のリズムがあり、授乳行為との相互関係性があることに気づかなくなることも多い。

まして、大人が自らの生活過程の多様化の中で、幼児とのカップリングに入る時間を特化して考えれば考えるほど、大人の時間の過ごし方のペースの中で乳幼児との関係性を創出しようとすると、時間的ペース配分の切り換えが求められる。頭の中ではそうしたチェンジ・オブ・ペースが必要だと意識していたとしても、実際の身体の対応が上手にいくとはかぎらない。身体的知であるノリの感覚は、知的判断でコントロールされるとはかぎらないからである。ノルためには、一定の習慣的知恵（ハビトゥス）が求められるからである。

戦後、高度経済成長期を迎え、文部省の幼稚園教育振興7カ年計画（昭和39年）が発足し、進学ブームの到来とともに、幼稚園への進学率がうなぎ登りに向上した。この現象はまだ保育所には及ばなかったが、このことは、家庭教育や地域の教育が、親と子（主として親）というカップリングから、幼児期の発達がおけいこの先生、幼稚園教諭、体育教室の先生などによる分業に支えられるようになったということであり、発達を保障する公的環境で「生活」を経験することとともに、学校教育の教授や指導によって担われることを意味していた。

このことと平行的に家庭環境の省力化が進行し、きょうだい数も少なくなり、核家族化が進行するとともに、家庭の生活の中で養育者である親の家庭内労働と、幼児と共有する育児行動とが分離し、前者は省力化（洗濯機、掃除機）できるが、後者はできないといった分業が始まりつつあり、幼児の見てまねる対象としての行動モデルとして、親の役割が後退することをも意味していた。さらに娯楽面でのテレビの普及は、親の子との関係で成立してきた幼児の生活カップリングの紐

帯を緩め、幼児がマスメディアと向きあう関係を増殖させていったのである。

　幼児の生活カップリングの強さを保障していた生活時間の共有性に基づく応答や同調の「リズム」は、時間的にも短縮化され、親（養育者）の「生活」維持力を弱体化させてきたと考えられる。

　こうした家庭における幼児の「生活」を保障していたカップリングの弱体化は、幼児の「生活」の一部を幼児教育施設が引き受けるという制度の拡大によって、肩代わりされることになったのである。

（3）「喪失の時代」が保育者に求めるもの

　しかし、上述のような状況にもかかわらず、いやそれだからこそ、幼児教育における「遊び保育」において、保育者の担う役割は、何よりも、この「生活」のカップリング感覚すなわち、共生感覚を共有するところから始めなくてはならないのである。それは、前節で述べた身体のレベルでノリを共有する感覚なのである。現代社会においては、人と人とのコミュニケーションはさまざまなメディアによって媒介されており、そのため、他者と直接的なかかわりをもつことが困難になっている人も少なくない。身体のノリを共有する体験を幼児とともにつくり上げることが保育者の役割である。第3章で述べた幼児との人間関係づくりの手だてはそういう感覚を再生する実践である。具体的な実践例でいえば、手遊びを幼児と一緒にする中で、幼児たちとノリを共有する楽しさを実感し、思わず、幼児と笑顔を交わす体験から、「また明日やろうね」と言葉を交わすことで、「明日また出会いたい」と思うことである。

　このように考えれば、保育者の役割は人間が人間として、いや動物種の一部として、もっとも基本的なものを復権する営みであり、人としてもっとも基本的なことだといえる。そしてそれゆえに、現代生活の中で達成することが困難な課題といえるかもしれない。しかし、この課題は保育者のみならず、われわれ市民のコモンセンスとして取り戻すべき資質でもある

のである。なぜなら、われわれの父母や祖父母の時代に日本人が共有していたセンスでもあるからである。そして今もわれわれ民衆の深層には眠っているものであり、祭りや行事になると現れるものなのである。そして、学校教育のすぐれた実践には、現れることもあるのである。筆者が観察に通っている姫路市荒川小学校の本庄教諭のクラスは、「問題を抱えた子」とされる子どもが学力の向上という課題は残るとしても、クラスの中でその子がよき仲間を見つけて次第に生き生きとして自立していく例が非常に多い。彼らは担任はじめクラスの仲間から、マイナスのイメージを与えられる評価を受けないのである。そのクラスの状況は休み時間に子どもたちが身体を接触し、相撲やレスリングもどきでじゃれ合う姿をしばし見せるのである[15]。

4. 遊びに共感しつつ、遊びを演出し、構成する能力の形成

　本書の第1章で路上遊びの消滅にふれた。これまで、幼稚園・保育所の遊びは、この路上遊びがモデルになってきた。日本の昔の書物に「遊びをせんとや生まれけむ」[16]という言葉がある。子どもは本来、遊ぶものである、という信念は、長い間、保育者の基本的態度を規定してきた。その結果はすでに、これまでの章で述べてきたとおりである。この態度とは逆に、一斉指導をもっぱら実践している園では、小学校教育における教授方式を採用していてこれを疑うこともしない保育者も少なくない。こうした二者択一の選択しか残されていない現状の中で、第3の選択肢として、遊び保育論を展開してきた。そしてこの選択肢においてもっとも大切なことは、大人である保育者が変わることなのである。

　幼児の遊びの再生に対し、保育者がとるべき態度として望まれること

は、基本的に3つある。その1つは、従来の保育者が暗黙の前提としてきた保育者観、これを筆者は「当事者的直観」を前提とする保育者像と呼ぶことにする。この保育者像を徹底的に批判し、相対化すること。第2に近代的職能として保育者を反省的にとらえること、第3に、幼児集団に対するモデルとして、その役割を自覚的に構成し直すことである。そしてそのためには、筆者が他の論文で当事者的直観とよんでいたものを改めて問い直すことが必要である[17]。近代社会のシステムとして確立された専門職としての保育者という役割も、それが行使される場面は日常生活であり、そしてその役割も、日常的な言葉によって展開される。それゆえ、経験の蓄積によって、次第に常識化し、ハビトゥスを形成していくにつれて、日々の実践について保育者も一つ一つ点検したり熟慮したりすることもせずに、遂行できるという感覚が生まれてくる。これを筆者は当事者的直観とよんでいる。以下、その論文を引用する。

（1）当事者的直観とは何か

　保育者が個々の幼児や集団としての群に働きかけをする場合、相手に対する何がしかの理解が必要となる。そして複数の幼児たちの状況へのかかわりを必要とする遊びの援助においては、同時進行の展開が普通なので、保育者の働きかけは、瞬間瞬間の状況の変化に敏速に対応せざるを得ない。わが国のように1クラス30人前後の幼児をかかえている保育者にとって、多忙感に追いまくられてのかかわりであることが普通である。
　こうした状況の中で保育者の幼児理解と援助の関係は通常不可分である。言い換えれば幼児理解と援助が別々のものとしては働いてはいない。特定の対象（幼児）にまなざしを投げた瞬間、保育者の言葉による働きかけか、身体的行為としてのかかわりをもつことになる。
　たとえば、A児がお帰りの時間に保育中の服装を脱いで、お帰り用の園服に着替えをする場面で、着脱衣の動作がぎこちなく、なかなか望ましい行動が達成できない様子を見て、お帰りの時間も迫っていることから、

「Aちゃん、先生、お手伝いしようか」と申し出て手伝う。この行為の前提には、その幼児の状態への理解（今は手伝ってあげなければという一瞬の判断）がある。そしてこの理解は援助する瞬間に直観的に行われていて援助行為の一部として働いていて、理解＋援助という別々の行為としては保育者にも自覚されない。こうした一瞬の理解を当事者的直観と呼ぶことにしよう。同じ事柄を幼児理解のほうに力点をおいて表現すると、かかわりの目（まなざし）と呼ぶことができるだろう。

　ここで、まずこの行為の特徴を述べておくことにする。かかわりの目で対象をとらえるということは、このまなざしが即行為と直結しているということである。したがってかかわりの目で対象を理解するということは、認識（直観）と行為が直結しているということ、言い換えれば、このまなざしには、対象認知と価値判断が不可分な形で存在しているということでもある。先のA児の場合でいえば、A児は自分で着脱衣を試みているが、十分にできない状況にある。だから助けるべきであるという行為をうながす価値判断が採用されるのである。それゆえ、A児を一べつした瞬間に先の発話がなされ、直ちに援助行為が発動されることになる。

　こうした、当事者的直観に基づく行為は個々の幼児に対してでなく、幼児たちの自然発生的な集団に対しても、クラス全体に対してもよく行使される。とくに遊びの場面のように、幼児一人一人が、また幼児グループが各々、同時進行で活動を展開し、それぞれの場面でトラブルが同時に、あるいは間髪を入れず発生するような場面、あるいは集団活動の時間の流れが、A児の着替えの例などのように、「逸脱行動」のゆえにスムースに展開しないときや、瞬間ごとの異なった判断を要求されるときなどに現れる。そしてそこでは、保育者が自分のとる行為一つ一つに反省的思考を介入させる余裕などももち合わせていないことも多い。多忙感の中では、保育者はこの当事者的直観にたより、それのみで保育を行ってしまうことも少なくない。

　保育者が日常的に行っている援助行為は多くの場合、この当事者的直観によるところが多いし、それが保育者の当然の行為とされている。けれど

も、そこに重大な問題点が生じている。それは、保育者がその行為の妥当性を判断する思考を欠落する点にある。Ａ児の例でいえば、見た目はスムースに見えなくともＡ児は自分で着脱衣はできるかもしれないとか、ここでやってしまうとＡ児の着脱衣が上達するチャンスを奪ってしまうかもしれないという判断ができないのである。そしてこの行為の背景には、保育施設における保育の営みが、一人一人の幼児の成長・発達を保障するという個性的人間形成を建前にしながら、幼児集団の生活全体を対象にしているという矛盾に気づいていないということがある。集団生活を行っているからである。保育者の意識は個々の子どもへの配慮を要請されているものの、施設の中での幼児集団の経営にも配慮しなければならないという二面性に引き裂かれることになり、結果的には集団経営に傾斜するか、個々の援助に気をとられ前者を無視するという結果になりがちなのである。

　たしかに当事者的直観は援助行為を支えている重要な柱の１つではある。なぜなら、保育者の立場からいえば、幼児一人一人に人間的愛情を感ずることで成立する直観だからである。保育者は幼児たちにとってかかわりのない存在ではなく、かかわりをもたずにいられないという心情に支えられている。だからこそ保育者は幼児たちにとって無関係な他者ではない。かかわりのある存在であるという自己認識がかかわりの意識や直観（ひらめき）を生み出す。それが当事者的直観なのである。だから、幼児の日常の中で、何か突発的な変化が起こり、それが普通の変化ではないといった出来事だったりすると、直ちに当事者的直観が働き、「あれっ、どうしたの」、「何か変だよ」、「あっ大変だ。熱が高い」など、緊急の問題状況を察知するのはこの直観である。たとえ、多数の幼児をかかえていても（もちろんその数にも限界はあるが）、特定の子どもの急激な異変を発見する力をもっている。また日常の保育の中でも保育者のこの当事者的直観は、幼児の一人一人の変化を瞬時に読み取る力を持っている。毎日、登園時に出会う幼児の表情の中に、いつもとは異なるわずかな変化を読み取って、「あれっ、Ｂ子さん、今日はいつもと違う。どうしたのかな」とか、保育者の見ていないところで遊んでいたＣ君とＤ君とＥ君のところへ様子を見

に行って、決して楽しく遊んでいたという状況ではないしらけた空気が流れていると、当事者的直観でそう読み取った保育者が、「C君、何があったの。そうけんかしたのね」といった問いかけをする。相手の無言の反応にも確信に満ちた態度で上のような発言をするという場合もよくあることである。

このように多くの保育者が日常の保育で無意識に使っているのがこの当事者的直観である。保育者はこのことを自覚的に行っているわけではなく、ハビトゥス（慣習性）として行っているのである。しかもこのハビトゥスとしての当事者的直観によって行う保育者のかかわりが、幼児たちの間に、一定の共感性をもって迎えられ、保育者の行為に共鳴して反応することも少なくない。たとえば、幼児たちが落ち着いてくれるように、何の前触れもなく、ある手遊びのうたとパフォーマンスを始める。すると幼児たちの中に、勝手知ったる形で、保育者の動きに呼応して手遊びを始める動きが出始める。ここには保育者と幼児たちのリズム共応がみられる。そしてそれは、何回か繰り返した手遊びであれば、また、比較的新しい手遊びであっても、すでに経験済みの手遊びとリズムが類似するものであれば、幼児たちに、あるいは保育者と幼児の間で共有された集合的記憶が、保育者の動きと歌によって共同想起されることで生ずるのだと考えることができる[18]。

このように、当事者的直観による動きが共同生活の経験の蓄積の中で、幼児たちのリズム的共応を引き出すときには、保育者の当事者的直観は、幼児との間に豊かなコミュニケーションや応答的関係を、さらに共同作業をも生み出すことになる。

しかし、同時に、この当事者的直観は、それのみによって援助行為が行使されると、結果として援助行為が「援助」の本質を逸脱して非「援助」的行為となってしまうことにもなる。まず第1に先にあげた着脱衣にかかわっていった援助行為は、保育者の介入によって、着脱衣の遅れは解消され、全員が集まって降園の前の集まり活動へとスムーズに展開していったし、幼児も自分を苦しめていた状況からも抜けられるし、よい結果をもた

らしたと保育者は信ずるかもしれない。こうした幼児へのかかわりがよい結果を生み出したと信じている保育者は今後、この種のかかわりをますます絶対視していく傾向を生む。そしてその絶対視は幼児への当事者的直観による援助をルーティン化（習慣化）させる。そしてそこから生ずる第2の問題点は、幼児の内面や発達上の課題を知るために、自分の幼児理解を疑問視し、反省的に振り返るという態度を形成していくことが困難になるという点にある。前の例でいえば、あの子は本当は自分でやり遂げたかったのではないだろうか、みんなから遅れてあせったためにもたもたしてしまったのではないだろうかという幼児の内面の読みもあり得たのではないか。もしそうだとしたら、あの援助はあの子の自分でやりたいという自発性を十分発揮させない行為とはいえないのか。もっと異なった援助の可能性はなかったのだろうか。その可能性を考えることが、着脱衣という身辺自立能力の発達の筋道を考えた指導といえないだろうか、といった疑問が生じなくなる。それは幼児の主体性の育ちが考慮されなくなることを意味する。

　さらに、第3の問題点として、保育者自身の幼児へのかかわりがうまくいっているという確信から、自分の保育の背景にある自分の保育の構えを問い直すといった思考も生じなくなる。先の事例でいえば、着脱衣に戸惑っている幼児への介入は、降園時の集まり活動（一斉的活動）をスムースに行いたいという保育者の都合（想い）であって、あの幼児の立場を考えての援助ではなかったのではないか。あの幼児を急がせたのは、保育者の都合であって（もちろん待っている幼児たちの気持ちを考えたとしても）、少なくともあの幼児の立場を考えてそうしたとはいいきれない。保育者のクラス全体を優先する姿勢があったとはいえまいかといった自分への反省は生じなくなるのである。第3の問題点としてあげた保育者自身のあり方への反省の欠如と第2の問題点の幼児理解への欠如は1つのコインの裏表の関係に近い。幼児の内面を読もうとしなくなるということは、自分への振り返りもなくなるということであり、またその逆もいえる。

　当事者的直観のもつ問題点は対人関係だけに生ずるのではない。それが幼児とモノとの関係にも生ずるのである。それが第4の問題点である。た

とえば、最初にあげた着脱衣の事例がそれである。幼児が自分で着脱衣に取り組むとき要求されるのが手順である。ボタンをはめるという作業の場合、始めに首に近いところのボタンをはめるのが一番困難である。自分の手の動きが見えず、手の操作を触覚を頼りにイメージの中ではめなければならないからである。そこで保育者が見極めなければならないのは、幼児がどのボタンはめでモタモタしているかである。もし一番目だったら、そこは保育者がはめてやって、「あと、自分でやってみてね」という援助が十分成り立つ可能性も大きいのである。そして、幼児の自立の過程を大切にするのであれば、この援助のほうが先の場合のように、ただやってあげてしまうよりもふさわしい援助といえるのである。当事者的直観しかもたない保育者には、幼児がモノとかかわっているときは、原則として自分は当事者にはなれないし、なってはいけないのだということがわからないことが多い。モノとかかわっているのは幼児であって自分ではないということがわからないのである。言い換えれば、自分が当事者であってはならないという認識がないのである。

　もし、保育者が介入するとすれば、1つは幼児がそのモノとの取り組みに見通しがもてず、今ある状況をどう突破するかについての手だてが見えないと感じているときであり、その心の状況をコトバの表出や表情などの身体的表出によって保育者に送ってくるか、保育者自身がその表出を読み取ったときである。しかし保育者がその読み取りをしたとしても、それだけで、保育者が援助行為に向かうことは、幼児のためにふさわしい援助とならないことも多い。というのは、その場合の保育者は、幼児の苦しい内面を読み取ったとしても、この読み取り方は、心情的共感（〜だろうね、つらいだろうね）に終わってしまうことも少なくない。すると、先の例にあるように、そのつらさから幼児を解放してあげる。つまり保育者が代わりにやってあげてしまうとなることも多い。ふさわしい援助を行うには、その幼児がモノとのかかわり方（ボタンのつけ方）をどのようにやっているのかという行動の過程をしっかり見届けないと、幼児の内面（心情）の読み取りが幼児の行動の過程におけるつまずきとどうかかわっているかがわ

からないのである。

　さらに、幼児の集団遊びの変化と幼児の内面とのつながりが簡単に読み取れない場合などでは、当事者的直観だけでかかわることになりがちになり、的はずれの援助に終わることも少なくない。幼児集団の遊びの展開と幼児一人一人のそこにかかわる思いとは直接つながっていないことも多い。本当は仲間から外れたくても、外れるとあとで遊んでもらえないから入っているという幼児もいる。ごっこ遊びでやりたい役がもらえなくても、仲間に入れてもらえないよりはまだましだという気持ちの子どももいる。他方、いつもの仲間と一緒なのに、自分の思いだけで動きまわり、他児の思いが読みとれない幼児もいる。また、自己中心的なのに仲間に気に入られている幼児もいる。そこでは彼の主導権がないと遊びが発展しないのである。

　こうした事例における遊びの読み取りは当事者的直観だけでなく、第三者的視点から遊びを観察し、遊びの成り行きを冷静に見守る姿勢も必要となる。しかもその２つの視点からの読み取りを継続して重ね合わせる必要がある。当事者的直観だけで保育する保育者にはこうした姿勢をとることが困難なのである。

　当事者的直観だけで援助する保育の問題点の第５は、保育者と幼児との関係性の無視、幼児と環境とのかかわりの関係性の無視といった保育の理念の根本にかかわる問題点である。当事者的直観のみを信じて援助行為をする保育者は一般的によく動きまわる。とくに幼児が自由に行動することが許されている保育空間では、常に多忙感にさいなまれている。いつどこで幼児からの要請があるかわからない。一時に１つ以上の出来事への対応を強いられることも少なくない。そしてそれが多忙感の要因となる。この多忙感に脅迫されて保育する援助においては、じっくり幼児を観察する余裕などは成り立つ余地もあまりない。保育者はいつも立ち腰で保育する。この立ち腰こそ当事者的直観、つまりかかわりの目で保育する保育者を象徴する典型的姿である。保育者のかかわりの目は、比喩的にいえば、虫瞰図的視点なのである。こうした保育者の目は大地を動きまわる小動物や爬

虫類のように、近視眼的な動きに近い働きをする。保育者の身辺には鋭い感性を発揮することがあっても、遠くの射程には働かなくなってしまう傾向がある。

　グーランの言葉を借りれば、保育室はそうしたまなざしを使ってかかわる巡回空間なのである[19]。だから保育者がかかわりの目（当事者的直観）のみで、保育しているときは、保育者は絶えず巡回し、動き回っている。とくに多くの幼児が動き回っている園庭では、保育者は１か所に安定していないことが多い。

　こうした保育者の動きは、とくに、入園当初精神的に不安定で、保育者が唯一の精神的拠り所である幼児に対しては、悪影響を及ぼすことも多い。なぜなら、幼児も保育者の動きに引っ張られて動いてしまうからである。そのため、取り組む遊びへの集中度は薄くなり、あきらめやすくさまざまな遊びの場を転々と移動することになる。結果として保育者の幼児や遊びの実態に対する読み取りに継続性がなくなり、幼児の断片的行動についての印象に反応したり、幼児からの言語的要請（先生、来て）にもっぱら答える保育になっていってしまう。とくに園庭の幼児の遊びにかかわるかかわり方には何かしらの方針がうかがわれるのは最初だけで、次第に保育者の目には、幼児の姿は、匿名化したマス（無秩序な群れ）と化してしまい、自分がどこで何をしたかの記憶も定かでないといった保育になってしまう例もしばしば見ることがある。そしてこのことは、保育者の単なる経験年数とはかかわりがない。結果として、保育者と幼児の間の相互交渉や理解の欠落を招いてしまう。

　上述のような保育態度から生まれる問題点の第６は、環境に対する軽視につながっていくことである。とくに室内保育の豊かな展開に対してダメージを与えてしまう。幼児の室内遊びは本来モノとのかかわりが中心になり、このモノとのかかわりを土台にして人間関係も豊かになり、ごっこ遊びやつくって遊ぶ活動が展開するのが望ましい。

　たとえば、製作活動を取り上げてみよう。幼児にとっても、大人にとっても、製作活動で必要なことは、素材の特徴（紙であるか、木であるか、粘

土であるか）を知ることと、それをどう処理するか、そのためにどんな手法が必要かを、経験的に学んでいくことである。したがって幼児が自主的に好きなものをつくったり、加工したりできるためには、他人のやることを見ることと、自分でも触れてみること（hands on）[20]、やってみることが大切である。そしてそういう衝動を自ら起こすためには、保育者に指示されるのではなく、自分のまなざしでそれを探り当てることが大切である。『保育援助論』において「お勝手」という言葉の背景にある環境の意味を指摘したのは、上の理由からである[21]。

　すなわち、自分があこがれてやってみたいと思うモデルがいつもどこで見ることができ、自分のやってみたいと思う製作活動の素材と道具がどこにあって、好きなときに自由に取り出してやれる。また好きな活動をやる場所もいつも皆がやっている場所で、それが製作コーナーであるという認識を育てていく。幼児たちは毎日の保育の中で自分の好きなことをどこでやるかについても、毎日の積み重ねの中で自分の居心地のよい場所を自分でつくり出していく。毎日の行為である食事も家族一人一人の座る場所が決まっているから、安心して食事ができるように、保育空間でもそのことが必要となる。

　ところが、当事者的直観だけで保育する保育者は、いつもの物の置き場所、いつもの活動の場所、活動が積み重ねられることによって生ずる居場所感覚のある空間等をまったく無視して、保育者の恣意的判断で、毎日、勝手に場所をセットしたり、道具を出したりする。ここには子どもにとっての環境の意味がわからない保育者の姿がある。そしてそれは、当事者的直観によって巡回することしか考えない保育者の態度から生まれるのである。

　以上のようにかかわりの目でしか幼児にかかわらない保育者の援助行為は、結果として、援助という本来の意味とは逆の行動にたどり着いてしまう。つまり保育者の思い込みだけで幼児にかかわる姿勢をつくり上げてしまう。これでは、教授─学習システムと異なって幼児一人一人の思いを見取って行われるのが幼児教育における「援助」である、という建前とは裏

腹な結果を招いてしまう。この種の保育は、教授―学習システムの問題点（子ども一人一人の立場を考慮できない一括的集団へのかかわり）を克服できないばかりか、同じ問題点を再生産するだけである。

（2）当事者的直観が保育界を支配してきた背景

　上述の当事者的直観を絶対視する保育者観がこれまで保育界を支配してきたことは、保育界において保育者になる存在がほとんど女性で、しかも母性としての役割のみを与えられた存在であったという事情と無関係ではない。それは最近まで、保育士を保母とよび、この職場に男性の参加が極めて少なかったという事情と無関係ではない。そして保母という名前が示すようにそこには母性重視の考え方があり、この伝統は、母性の感性を絶対視する反科学主義的信仰に裏打ちされていたのである。筆者が幼稚園教員養成課程に奉職し、実習校を訪問したとき、その園の女性の園長で保育界で知名度のある方が、私にこういわれたのである。「実習生がうちの園で実習しているけれど、よい保育者になるには、大学で勉強していることを全部忘れてもらうことが必要ですよね」と。ここには、学問や科学が保育者養成にプラスにはなり得ないという信念がある。筆者は大学で保育者養成を担当している教員として、どう答えてよいのか答えに窮したことがあった。この発言は大学での養成教育への全面否定だからである。また、筆者に子どもができたとき、現場のベテラン保育者たちの教訓は、「先生、子どもを実験台にしないでね」というものであった。ここには、明らかな反科学主義的信念がある。

　さて、こうした状況の中で、遊び中心の保育に対する保育者の役割も、自然主義的伝統の中にあったのである。すなわち、口では子どもの自発性への信仰を建前にしながら、しかし結果的には、無自覚な母性主義的干渉をしてしまう（もちろん、母性そのものを全面的に否定はできないけれども）。つまり、幼児の自主性・自発性を尊重するという建前に立ちながら、結果的には無自覚に介入するという姿である。

筆者は別のところで、こう述べている。上述のような「自由保育の理念は、遊びを教えることの原則的拒否と、教えざるを得ない現実とのはざまに保育者を立たせることになる。(中略)主として保育者の役割は、原則的に子どもの自由は保障するが、問題行動を起こす子どもに対しては、そのつど対応しなければならない。また積極的に遊ばない子や教師に要求する子どもには対処しなければならない。結果として教師の子どもへのかかわりは特定の個に向かうか、個からの要求に答えるか、トラブルを処理するかという点に焦点が寄せられる。(中略)他方、子どもがどこで何をしているか、果たして自主的で自立的活動が展開されているかどうか見守ることは保育者の責務であるにもかかわらず、この段階で子どもの見取りは放棄せざるを得ない。なぜなら同時進行で、それぞれ多様な活動をする子ども集団や子どもの実態を把握することは不可能だからである。その結果、ここでは放っておいても、自分たちで遊んでいるという信念が事後的に成立することになる。さまざまな場面でトラブルに遭遇し、その問題状況に対処したとしても、それは教えたのではなく、共感したのであり、理解したのであると思いたいのである。なぜなら自由保育においては、教えることは原則的に拒否されているからである。したがって、遊びが突然終わってしまったり、そのグループが理由もなく解散してしまうのは、子どもたちの遊びはそれだけの命脈でしかなかったのだからとか、子どもの発達からみてそうなるのだという解釈に落ち着いていくのである。そこに保育者が工夫すべき余地はないという結論が導き出される。結果として遊びの援助に対する反省は導き出されず、放任と過保護状態が果てることなく続くことになる。ここには遊びの援助に対する方略の欠如と場当たり的対応が存続することになる。」[22]

こうした状況を克服するためには、どうすればよいか。その答えは保育者自身が自分の保育の営みを振り返ることが必要であるということである。保育者もその意味で近代社会制度である教育・福祉制度で働く専門職でらなければならない。言い換えれば、自分の職業上の行為を振り返り、反省の上で自己修正していく知性が必要であるということである。

5．共感する感性と反省する知性

　ここで、遊び保育を実践できる保育者の資質についてまとめておこう。結論的にいうならば、それは、プレイングマネージャーであり、演出家兼演じ手であるということである。保育者は、幼児の遊びのノリに共感し、自分もノレないと、遊びの楽しさも、遊びが崩壊するときのくやしさ、むなしさもわからない。これまで共生ということについて縷々述べてきたことである。いじわるする気はなくても、まったく仲間として遊んだことのない他の幼児を仲間には入れたくない気持ちもわからないのに、「仲間に入れてあげなさい」というのは遊びの指導ではない。しかし他面において、保育者が遊びの中に入り、いつの間にかその遊びを仕切ってしまって、いつも幼児の遊びの中心にいるとすれば、それはすでに子どもの世界ではない。幼児たちが主体的に遊ぶ状態になったとき、保育者は、幼児たちの主導権を尊重し、幼児たちに気づかれないように、主役からわき役にひき、最後には幼児集団の外に出て、その遊びを見守っている立場に立てる大人であってほしい。この能力を身につけるには、幼児たちの遊びを科学者のように、外から観察するというのではない。当事者性を維持しつつ、外側から幼児の遊びを見取れる能力なのである。言い換えると、幼児とともに共感しつつ（ノリを合わせつつ）同時に、ノリを潜在化させることで幼児集団の動きを幼児の世界の外に出て見取ることである[23]。

　『専門家の知恵』を書いたD．ショーンによれば、専門性（profession）の条件として、始め、科学者の精神が考えられていた[24]。つまり、対象と距離をおいて、物事を客観視する精神であった。しかし、現代における専門性は、自己の実践を省察する知性だという。つまり「行為の中の省察」である。つまり、それは、幼児と遊びのノリを共有しつつ、その遊び全体を掌握し、適時に、援助できる存在である。近代人は、観察対象から

距離をとり、対象と視覚の中でしっかりと把握するために、観察対象に、言語的名辞を与えた。この知識は、解剖学的な知として確立され、やがて、リンネなどの植物学の知として拡大され、やがて科学的知として、近代人の知性となった。やがてこの知は、宗教的告白などと結びつき内省の知として近代人の内省的思索を支えた。

　こうした知は、現代においても、自分の行為を対象化し、自らの行為を省察する専門性の反省の知として注目されつつある。

　ショーンのいう「行為の中の省察」が教えるところは、幼児の遊びに対し、共感し、ノリを共有しながら、幼児の遊びを援助し、幼児の主体性を発揮させる役割をもつことを保育者の専門性として確立しなければならないということである。大人である保育者がこの役割を行使するためのマニュアルは前もって存在するわけではない。したがって遊びにかかわりつつ、どうすればこの役割を果たせるかは自ら探究しなければならない。一方で、幼児の遊びとノリを合わせる必要がある。この共感性なしには、幼児に有効な働きかけはできないからである。しかし、ただ一緒に神輿をかつぐだけで、幼児集団の遊びの全体的展開を見渡す（俯瞰する）ことはできない。さらに、この遊びの展開のダイナミズムをどう発展させられるかは、このノリの感覚と全体を俯瞰することが結びつかなければならない。遊びのおもしろさは遊んでみなければわからないとアンリオはいった[25]。しかし遊びを発展させる力は、この中から遊びを見る感覚と、この感覚をもちながらそれを外から見渡す（俯瞰する）力が必要なのである。それを岩田は眼前のノリにノリながら、「眼前のノリを相対化できるほどにノリからより一層自立的になることが必要である」[26]と述べている。たとえば、岩田の説を事例で説明すると、今、保育者が幼児たちの鬼遊びを見ていて、そのノリに共感しつつ、少し、その遊びの追う追われるのノリが停滞してきたなと感ずる。そのとき、保育者は、鬼遊びのノリがもっとよく活性化したときのノリを想起し、このときのノリと現前のノリを比較したとき、現前のノリが停滞している理由がわかる。それは鬼遊びに参加している幼児の数に比して、フィールドが広すぎるために、「追う―追われる」

の緊張感のノリが間のびしていると感じられるからだ。そこでフィールドを狭くするために、鬼遊びのフィールドのまわりにラインを引いて狭くしたら、保育者の期待するノリが回復してきたのである。

　遊び保育における保育者の望ましい役割はこのように、共同体社会のメンバーのような共感性と遊びの現象全体を見わたし、その全体像を外から把握する近代人のまなざしを統合することが大切なのである。それは、身体知と近代的知の統合をなしとげることでもある。このことは、これからの保育者養成の基本的コンセプトとならなければならない。その意味でわれわれ保育研究者が保育実践を指導するためには、自らも保育者であることを経験するとともに、その体験を省察する分析力を身につける必要がある。保育者が幼児を理解するということは、常に保育者の自己理解を仲立ちとしているのである。

6．幼児理解について

（1）点の理解をつないで線の理解へ

　保育者は、保育をしながら、ときには、幼児と一緒になって喜びを共有し笑い合い、夢中になることも必要である。そんな保育者の自然な表情こそ幼児が保育者にノレる点だからである。しかし、保育者は、幼児の保育に携わる専門職としては、保育過程の節目節目で、自分は今、何のために何をしているのかという自覚が必要である。幼児の遊びに入るときも幼児の遊びの雰囲気にノリながら、幼児たちの遊びが盛り上がって、もはや保育者がその場にいて、遊びの雰囲気を支える必要がないと気づいたその瞬間こそ、保育者が自分の立ち位置に気づくことであり、そのときは、そこから気を抜いて、幼児の世界の外に出る決断をしなければならない。そし

て幼児たちの遊びの外にいるという自覚が生まれた瞬間に保育者の目には、保育室で展開する遊びが、あるいは園庭のさまざまな活動が見えてくるはずである。保育者はときには幼児と共にある（「気を合わす」）こと、ときにはモデルとしての役割を果たす（モノとかかわることに「気を入れて」、幼児の「気を引く」）ことなどによって、幼児のさまざまな遊びや集団にそのつど、判断をして遊びに参加したり、抜けたりしなければならない。それは、援助の仕方を状況に合わせてチェンジ・オブ・ペースで対応しなければならないということである。ちょうど、バッターボックスに入る相手の選手に合わせて、スピードや球種を考えてヒットを打たれないように工夫する技巧派のピッチャーにならなければならない。保育者の場合、幼児の各々の遊びを豊かにする援助をするには、それぞれの場で遊んでいる状況に合わせて幼児の理解を確立しなければならない。一人一人をバラバラに切り離して、「あの子はしかじかの子です」といった幼児理解をするというわけにはいかない。したがって言い換えれば、このことは、幼児理解はいつも幼児たちとの関係の中で「見る⇄見られる」というつながりで幼児を理解するということである。公開研究会を訪問した保育者が保育を見ることに熱中するあまり、子どもの遊び空間にズカズカ入り込んで、ときには話しかけたりすることを見ることがあるが、その保育者は自己理解がまったく欠如しているのである。

　入園当初、幼児一人一人の理解と、遊び集団の理解は一致しないものである。Ａちゃん、Ｂちゃん、Ｃちゃん一人一人の理解は、朝のあいさつや集会での様子、お帰りのときの様子、父母からの情報など、幼児一人一人の断片的なものである。一人一人への十分な観察の余裕はない。一方、遊び集団の理解も、当初は製作コーナーは安定しているとか、ままごとは少し落ち着かないなとか、ブロックは活気がないな、というアバウトな理解である。しかし、一人一人の理解の場合、大切なことは、出会った時点での断片的な情報を連続的に繋ぐと、幼児一人一人のパーソナリティが長い経過で浮かび上がってくるものである。１人の人間のパーソナリティ理解は、ある幼児の生活歴を１本の大きな木にたとえると、その根本からずっ

と木のこずえまでたどっていくことで明らかになるものである。大切なことは、1週間前の出会いの情報を次の週に、昨日の情報を今日に繋ぐことで浮かび上がってくる。たとえば、最初はのろのろした印象のA児が靴を脱いで上履きに履き替え、部屋に入ってくるときの姿を昨日から今日へ、今日から明日へと連続的に追っていると、日々、靴を上履きに替えるときに一つ一つ確認してやっている、ゆっくりではあるが大変慎重でしっかりした生活態度があることがわかるというように、どんなに短い情報であっても時間をかけて、保育者自身が記憶として、あるいはメモ記録として重ねることで、しっかりした幼児理解に行き着けるのである。情報を時系列につなぐということは、A児に対しかかわりの感情をもち続けるということでもあるのである。

　しかし、入園当初、この個人理解と遊びの集団理解は前述のように結びつかない。A児は製作コーナーに、B児はままごとコーナーで遊んでいるといった程度である。しかし、各々のコーナーの遊びが持続し始めると、その遊びでリーダーシップをとっているのは誰だとか、いつもアイディアを出すのは、誰で、どんなふうに遊びが展開しているかが見えるようになると、Aちゃんは、ここでは、こういう役割を果たしていることが見えてくる。つまり、毎日の生活過程の中でのあいさつや当番活動などで見えていたAちゃんの姿が遊びの中でどう動いているかということと結びついて、より確かなAちゃん理解になるのである。その遊びの中でのAちゃん理解が明確になることは、同時に遊びに加わっているBやCやDとの関係も見えてくるのである。

　保育者が遊びの展開の中での一人一人の幼児理解に辿り着くためには、保育の展開の中で、前述の一時点での現象理解をどう連続させていくかが課題となる。保育者は1つの現象だけを見続けるわけにはいかない。各々のコーナーに目配りをしなければならない。したがって保育者の理解は一時点の点としての理解なのである。

　まずは、幼児の遊びの全体状況を俯瞰する必要がある。その後、各々の遊びの塊（集団）に目を移していかなければならない。そしてそれぞれの遊

び集団への目配りに際し、「今のところ同調的ノリで5人が製作に取り組んでいる」とか、「今のところ、B子の仕切りでC子、D子も動いている」といった現象理解を頭の中に入れておくのである。そして保育者は次の集団の理解に移るのである。こうして各々の遊びの状況を全部見取ったあと、また最初の集団の見取りに戻ることになる。たとえば、この間、10分が経過したとしよう。遊びの持続性が長ければ長いほど、ゆっくり遊びの塊の現象を見守ることができる。逆に遊びが不安定であれば、早く見取りの一巡をすることになる。最初に見た現象理解「同調的ノリで5人が製作に取り組んでいた」が10分後に見たとき、「今度は3人と2人に分かれて活動が展開している」という現象に変わったとすれば、この変化は何によって起きたのだろうという疑問をもちながら、この2人、3人と分かれた活動の行く末を見続けることになる。こうした時間間隔の変化がなぜかを追求することですぐその要因が解明されるとはかぎらない。しかし、そのことが幼児理解の発見を呼ぶのである。こうした時間間隔の変化の現状をつなぐことで次第に、コーナーの遊びの変化や展開を読み取り、援助のタイミングもはかられるようになるのである。筆者はこれを点の理解をつないで線の理解へといっているのであるが、この方法は保育終了後の記録作成にも役立つはずである。

（２）評価であり、援助でもある幼児理解

　この方法は、保育者が製作コーナーを離れて他のコーナーの援助に入ったり、一人一人に援助する場合にも有効である。一般に援助といえば、保育者が幼児に何かを手助けしてあげるというイメージをもちやすいけれども、遊びは子どもの自発的で主体的な活動であり、自力で遊びを展開し続けることが大切なのである。とすれば、最初は砂場で数人で山をつくり、そこにトンネルを通そうというつもりで始まった年長5歳児の砂場が、途中で2人がトンネル掘りをギブアップして抜けてしまった。残ったH男は、どうしようかと途方にくれる。そうした場面に保育者が援助に入るとする。保育者は、当初、3人が山をつくり、次にトンネルを掘り始めたと

きの様子を観察して、その3人の熱意のある取り組みを見届けていたのである。他の遊びの見取りを終え、2度目の観察に入ったとき、この状況に出くわしたのである。そこでの保育者の援助は、最初の観察で見た現象と2度目の現象の変化を1人だけ残っているH男に物語ることである。「H君、最初、H君とG君、T君と3人でがんばってお山つくってたよね。その次、トンネル掘り始めたよね。先生ね、だからいつ開通するか楽しみだったんだよね。G、T君いなくなったけどH君がんばっているんだね。先生も手伝おうか。できたらHトンネルって名前つけようか」とたとえばいう。H男にしてみれば、一人ぼっちでどうしようかと思っていたときに、実は先生が見守ってくれていたんだと気づき、「先生、おれ1人でやれる」と答えるかもしれない。実際のところ、保育者は、H男の取り組みを全部見ているわけではない。しかし、2つの時点でのH男の動きの変化を跡づけることで、保育者がずっと自分を見守っていてくれていたという話になる。しかも2つの時点を結ぶ観察結果（幼児理解）を幼児に語ることが、H男をして自分がやってきた砂の遊びの道筋を明らかにし、自分の物語を自覚するための評価の役割を果たしているのである。

　こうした幼児理解と援助のできる保育者の動きは、第三者から見てもそれとわかるのである。たとえば、砂場から固定遊具へ、また集団遊びへと幼児理解と援助を重ねているとき、いきなり砂場から集団遊びへとせわしく移動するということは一般にないし、すべきではない。砂場を去るときに、去るときの砂場の様子をじっくり眺め、その状況を頭の中のアルバムにしまい込む、そのあと、反転してこれから向かう遊びの状況を遠景でとらえる。もし2度目であれば最初の状況（たとえば15分前の状況）がイメージにあったはずである。それと15分後の今の状況とを頭の中で比べているのである。そしてゆっくりとその2つの頭の中の映像を比べながら、目の前に展開する遊びの様子に課題意識をもって近づくのである。この2つの時間間隔の間に生じた遊びの変化はどうして生じたんだろうと、そしてそういう問題意識をもって、各々の遊びの流れを読もうとする。こうした態度をもつ保育者は幼児からもその存在が確認されるのである。保育室の

場合、製作コーナーに座ることが原則なので、保育者の存在はいつでも確認されやすいが、園庭の場合、保育者がどうしても移動せざるを得ない。こうした動きのありようを自己制御することが保育者の幼児理解には欠かせないのである。つまり、幼児理解は常に保育者の自己理解とそれに基づく行動が必要なのである。これがマジックミラー越しに幼児を観察したり、まったく第三者の立場で、幼児にまったく関与せず、観察する心理学者との決定的な相違である。

　岩田は、実践の中での保育理解は幼児の活動に関与したときのノリを潜在化させることで、幼児の遊びをとらえるのだという。だからこそ保育者の幼児理解は、援助者として遊びにかかわるときには、幼児の立場に立った援助（ノリを共有する援助）が可能なのだと思われる。それは、観客席から試合を見るのと、試合をしているチームの監督がベンチで試合を見るのとの違いであろう。多くの監督はさすがプロだから試合の変化にポーカーフェイスで見ているが、心のノリは常に、選手とともにあるのではないだろうか。それが当事者の理解の本質であり、保育者の幼児理解もそれと通底しているのである。保育者の心は幼児たちの遊びとともにありつつ、保育者のまなざしは、その姿をたしかにとらえていること、そこに保育者の幼児理解の本質がある。

［注］
1）子ども未来財団『これからの児童館のあり方についての調査研究』平成20年度児童関連サービス調査研究等事業報告書、2009年、p. 69
2）高橋健介「冒険遊び場における遊びの学習と大人の役割」小川博久編『「遊び」の探究』生活ジャーナル、2001年、p. 100
3）小川博久「事例研究の視点」大場幸夫・重松鷹泰・篠塚昭次・永井憲一『事例形成　学校事故の対策と法律（中学校編）』学習研究社、1979年、p. 45
4）大澤真幸『身体の比較社会学　1』勁草書房、1990年、p. 25〜58
5）同上書、p. 46
6）同上書、p. 30
7）三木成夫『胎児の世界―人類の生命記憶』中公新書、1983年

8）同上書、p. 126〜197
9）この考え方と「ノリ」の概念はきわめて近いものである。同上書、p. 176〜196
10）同上書、p. 188〜196
11）同上書、p. 186〜196
12）土屋とく編『倉橋惣三「保育法」講義録―保育の原点を探る』フレーベル館、1990年、p. 114
13）大前正臣・後藤和彦・佐藤毅・東野芳明『マクルーハン　その人と理論』大光社、1967年、p. 53
14）小川博久「幼児教育の歴史を振り返る―日本保育学会創立60周年に寄せて」日本保育学会編『戦後の子どもの生活と保育』相川書房、2009年
15）小川博久・岩田遵子『子どもの「居場所」を求めて―子ども集団の連帯性と規範形成』ななみ書房、2009年、p. 299〜300
16）梁塵秘抄の中の言葉『梁塵秘抄』は後白河法皇（1127-1192）が編んだ歌唱集、主として今様と呼ばれる。平安末期に流行した今様歌謡の集大成。
17）小川博久「「生活」の再構成による幼児の人間関係(1)―「学校」観の組替を意図して」『日本女子大学紀要』家政学部、第50号、p. 24〜30
18）小川博久・岩田遵子「音楽的な遊びの再生はいかにして可能か―動機形成としての「集合的記憶」と「身体的共同想起」」『東京芸術大学音楽教育研究室創設30周年記念論文集』1999年、p. 34〜38
19）ルロワ・グーラン／荒木亨訳『身ぶりと言葉』新潮社、1973年、p. 315〜317
20）小川博久・根津明子「チルドレンズ・ミュージアム（Children's Museum/ 子どもの博物館）における環境の形成的役割について―ハンズ・オン（Hands on）の教育的意義」『東京学芸大学紀要』第1部門教育科学、第48集、1997年、p. 345〜347
21）小川博久『保育援助論』生活ジャーナル、2000年、p. 152
22）小川博久「子どもの遊び論の戦後の展開の特色」筑波大学人間科学部教育方法研究会編『教育方法学研究』第15集、2006年、p. 27
23）岩田遵子「実践における反省的思考とは何か」小川博久・岩田遵子「教育実践における「反省的思考」論の可能性の再検討(1)―理論的考察」聖徳大学児童研究所『児童学研究11』2009年、p. 81
24）小川博久・岩田遵子「教育実践における「反省的思考」論の可能性の再検討(1)―理論的考察」聖徳大学児童学研究紀要『児童学研究 11』2009年、p. 75
25）J. アンリオ／佐藤信夫訳『遊び』白水社、1974年、p. 108
26）岩田、前掲書、注23）、p. 79〜81

さくいん

あ

アイコンタクト...... 72, 75, 84, 104, 205
あこがれ............... 49, 53, 54, 77, 80,
　　　　　　　　　　　87, 111, 187, 246
遊び..................... 28, 36, 46, 208
遊びうた................................ 160
遊び環境................................. 91
遊び空間............................... 139
遊び集団............................ 47, 49
遊び中心の保育....................... 47, 63
遊びの拠点........................... 102
遊びの歳時記......................... 192
遊びの文化......................... 28, 34
遊びへの動機......................... 106
遊び保育........................ 220, 236
遊び保育論........ 53, 55, 92, 167, 237
アレルギー............................. 14
アンビバレンツ........................ 160

育児行動........................ 233, 235
育児不安............................... 13
威光模倣........................... 54, 77
いじめ............................. 30, 33
一斉指導....................... 61, 154, 185
逸脱行動.................... 69, 129, 239
逸脱児................................. 69
イニシエーション..................... 32
異年齢交流...................... 23, 186
異年齢集団....... 23, 49, 53, 54, 69, 77
居場所...................... 104, 153, 246
居間................................... 103
イメージ.............................. 32
イメージ世界........................ 115

イメージトレーニング................ 203
informal 集団........................ 70
内弟子制度............................ 77
運動競技............................. 201
運動能力............................. 183

絵本の読み聞かせ................ 69, 124
園外活動.............................. 60
園外保育............................. 199
園行事.......................... 193, 198
円形ドッジボール................... 168
演劇.................................. 87
演劇的表現........................... 87
演出家兼演じ手................. 136, 249
援助.... 201, 208, 212, 238, 241, 246, 254
援助行為............................. 243
援助行動............................. 146
援助者............................... 195
エンゼルプラン........................ 12
園庭........................ 94, 181, 186
エンドレスリレー.................... 172
園内研究会........................... 206

応答的関係................ 104, 227, 241
お片づけ............................. 143
お勝手......................... 107, 246
おけいこ......................... 22, 34
落ちこぼれ...................... 29, 51
鬼遊び.............. 47, 90, 159, 177, 250
鬼決め............................... 159
親方............................. 77, 82
親のニーズ.......................... 231

か

語	頁
外食	13
科学的知	250
かかわりの目	239, 244
ガキ大将	29
核家族	232
学業の文化	28
学習効率化	29
学習塾	29
覚醒	226
学年制	24
学力	25, 36, 58, 62
学力テスト	22, 25
影ふみ鬼	178
家事スタイル	231
家事労働	49, 222
家族構成	230
家族保育	203
価値内容	33
価値判断	239
学級	28
学級集団	29
学級秩序	84
学校カリキュラム	33
学校教育	34, 50
学校教育法	57
学校空間	24
カップリング	12, 229
家庭環境	235
家庭教師	29
過程身体	223
家庭内労働	235
過保護	248
カリキュラム	51
カリキュラム構成	192
カリキュラム配列	108
カルチャー	26
感覚教具	108
感覚増幅器	229
環境	245
環境構成	104, 167, 181, 196, 208, 221
環境適応教育	222
かんけり	90
観察学習	36
観察者	139, 145
慣習性	196
間主観的評価	211
間接的介入	141
機会教授	140
擬制	71, 85
機能性	147
規範	87, 164
give and take	14
義務教育	22, 57
義務教育制度	59
キャスター	86, 107
ギャラリー	104, 181, 221
吸引過程	235
求心性	141
教育課程	192
教育基本法	57
教育実習	83
教育制度	33, 55, 248
教育内容	33
教育目標	63
共感性	241, 250
教具	108
行事	60, 194
教師主導型	60
教授	58
教授―学習システム	246
共生感	221, 228
共同作業	241

共同想起.................................. 241
共同体.................................... 19
共同注意.................................. 78
共鳴動作.................................. 226
気を合わす...................... 136, 142, 168
気を入れる........................... 136, 168
気を送る.................................. 138
気を抜く............................. 142, 168
気を引く...................... 136, 142, 145, 168
近代学校............................... 55, 71
近代教育制度.............................. 61
近代的職能................................ 238
近代的知.................................. 251
緊張と弛緩のリズム........................ 175

空間...................................... 209
クラス担任制.............................. 74

ケア............................. 63, 69, 78
形成的評価................................ 62
劇化...................................... 85
ゲシュタルト.............................. 72
月経...................................... 226
けんか.................................... 131
言語教具.................................. 108
言語コミュニケーション.................... 234
現象理解.................................. 253
原身体.................................... 223

高学歴社会................................ 13
巧技台.................................... 174
後期中等教育.............................. 22
恒常性.................................... 181
行動目標.................................. 209
行動モデル................................ 235
高度経済成長............... 28, 34, 49, 231
合理化.................................... 232

コーナー保育.............................. 103
子育て支援................................ 13
ごっこ遊び........ 39, 80, 90, 112, 142, 245
ごっこ世界................ 113, 131, 208
固定遊具..................... 156, 182, 187
子ども......................... 15, 18, 24
子ども会.................................. 24
子ども観.................................. 20
子ども文化................................ 187
コミュニケーション.......... 86, 227, 229
コモンセンス.............................. 236

さ

細案...................................... 202
細胞波.................................... 225
サッカー遊び.............................. 170

時案...................................... 202
シークエンス.............................. 58
時間意識.................................. 230
時間間隔.................................. 254
試行錯誤................ 37, 41, 53, 140
自己省察.................................. 58
自己像.................................... 32
自己中心性................................ 84
自己中心的............................ 64, 71
しごと文化................................ 29
自殺................................ 30, 33
視診...................................... 204
施設整備指針.............................. 58
施設保育.................................. 185
自然主義的産物............................ 91
自然主義的伝統............................ 247
七五三.................................... 198
実習...................................... 247
実習生.................................... 221
室内遊び........ 93, 103, 127, 144, 152, 245

さくいん

指導案 203, 208
児童館 220
指導計画 203, 209
社会性 27
週案 202, 216
集会 204
集合的記憶 241
集団遊び 24, 157, 167, 201, 204, 220
集団規範 71
集団生活の場 105
自由保育 91
塾 22, 34
祝祭性 155
受験体制 62
受精卵 224
授乳行為 235
種の保存 225
種の連鎖 225
巡回空間 245
循環型 161
小学校学習指導要領 57, 59, 64
小学校段階 60
少子化 12
象徴性 94, 147
情動 88
小児糖尿病 14
消費活動 230
消費行為 234
消費生活 21
消費文化 12
使用頻度 108
情報化社会 21
省力化 12, 21, 232
心情の共感 243
身体知 251
身体的表出 243
診断 136, 139

心的現象 88
心理的距離 74
睡眠 226
睡眠時間 14
数教具 108
スコープ 58
ストレス 233
砂遊び 180
砂場 182
素話 69
スペース 109
生活 229
生活感覚 197
生活集団 49, 55
生活スタイル 231
生活暦 193
正規分布曲線 62
製作 86
製作活動 245
製作コーナー 86, 93, 102, 109
                            127, 131, 144, 153
生産活動 230
精神生活保持 234
性文化 32
生命維持活動 229
生命過程 226
生命の記憶 225
節句 198
絶対評価 62
専業主婦 12
専門職 248, 251
専門性 249

早期教育 13, 21, 40, 51, 62
相殺感情 160

喪失の時代.....................236
相対評価......................62
疎外..........................87
ソトアサ......................13
外遊び........93, 103, 144, 152, 186, 221

た

ターゲット....................63
大学院教育....................22
待機児童......................13
deixis.......................37
胎児.........................224
対象認知.....................239
タイミング...................140
対話（応答）型...............161
高鬼.........................178
戦いごっこ...................144
達成動機.....................197
ダブルバインドの構造.........163
多忙感.................238, 244
短期指導計画.................202
誕生会.......................198

地域空間......................24
チェンジ・オブ・ペース...235, 252
着脱衣.......................243
中央教育審議会................61
虫瞰図的視点.................244
長期指導計画............195, 199
直示機能......................37
賃労働.......................234

通過儀礼.............20, 32, 198
つくる活動....................82
積み木コーナー......103, 109, 116

出会い........................75

手遊び.......................69
適時性......................140
梃子の原理...................40
弟子.........................77
テスト.......................62
手つなぎ鬼...................179
テラス.................94, 128
電車ごっこ...................127
伝承遊び.........23, 48, 52, 55, 77
                   157, 176, 188
伝統芸能......................77

登園時間......................14
同型的応答....................69
同型的同調..............68, 78
道具の使用....................37
登校拒否............30, 33, 36
同語反復......................65
当事者的直観.......238, 240, 246
同調性.......................120
トートロジー..................65
匿名化........................84
ドッジボール.................169
徒弟集団......................49
徒弟制度...........49, 54, 78, 82
ドロケイ.....................179
ドンジャンケン...............187

な

内省の思索...................250
内的時間....................143
内的秩序感覚............69, 93
内発的報酬....................41
縄とび.......................175

ニーズ........................12
賑わい........104, 141, 155, 175, 186

日案	202, 214
日常的ごっこ	118
入社式	32
人形劇	123
人間関係	28
認識主体	88
認知目標	209
ネイチャートレイル	200
ネットワーク	87
ねらい	208
年間カリキュラム	200
年間指導計画	192, 194, 200
knowing that	40
knowing how	40
脳波	225
農繁期	29
ノリ	17, 68, 81, 98, 107, 112, 115, 121, 131, 138, 145, 153, 165, 221, 228, 232, 250

は

場	209
パーソナリティ	63, 75
排卵	226
場づくり	118
発情期	36
発達	20, 84
発達課題	197
発達観	198
発達心理学	20
発達段階	201
発達理論	63
発達論	33
発展途上国	20
ハビトゥス	137, 210
パフォーマー	86
パフォーマンス	77, 85, 91, 106
ハレとケ	194
反科学主義の信仰	247
反省的思考	239
反省の知	250
被害者意識	129
非行	33
人見知り	78
人見立て	111
非日常的ごっこ	118
肥満児	14
憑依	87
評価	28, 254
表現	87
表現者	82, 86, 91, 139
表現力	97
表情知覚	224
ファミコン	32
フィールドワーク	187
フェイス トゥ フェイス	69, 84, 97
フェイドアウト	139
formal 集団	70
俯瞰	93, 137, 139, 183, 250
福祉制度	248
舞台	85
舞台空間	136
舞台装置	86, 136
負担感	232
不登校	25, 51
プレーイングマネージャー	138
ブロックコーナー	103, 131
文化系列	28
文化使用	35
ベースキャンプ	102

ペープサート..................... 123
ペルソナ......................... 65
偏差値........................... 62
変身............................. 87

保育............................. 15
保育空間.................... 136, 246
保育士.......................... 247
保育史.......................... 230
保育事業の民営化................. 12
保育施設........................ 233
保育室........................... 94
保育者..................... 82, 181
保育者研修....................... 89
保育者養成...................... 251
保育所.......................... 220
保育所保育指針.................. 192
保育の危機.................. 12, 15
保育のニーズ.................... 231
保育理念........................ 64
冒険子どもの遊び場.............. 220
放任............................ 248
歩行路.......................... 200
母性............................ 247
哺乳動物........................ 224
哺乳瓶........................... 17
保母............................ 247
盆踊り.......................... 228

ま

マス............................. 85
まなざし........................ 137
学びのシステム................... 55
ままごと........................ 118
ままごとコーナー............ 112, 131
マンガ文化....................... 33
マンネリズム.................... 204

みそっかす......... 49, 53, 69, 77, 159, 188
見立て.......................... 128
見てまなぶ....................... 50
見てまねる........... 86, 111, 155, 188
「見る⇄見られる」関係... 82, 104, 127, 146
                      153, 176, 181, 188
命題の学び....................... 39
メタモルフォーゼ................. 87

文字言語......................... 39
モチベーション.................. 184
モデル....... 55, 70, 78, 82, 93, 138, 145
                 153, 167, 195, 208, 246
モデル性........................ 128
模倣行動......................... 87
問題児..................... 129, 205

や

夜間補習授業..................... 22
役割演技......................... 85
遊環構造.................... 156, 182
遊戯空間........................ 103
遊戯室.......................... 127
遊戯室兼講堂..................... 98
遊具循環........................ 175
ゆさぶり......................... 79
ゆとり教育....................... 22

養育過程........................ 232
養育期........................... 36
養育期間......................... 36
幼児期........................... 34
幼児教育.................... 59, 148
幼児教育制度.............. 56, 68, 91
幼児集団............... 60, 69, 85, 181

幼児文化創成.................... 69
幼小中高一貫教育................ 62
幼小の一貫教育.................. 152
幼児理解.................... 238, 251
幼稚園.......................... 220
幼稚園教育.................. 57, 59
幼稚園教育振興7カ年計画........ 235
幼稚園教育制度.................. 60
幼稚園教育要領........ 46, 57, 59, 64, 71, 84, 152, 192, 212
幼稚園教員養成課程.............. 247

ら

ライフ・コース.................. 12

螺旋カリキュラム................ 192
ランドスケープ.................. 183
離乳食.......................... 16
臨床目標.................... 208, 212

ルーティンワーク................ 204

霊長類.......................... 36

路上遊び.................... 35, 237
ロングショット.................. 139

わ

ワークショップ.................. 220

＜写真協力＞　　東京学芸大学附属幼稚園小金井園舎
　　　　　　　　幼児写真家　天野行造
　　　　　　　　齋藤麻由美

著者紹介

小　川　博　久（おがわひろひさ）

1936年、東京都生まれ。
早稲田大学教育学部教育学科卒業。東京教育大学大学院博士課程修了。北海道教育大学教育学部助教授、東京学芸大学教授、日本女子大学教授、聖徳大学教授を経て東京学芸大学名誉教授。専門は幼児教育学。2019年没。

【主な著書】

『子どもの権利と幼児教育』（共著）川島書店、1976／『保育実践に学ぶ』（編著）建帛社、1988／『幼児放送教育の研究』（共編著）川島書店、1989／『〈子ども不在〉の教育論批判』（執筆者代表）大和書房、1990／『年齢別保育実践シリーズ　遊びが育つ　0歳〜5歳まで』（責任編集）執筆：第5巻、フレーベル館、1990／『教師批判を超えて』（編著）新評論、1994／『教育原理の探究』（編著）相川書房、1998／『保育援助論』（著）生活ジャーナル、2000／『発達教育論』日本女子大学通信教育部出版、2000／『「遊び」の探究—大人は子どもの遊びにどうかかわりうるか』（著）生活ジャーナル、2001／『保育者論』（共編著）樹村房、2002／『21世紀の保育原理』（著）同文書院、2005／『子どもの「居場所」を求めて—子ども集団の連帯性と規範形成』（共著）ななみ書房、2009／『今日から明日へつながる保育』（特別寄稿）萌文書林、2009　他多数

遊び保育論

| 2010年5月21日 | 初版第1刷発行 |
| 2023年4月1日 | 初版第5刷発行 |

著　者　小　川　博　久
発行者　服　部　直　人
発行所　㈱萌文書林

〒113-0021 東京都文京区本駒込 6-15-11
tel (03)3943-0576　fax (03)3943-0567
(URL) https://www.houbun.com
(e-mail) info@houbun.com

印刷／製本　シナノ印刷（株）

〈検印省略〉

© 2010　Hirohisa Ogawa,　Printed in Japan　ISBN 978-4-89347-140-6　C3037